U0619609

上海外国语大学
经济学研究丛书

STUDY ON THE EQUITY INCENTIVE MECHANISM OF A-SHARE LISTED COMPANIES IN CHINA

获中央高校基本科研业务费资助（2015114055，上海外国语大学）

中国上市公司股权激励机制研究

汤晓燕　著

江苏人民出版社

图书在版编目(CIP)数据

中国上市公司股权激励机制研究/汤晓燕著. —南京:江苏人民出版社,2024.3

上海外国语大学经济学研究丛书 / 章玉贵主编

ISBN 978-7-214-27532-5

Ⅰ.①中… Ⅱ.①汤… Ⅲ.①上市公司—企业管理—激励—研究—中国 Ⅳ.①F279.246

中国版本图书馆 CIP 数据核字(2022)第 176116 号

书　　名　中国上市公司股权激励机制研究
著　　者　汤晓燕
责任编辑　金书羽
特约编辑　解冰清
装帧设计　许文菲
责任监制　王　娟
出版发行　江苏人民出版社
地　　址　南京市湖南路 1 号 A 楼,邮编:210009
照　　排　江苏凤凰制版有限公司
印　　刷　江苏凤凰数码印务有限公司
开　　本　652 毫米×960 毫米　1/16
印　　张　17.25
字　　数　220 千字
版　　次　2024 年 3 月第 1 版
印　　次　2024 年 3 月第 1 次印刷
标准书号　ISBN 978-7-214-27532-5
定　　价　98.00 元

目　录

第 1 章　导论

1.1　研究问题与研究意义

1.1.1　研究问题

公司，是人类史上最伟大的组织创新之一，其超越了人与人之间的亲疏关系、跨越了个体之间地域的距离，将单个的力量凝聚在一起，极大地发展了生产力，提高了生产效率，推动了人类走向现代的历程。随着生产力的发展，当公司规模越来越大，超出了创建者个人所能管理经营的能力极限；或者当公司的第一代创立者不可避免地老去并不能再承担经营管理公司的职责，如何去进一步地管理经营和发展一个公司便成了这个创新组织最需要解决的问题。现代企业制度[①]和职业

① 现代企业制度，是以企业法人制度为主体，以公司制度为核心，以产权清晰、权责明确、政企分开、管理科学为条件的新型企业制度。我们在这里提及现代企业制度的目的在于自现代企业制度始，我们在后面看到的很多企业其管理者和所有者并不是统一的。

经理人[①]就在这样的需求下应运而生。然而在现代企业制度中的这种所有权和管理权相分离的机制又带来了新的问题——代理问题[②]。公司所有者，即我们所说的股东和经理人之间究竟是一种什么样的关系呢？怎样去监督制约和平衡协调经理人权力在经营管理公司的过程中与公司所有者——股东利益产生的不一致呢？

1976年，Jensen和Meckling提出公司治理[③]存在的一个基本问题就是所有权和管理权分离而产生的委托代理问题——由于所有者和管理者所面临的效用函数不同，这种所有权和管理权的两权分离机制必然产生委托代理关系中双方的利益冲突。其认为当作为公司经营管理者的代理人能拿到的仅仅是固定的薪酬回报时，公司股东即委托人财富的最大化并不意味着代理人利益的最大化，所以此时代理人缺乏最大化公司价值的动力；进一步的，他们还就如何缓解这类问题进行了理论的分析，认为"委托人通过对代理人进行适当的激励，以及通过对代理人不当活动的监督，可以减小两者之间利益的偏离程度"[④]。

现代企业中股东和经理人之间的关系实际上就是Jensen和Meckling提出的委托代理的这样一种关系，也就是第一类代理问题。在这种委托代理的关系中，由于代理关系双方之间存在着信息不对称的问题，使得股东和经理人之间签订的薪酬契约并不完备，某种程度上经理

① 职业经理人，是指在一个所有权、法人财产权和经营权分离的企业中承担法人财产的保值增值责任，全面负责企业经营管理，对法人财产拥有绝对经营权和管理权的职业。其对企业不具备所有权，但是事实上经营管理企业。

② 广义的代理问题分为两类：股东和管理层之间的"第一类代理问题"；大股东与中小股东之间"第二类代理问题"。在本研究的过程中，我们主要专注于第一类代理问题。当然在笔者进行股权激励逻辑梳理的过程当中，结合中国上市公司的特点，第二类代理问题在其中也会对股权激励产生影响。

③ 公司治理是为了保证该企业正常运作，维护企业的利益相关者（股东、管理层、员工、供应商、经销商、政府等）而诞生的公司内部的制度，其事实上经由股东大会、董事会、监事会和管理层进行运作。

④ 这也就是企业针对第一类代理问题所能采取的两方面的措施：激励及监督。激励是让管理者的效用函数与所有者的效用函数趋同，从其内在出发，让其心甘情愿地最大化股东利益；而监督则是从其外部人手，强制其不违背股东的利益。

人在管理公司过程中的种种行为需要依赖于经理人的自我约束能力。但是由于经理人和股东这两者追求的目标是不一致的：股东希望其持有的公司股权价值最大化，而经理人则寄希望于其自身的利益最大化。在这样的利益驱动下，经理人凭借自己的信息优势，就存在“道德风险”的可能性，其行为就可能一味追求自身的利益而偏离股东利益的需要，这就需要公司通过一系列约束机制和激励机制的设计来限制和引导经理人。股权激励计划（Equity Incentive Plan）设计的初衷就是希望能够建立起经理人与股东之间的一种利益协同机制，从而引导经理人的行为方向、提高经理人的努力程度。

20世纪50年代开始，美国就在其公司中引入了股权激励机制。在其经历了几十年的实践之后，中国企业也跃跃欲试。随着20世纪90年代中国资本市场的逐步建立，中国的上市公司开始探索股权激励机制在中国的可行性，但是由于法规制度等的不健全和股票流通的限制，当时对于股权激励的尝试都是试探性的。

直至2005年末证监会发布《上市公司股权激励管理办法（试行）》，中国资本市场股权激励实践的大幕才正式开启。截至2012年12月31日，我国已有413家上市公司推出了468份股权激励计划草案。由最初小心翼翼的探索到后来几年越来越多公司推出股权激励计划，我国上市公司的股权激励机制的实践开始初具规模。但是毕竟我国规范性的股权激励计划推出的时间不长，所以相关的研究也还比较少，且多集中在股权激励的事件性反应和股权激励的初步经济后果等方面（如吕长江等，2009；吴育辉和吴世农，2010；谢德仁和陈运森，2010；张海平和吕长江，2011；林大庞和苏冬蔚，2011；等等），对我国股权激励的一些特色要素和股权激励整个流程中的经理人的行为还知之甚少。

首先，我国股权激励实践的大幕由证监会发布《上市公司股权激励管理办法（试行）》开启，证监会等监管部门在我国股权激励推行的过程中起到了相当重要的作用①。这种作用的体现不仅仅是对股权激励制度的规范，还体现在各公司股权激励计划的草案需要经其审批备案。这就与美国股权激励的实践存在制度上的很大的不同，是除了市场之外的另一只“手”，这只手在我国股权激励实践中究竟起到了什么样的作用呢？

第二，与美国最初推行的股权激励不同，按照相关部门颁布的相关规则，我国上市公司的股权激励计划必须是业绩型股权激励计划(Performance-based Equity Incentive Plans)，亦即股权激励对象行权权(指行使股票期权购买所在公司股票的权利或限制性股票获得自由转让的权利等)的获授除必要的待权期限制外还必需以计划中约定的业绩条件得到满足为前提条件。因此，行权业绩条件(Performance-vesting Conditions)就成了我国上市公司经理人股权激励计划中的一项关键性要素，其设计、实现等情况则成了我国股权激励计划能否实现其最初目标并得以顺利实施的关键。这些年中国上市公司股权激励计划中关于行权业绩条件都是如何规定的呢？上市公司经理人股权激励计划中的行权业绩条件的设计总体情况如何？到底要求的严格程度怎样？是否是公司盈利能力(含盈利增长能力)的真实期望和合理反映呢？这些行权业绩条件实现的情况又如何？

第三，从2006年到2012年，整个经济环境和我国的资本市场经历了前所未有的动荡和调整，我国有些上市公司股权激励的实践也在这样的环境中曲折前行：有的“胎死腹中”，还没真正实施就被迫搁置；有的得以实施，却因“公司实际情况以及宏观经济和行业环境的变化”而无奈终止；有的终得以满足业绩条件并顺利地行权/解禁。那么是否那些成功实施并顺利行权/解禁的公司就意味着一定是“好公司”呢？投资者们对此又怎么看呢？

---

① 2016年《上市公司股权激励管理办法》相对弱化了证监会在上市公司股权激励计划推出过程中的作用。

再者，股权激励计划起源的初衷是为了缓解公司股东和经理人之间的委托代理问题，但是这样的初衷在实践的过程中是否会“南辕北辙”呢？股权激励本身作为一种契约，就存在契约的不完备性，其本身是否就包含委托代理的问题呢？在我国股权激励的实践进入第八个年头之时，我国的股权激励已经积累了可观的实践经验证据。这成了本书主要的研究兴趣点，我国的股权激励计划究竟是作为委托代理问题的缓解机制还是作为委托代理问题的一种表现而存在呢？在整个股权激励计划制定和实施的过程中，无一不看到了“人”的参与，“有人的地方就有战争”，作为一个“理性人”，其行为决策必定为自己利益最大化的目标服务。经理人的行为贯穿到股权激励计划制定实施的整个过程，研究他们的行为决策有助于厘清前述问题。特别是在学者们对于股权激励的效果抱持不同意见的情况下，将股权激励的各个环节分别作为研究的切入点，相比较以往笼统地评价实施股权激励带来的经济后果将是更具有现实指导意义的。

本书在明确了股权激励相关概念并梳理了股权激励的要素和相关流程后，以股权激励中包含的三个主要流程——制定、实施和限制股票解禁作为研究的切入点，从理论分析和实证检验两方面探讨我国股权激励过程中经理人机会主义行为的动机和表现。

首先，本书研究的股权激励是指，“上市公司以本公司股票为标的，对其董事、监事、高级管理人员及其他员工进行长期性激励，在满足预设的业绩条件的前提下，让其能够享受公司股票带来的经济效益与权利，并能够以股东的身份参与企业决策、分享利润、承担风险，从而激励其为公司价值最大化努力的激励方法。”我国的规范的股权激励始于证监会2005年发布的《上市公司股权激励管理办法(试行)》，故可将2006年作为我国股权激励实施的元年，统计可以发现，我国的股权激励工具是以股权期权和限制性股票为主，并伴有为数不多的股票增值权。然后，本书将梳理我国股权激励计划的要素及其制定和实施的流程，对主要流程中的经理人行为目标进行分析，并结合经理人在股权激励计划制定和实施流程中扮演的特殊角色进行行为能力的相关分析。通过对经理人自身利益最大化目标的动因分析，本书认为经理人在上市公司股权激励制定和实施的过程中有动机并且有能力对上市公司股权激励计划本身进行影响并后续影响公司在股权激励计划实施过程中的行为。在此基础上，本书进而提出股权激励中经理人机会主义行为的逻辑和实证分析框架。

本书结合上市公司股权激励计划制定和实施的整个流程，分别对我国上市公司在股权激励计划制定、正式实施待权、期权行权及限制性股票解禁过程中经理人的机会主义行为进行相关的研究。

一方面，在股权激励计划制定阶段，上市公司董事会下设的薪酬委员会负责拟定股权激励计划草案，股权激励对象对薪酬委员会决策的影响力(本书将以股权激励对象是否兼任薪酬委员会委员为代理变量)是否会对股权激励草案的相关要素产生影响，为自己的利益最大化目标做准备呢?

另一方面，在股权激励正式实施之后，由于我国的股权激励计划为业绩型股权激励计划，需要满足计划中的业绩条件方能获得股票期权的行权权(限制性股票解禁)，为此，经理人是否会采取相关的行动来促使公司达到业绩条件呢?当然通过自身努力，提高公司实质性的经营业绩正是股权激励当初的目的所在，但是经理人也完全可以并且可能采用盈余管理等手段来达成行权业绩条件，这是一种为谋取自身利益最大化而损害公司股东利益的机会主义行为。

再者，在公司实施股权激励计划并满足股权激励计划要求的业绩条件时，经理人获授的限制性股票就可得以解禁并上市流通了。由于针对限制性股票征收个人所得税的应纳税所得额与解禁日的股票价格是密切相关的，那么经理人是否会主动作为来影响公司的股票价格从而达到减少其个人所得税的目的呢?又是通过什么样的可能途径来影响公司的股票价格的呢？

综上，本书将就上市公司股权激励计划流程中的这三个阶段作为切入点来考察经理人在股权激励中的具体行为。在研究中，本书结合经理人在其中不同的影响角色，从理论分析和实证检验两方面对我国股权激励中的经理人机会主义行为进行研究，全面系统地考察经理人机会主义行为对公司股权激励的影响。

1.1.2　研究意义

首先，由于本身我国规范性的股权激励计划历经的时间有限，能够顺利完成整个股权激励流程的上市公司数量有限，目前对于国内股权激励系统性研究的文献尚为数不多。本书系统地梳理了我国股权激励计划制定、实施和限制性股票解禁的流程中经理人存在的机会主义行为，充实了我国股权激励研究的相关文献，对我国尚不太全面的股权激励的相关研究是一个有力的补充，具有较强的学术研究意义。从资本市场的角度来看，本书的研究无论是对公司治理还是对监管机构监督上市公司都具有较强的现实指导意义。

其次，目前国内立足于股权激励研究经理人机会主义行为的文献也屈指可数，本研究立足于我国规范性的股权激励实践，以股权激励的流程为切入点，对其中经理人的机会主义行为进行了较为系统和全面的梳理，并从理论和实证上检验了我国上市公司股权激励实践中经理人机会主义行为的动机和表现，并结合经理人的能力对其机会主义行为的能力进行了分析和检验，从而也为经理人机会主义行为的研究提供了新的角度。

再次，本书在研究过程中引入了现金股利政策作为上市公司盈余指标管理的一种手段，并认为其在我国近年来倡导上市公司提高现金分红的形势下是一种更为隐蔽的管理手段，从而为上市公司业绩指标管理的相关研究提供了新的分析视角，也为资本市场的投资者们更加辩证地看待公司现金股利这一政策提供了有益的参考。

最后，在我国上市公司纷纷推出股权激励计划的今天，分析研究股权激励对代理问题的意义是一个重要的课题。只有正确引导和监督上市公司股权激励过程中经理人的行为方向和努力程度，才能使股权激励机制真正成为公司委托代理问题的缓和剂，而不是公司委托代理问题的另一个载体。本研究的相关结论对我国上市公司股权激励计划设计和实施过程之改进也具有较强的借鉴意义。

1.2 研究思路与研究方法

本研究从理论分析和实证检验两个方面全面系统地研究了股权激励计划制定和实施的过程中经理人机会主义行为的动机、能力和表现。具体来说，首先本书系统地梳理了我国股权激励计划各组成要素及其制定和实施的流程，其次以股权激励计划各个流程为切入点，分析经理人的动机和能力，并基于此提出本书的主要实证逻辑框架。然后检验公司经理人在公司股权激励计划制定、实施和限制性股票解禁过程中的机会主义行为，以此来探讨我国上市公司股权激励机制的存在究竟是缓解了公司的委托代理问题还是股权激励本身也成了公司代理成本的一部分。

本研究将以较为严格的理论逻辑推演和规范的实证研究方法对股权激励中的经理人机会主义行为进行深入探讨。在明确股权激励定义、要素要求，并梳理了其制定实施流程之后，对经理人在股权激励流程中机会主义的动机和行为进行较为深入的分析。在此基础上通过描述性统计、单变量检验、多元回归分析、逻辑回归等实证研究方法对理论逻辑框架进行检验，并通过固定效应模型等对研究可能存在的问题进行控制，同时通过数据的 Winsorzie 处理、Robust 回归等多种计量手段进行实证统计。

证监会于2005年末发布《上市公司股权激励管理办法(试行)》,我国的股权激励计划开始规范化,证监会和其他监管机构于此之后几年进一步明确了股权激励计划中种种要素的要求。本书以2006年作为我国规范性股权激励计划推行的元年,至2012年年底我国已有413家上市

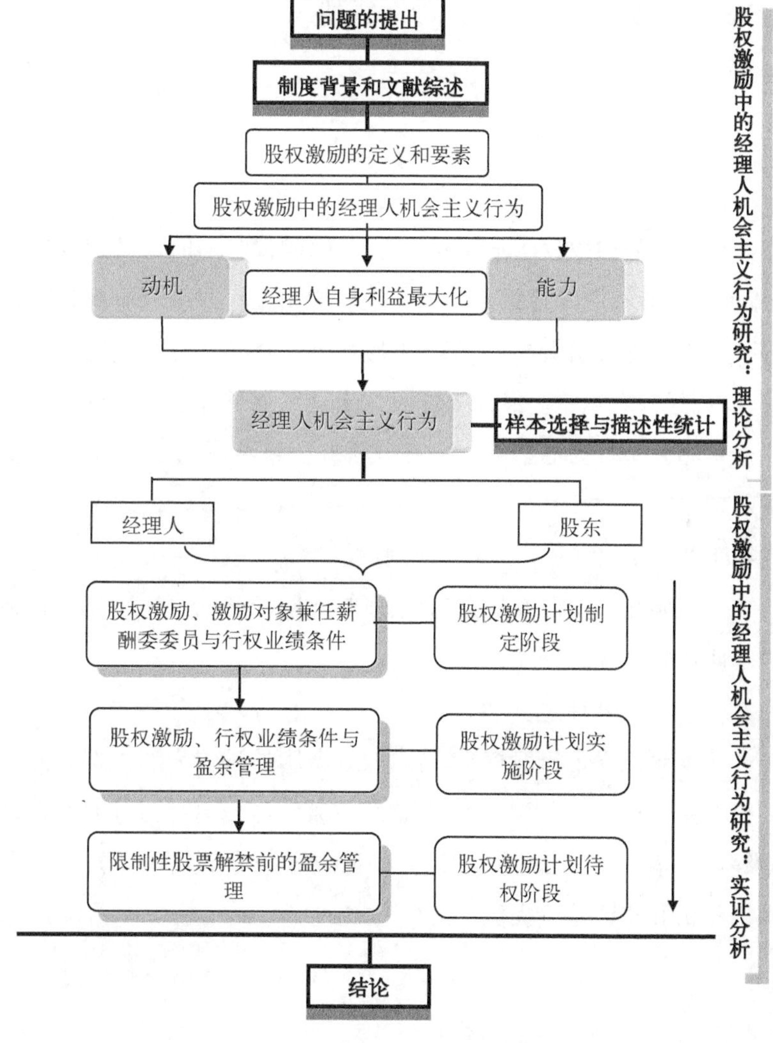

图1.1　本研究的逻辑框架结构

公司共计推出了468份股权激励计划草案[①],覆盖到了证监会的所有行业。故本研究主要选取2006年—2012年所有A股上市公司为初始研究样本,以便保证样本覆盖面和保持其制度上的统一性。本研究所需的股权激励计划的相关数据均由手工查阅整理各公司的股权激励计划公告所得并经CSMAR和WIND数据库核对整理,本书的财务数据均来源于CSMAR数据库。本书主要使用的数据处理分析软件为SAS软件,回归分析用STATA软件。

1.3 研究内容

本研究从公司股权激励计划出发,明确股权激励的定义和各要素要求、梳理我国股权激励计划制定和实施的相关流程并结合股权激励计划不同阶段中经理人机会主义的动机能力和行为进行相关理论分析和实证研究,用经验数据检验经理人在股权激励计划过程中对股权激励计划相关内容和公司行为的影响。全部分研究框架见图1.1,基本结构安排如下:

第1章 引言。

本章主要介绍本研究研究动机、研究问题、研究意义、研究思路和方法以及研究内容和结构安排。

第2章 文献综述。

由于本研究立足于股权激励,以股权激励的过程为切入点研究经理人的机会主义行为,所以本章主要从股权激励与公司行为等方面来进行文献综述。本章的文献综述为后面的股权激励中的经理人机会主义行为理论分析和实证检验提供了文献支撑。

① 本研究的大部分内容来自笔者的博士论文,数据大多截止于2012年。

第3章　制度背景和理论分析。

本章首先梳理我国各监管部门对于股权激励的相关规定，明确本书研究的股权激励的定义和相关要素要求，并系统地梳理我国股权激励计划制定和实施的流程。继而以股权激励的流程为切入点分析经理人在其中的机会主义动机和能力，构建股权激励过程中经理人机会主义行为的分析框架。

第4章　股权激励样本选择与概况描述。

本章将介绍本研究的样本选择，描述我国股权激励的现状，并对股权激励计划中的相关要素进行描述性统计，统计我国股权激励计划的实施情况。本章还将对我国股权激励计划中突出的特点——行权业绩条件作一定的分析检验。本章也为后面的实证检验提供样本的支持。

第5章　股权激励、激励对象兼任薪酬委委员与行权业绩条件。

第五章及后面两章均是股权激励与经理人机会主义行为的实证检验部分，与第三、四章一起构成本部分研究的核心内容。作为实证检验的第一章，本章以股权激励流程的上游——制定阶段为切入点，研究激励对象能力——激励对象兼任薪酬委员会委员对公司股权激励计划中业绩条件要求的影响作用。具体来说，本章将检验公司股权激励对象兼任薪酬委员会委员和计划中的业绩条件要求严格程度之间的关系，并进一步对兼任薪酬委员会委员的激励对象的被激励力度和计划中的业绩条件要求严格程度之间的关系进行分析检验。本章的结论能为经理人在股权激励计划制定的过程中是否存在机会主义行为提供经验证据。

第6章　股权激励、行权业绩条件和盈余管理行为。

本章首先以我国股权激励的股利保护政策作为切入点，探究是否股权激励工具的选择会影响公司的股利政策；进一步地，本章节尝试探寻在股权激励过程中，上市公司操纵业绩指标的方式：以股权激励实施待权阶段中行权业绩条件是否达标为切入点，研究在业绩条件达标过程中经理人的机会主义行为。对于业绩条件中最普遍存在的加权平均净资产收益率和净利润增产率，除了传统意义上的可操纵性应计项，本章还立足于业绩条件中的加权平均净资产收益率，考察一种新颖的业绩指标管理方式——现金股利政策——来观察经理人对公司业绩管理的行为的影响。本章的结论将再次说明经理人在股权激励过程中是否存在机会主义行为。

第 7 章　限制性股票解禁前的盈余管理。

本章以限制性股票解禁为切入点，研究公司限制性股票解禁对经理人行为的影响。本章以限制性股票在解禁日前的市场表现为研究的出发点，认为限制性股票在解禁日产生的个人所得税会使经理人产生动机进行限制性股票解禁前的盈余管理。本章的结论同样可为在限制性股票解禁的过程中经理人是否存在机会主义行为提供经验证据。

第 8 章　股权激励中的业绩达标对审计师的行为影响。

本章以新审计准则中的关键审计事项为切入点，研究实施股权激励计划的上市公司其经理人的机会主义行为有否被审计师察觉，并将其作为其关键审计事项记入其审计报告。本章站在公司第三方的角度，考察上市公司经理人在股权激励过程中的机会主义行为的外部影响。审计师作为投资者利益的代表，能否对经理人的机会主义行为起到一定的约束作用？本章的研究将提供一定的经验证据。

第 9 章　结论。

本章对股权激励中的经理人机会主义行为的理论分析和实证检验进行总结，并指出本研究的创新之处、尚存的问题和局限性以及进一步的研究方向。

第2章　股权激励相关研究回顾

在研究股权激励与经理人机会主义行为的作用机理之前，本章对股权激励的相关文献进行综述，从而为后面的研究打下基础。

本章安排如下：2.1节介绍业绩型股权激励概况；2.2节介绍股权激励的影响因素；2.3节介绍股权激励的效果，分别从股权激励的直接激励效果和间接激励效果两方面来进行综述。

2.1　业绩型股权激励

我国的股权激励从一开始就是业绩型的股权激励。Johnson和Tian(2000a)曾从理论上对业绩型股权激励进行过研究，还有学者从理论和经验上对股权激励实施相对业绩评价的问题进行过较深入的研究（如Holmström，1982；Murphy，1999；Rappaport，1999；Johnson和Tian，2000b；Hall和Knox，2004）。Brisley(2006)发现，那些实值程度很高（股价很大程度高于行权价）的股票期权激励很可能令经理人不再追求风险，进而导致公司会失去那些有价值但高风险的投资机会，而基于业绩条件渐进式授予行权权的业绩型期权则有利于解决此问题。

尽管美国公司实施的经理人股权激励大多属于传统型的随服务时

间过去而自然授予行权权的股权激励，但也有一些公司单独或在授予经理人传统型股权激励的同时授予经理人业绩型股权激励。那么，其中的行权业绩条件如何呢？Gerakos 等(2005)统计了 1993 年—2002 年间美国 157 家公司 CEO 被赠予业绩型期权的数据，发现对于行权业绩条件，其中 24.2%的计划只采用绝对会计业绩指标，48%的计划只采用绝对股票回报指标，19.5%的计划只采用非财务业绩指标，而相对业绩指标几乎没有。Bettis 等(2010)对美国公司 1995 年—2001 年间 475 家公司实施的 1013 个业绩型股权激励计划进行研究后发现，19%的计划没有披露具体指标，46.5%的计划只采用股价业绩指标，22.2%的计划只采用会计业绩指标，6.5%的计划中采用非财务业绩指标，有 5.8%的计划是同时采用了会计业绩指标和股价等其他业绩指标，且无论采用会计业绩指标还是股票市场业绩指标，在不同的公司计划中这些指标有着重大差异。

而关于我国上市公司股权激励计划中的行权业绩条件的研究较少。其中，吕长江等(2009)以 2005 年 1 月 1 日至 2008 年 12 月 31 日公布股权激励草案的 108 家公司为样本研究发现，上市公司股权激励方案中的激励条件大于其公司前 3 年任一年的相应指标或前 3 年相应指标均值以及激励有效期大于 5 年的股权激励方案推出时的累计超额回报(CAR)相对更大。吴育辉和吴世农(2010)以 2006 年 1 月 1 日至 2008 年 3 月底 82 家公司的股权激励计划草案为样本研究发现，拟实施股权激励公司的高管在设计股权激励绩效考核指标体系时存在明显的高管自利行为，且这种高管自利行为除了在一定程度上受大股东持股的影响外不受其他公司治理因素和公司财务状况的影响。谢德仁和陈运森(2010)基于 2006 年 1 月 1 日至 2009 年 5 月 30 日的 118 家推出股权激励计划草案的公司为样本研究发现，我国资本市场基本认可股权激励计划，且股权激励计划中的行权业绩条件要求越严格，推出股权激励计划的上市公司股票在计划草案公告日前后的 CAR 越高。但这三篇文献因研究时受我国上市公司规范的股权激励实践时间所限，研究样本都还较少(甚至还包含 2006 年之前的不太规范的股权激励计划)，同时对于行权业绩条件的研究没有与股权激励计划推出之前证券分析师的盈利预测数据进行比较，或没有全面地与企业自身历史水平和所在行业历史水平进行比较，也缺乏对行权业绩条件的全面统计分析。

2.2　股权激励影响因素

对于股权激励受到什么因素的影响，现有的文献一般从宏观的制度背景和公司自身特征这两个层面来进行研究。

Yermack(1995)以 1984 年—1991 年间美国的 792 家上市公司为样本，研究了薪酬中股权激励与公司流动性、税务和盈余管理之间的关系，认为当面临流动性限制时，公司会有动机使用股票期权来代替现金报酬。

刘凤委等(2007)从制度环境出发，研究了我国的薪酬契约与政府干预和行业管制之间的关系，发现政府对企业干预越多，会计业绩的度量评价作用越小；外部竞争程度越低，会计业绩与经营者的奖惩关联度越弱。

吕长江等(2011)以 2005 年 7 月 1 日至 2009 年 3 月 31 日期间 A 股上市公司为样本对上市公司选择股权激励计划的原因从制度背景和公司动机两方面进行了研究(期间发布股权激励方案的公司有 136 家)。研究发现：与国外类似，对人力资本的需求是上市公司选择股权激励的动机，不完善的治理结构、严重的代理问题也会使公司有动机选择股权激励，但是，部分上市公司选择股权激励的动机是出于福利的目的。同时，出于市场化程度越高的地区的公司越有动机选择股权激励。

上述研究多集中在对公司是否使用股权激励的影响因素的研究上，而没有对股权激励计划中要素的影响因素作进一步的研究。

2.3 股权激励效果

我们将股权激励的效果区别为对经理人行为等的直接激励效果和对公司业绩等的间接激励效果两方面。经理人作为股权激励的对象，是股权激励作用的直接载体，其行为就构成了股权激励机制的直接激励效果；而对公司业绩等的影响我们认为是股权激励机制通过影响经理人的行为而带来的间接激励效果的体现。

2.3.1 股权激励直接激励效果

2.3.1.1 股权激励与股利政策

对于股权激励与股利政策的相关研究国外已经有许多成果，大多数的研究发现股权激励因不受股利保护对公司的股利政策存在影响：会减少其股利的发放，增加公司回购股份的行为。如 Lambert 等（1989）提出，由于股权激励计划是不受股利保护的，所以会激励经理人减少公司股利发放，他们以 221 家在 1978 年之前采取股权激励计划的公司为样本，结果发现，首次采取经理人股权激励的公司发放的股利相对预期水平发生了明显的下降，且股票期权价值越大的，下降越多。Jolls（1998）也以经理人的薪酬契约作为公司股票回购行为的一种原因解释，发现了股票期权在公司选择股票回购还是增加股利发放时的重要影响。Weisbenner（2000）以 826 家美国大规模的公司作为样本研究发现，管理层为了使自己所拥有的股票期权增值，会更倾向于回购股份或者是留存收益而非增加现金股利，而且经理人的股权激励与一般员工的股权激励对于公司的股利政策存在不同的影响。Fenn 和 Liang（2001）运用 1993 年—1997 年间的 1100 家非金融公司为样本研究发现，经理人的股票期权确实对公司回购股份的行为有正面影响而对公司发放股利的行为有负面影响。

而对于少数存在股利保护的契约中，相关的研究发现了不同的结论。White(1996)用美国的 62 家公司为样本，研究了股利保护政策在薪酬契约中的运用对公司股利政策的影响，发现了经理人薪酬契约与股利分配之间存在显著的正相关关系。Liljeblom 和 Pasternack(2002)用 1996 年—2001 年间在芬兰赫尔辛基证券交易所交易的公司为研究经理人股权激励与公司利润分配方式之间关系的样本，并针对受股利保护和不受股利保护的两种期权得出了两种截然不同的结论：受股利保护的股票期权对公司的股利发放有显著的正向影响，但是不受股利保护的股票期权对公司的股利发放有显著的负向影响。Zhang(2012)对 2000 年—2009 年间标普 500 公司的研究发现，有股利保护政策的公司有更高的股利发放率和更低的股票回购，且以 2003 年的税制改革为外生冲击变量研究后发现，股利保护政策是股利政策发生改变的原因。

我国的股权激励起步比较晚，对于股权激励计划和公司股利政策之间关系的研究尚为数不多。肖淑芳和张超(2009)以 2006 年 1 月 1 日—2008 年 7 月 30 日沪深两市首次披露股票期权激励计划草案的上市公司为研究对象，发现采用股票期权激励方式的公司，经理人有目的地利用提高送转股水平方式降低行权价格，通过市场的“价格幻觉”提高股权激励收益。肖淑芳和喻梦颖(2012)对 2006 年 1 月 1 日至 2011 年 6 月 30 日沪深两市公告股权激励计划草案的上市公司的股利分配行为进行了研究，结果证实了股权激励公司比非股权激励公司有着更高的股利分配水平，包括送转股和现金股利，且送转股是管理层眼中最大化其股权激励收益的更为理想的掘金工具。但是，吕长江和张海平(2012)以 2006 年 1 月 1 日至 2009 年底推出股权激励方案草案并未中止的 80 家上市公司为样本研究发现，相比非股权激励公司，推出股权激励方案的公司更倾向减少现金股利支付；股权激励公司在激励方案推出后的股利支付率小于方案推出前的股利支付率；具有福利性质的股权激励公司对公司现金股利政策的影响更显著，其股利支付率明显较激励型的公司小，他们由此认为部分实施股权激励计划的公司高管利用股利政策为自己谋福利。

这些研究所使用的样本区间较早，样本数量较少；且使用股权激励计划草案为样本，就笔者的阅读范围所至，尚无文献研究我国上市公司股权激励计划中不同的股权激励工具选择对公司股利政策的影响。

2.3.1.2　股权激励与盈余管理

对于股权激励与盈余管理的相关研究国外已经有许多成果，虽然股权激励可以在一定程度上协调经理人与股东之间的利益，加强其利益共享和风险共担机制，但另一方面来说股权激励的存在也可能促使经理人利用盈余管理操纵财务数据来最大化自己的利益。现有的很多研究认为股权激励会使经理人产生机会主义行为，Healy(1985)从高管对公司的盈余政策和会计政策出发，分析研究了公司的股权激励对高管机会主义行为的影响。Cheng 和 Warfield(2005)通过 1993 年—2000 年间的相关数据对管理层股权激励和盈余管理做了实证研究，发现管理层更倾向于与分析师的预测一致或稍高，而当公司业绩超过分析师预测时，大量持有股票期权的高管更可能进行向下的盈余管理，从而预防未来业绩下降带来的市场对公司的悲观情绪。Bergstresser 和 Philippon(2006)也提供了 CEO 为了增加自己的总薪酬而利用可操纵应计项来管理公司盈余的证据，在盈余管理幅度大的年份，CEO 行权和出售其所持股票的数量就异常多，而 CEO 行权后公司业绩则显著下降(CEO 股权及期权占总薪酬比例与可操纵应计项之间呈显著的正相关关系)；Leone 和 Rock(2002)以 1994 年—1996 年间共 131 个部门层面的观测数据为样本研究后发现在盈余超过规定目标的最高限额时，公司会利用可操纵应计项来调低盈余。

我国的股权激励起步比较晚，而由于业绩型股权激励的特点，对于股权激励计划和公司盈余管理之间关系的研究比较集中在股权激励与公司可操纵应计项之间的关系。肖淑芳等(2009)对 2005 年—2008 年间

108 家提出股权激励计划的上市公司进行配对研究后发现股权激励计划公告日之前的三个季度，经理人通过可操纵应计项进行了向下的盈余管理，而公告日之后则通过可操纵应计项进行向上的盈余管理。耿照源等(2009)以截至 2008 年 12 月已实施股权激励的 80 家上市公司及其配对样本为研究对象发现，实施股权激励的上市公司比未实施股权激励的公司在业绩目标处拥有更强的盈余管理动机，使得报告盈余在业绩目标处出现反常现象。苏冬蔚和林大庞(2010)以 2005 年—2008 年间非金融类上市公司为样本，发现股改后尚未提出激励预案的上市公司，其 CEO 股权和期权占总薪酬比率与盈余管理呈显著的负相关关系，而提出或通过股权激励预案的公司，其 CEO 股权和期权报酬与盈余管理的负相关关系大幅减弱并不再统计显著，其还发现公司这种盈余管理行为加大了 CEO 行权的概率，而且 CEO 行权后公司业绩大幅下降。林大庞和苏冬蔚(2011)使用盈余管理修正总资产报酬率，并通过 Heckman 两阶段估计方法进行的研究发现，实施股权激励的上市公司在使用盈余管理修正业绩前的平均业绩比未实施股权激励的上市公司显著更高，股权激励与业绩呈正相关关系；而通过盈余管理修正业绩后两类公司的平均业绩则没有显著区别，股权激励与业绩间正相关关系减弱，并且发现股权激励有助于提升非国有控股公司的总资产报酬率，但无法影响国有控股公司的业绩。何凡(2010)以 2005 年—2008 年实施股权激励的 46 家公司为研究对象，分析检验了股权激励与盈余管理之间的关系。其发现：激励股权占总股本的比例与实施股权激励前的盈余管理程度呈显著的正相关关系；股权激励模式会对实施股权激励后的盈余管理产生显著影响，实行业绩型股权激励方式时公司的盈余管理行为比实行非业绩型股权激励方式时的盈余管理更加严重；行权时长与实施股权激励后的盈余管理之间存在显著的负相关关系；公司第一大股东的持股比例和是否国有也对盈余管理存在正向的影响。张海平和吕长江(2011)以 2006 年—2009 年推出股权激励计划的公司为样本，从盈余管理动机的角度研究了股权激励对公司会计政策选择的影响，其分析研究发现：在股权激励方案推出前一年，股权激励的公司资产减值率显著高于非股权激励公司；激励方案推出当年及下一年，股权激励公司的资产减值率又显著低于非股权激励的公司。股权激励成为新的盈余管理动机影响了上市公司资产减值的计提，进一步的研究发现，具有福利性质的股权激励公司对资产减值的影响更显著。这表明了部分实施股权激励计划的公司管理层利用资产减值政策操纵会计盈余操纵会计盈余影响股权激励的行权条件，为自己牟利。杨慧辉等(2012)从应计项目盈余管理和真实活动盈余操纵两方面研究股权激励披露日、行权日和出售日前股权激励水平、激励方式对公司盈余管理行为的影响，认为管理层的自利机会主义行为会导致股权激励的滥用和失效。其以 2006 年—2011 年授予股票或期权的 152 家上市公司为样本，在控制影响盈余管理动机和程度的其他因素后，发现披露日以及行权日之前管理层通过可操纵性应计利润进行了降低盈余的管理，激励所获股权出售日前则主要进行了调高盈余的真实活动盈余操纵；并且国有控股上市公司采用股票激励方式与盈余管理程度正相关，激励水平与盈余管理程度正相关。

这些研究大多样本较少，并且包含 2006 年前非规范性的股权激励计划，且其多使用股权激励计划草案为样本。没有区分不同的行权业绩条件带来的不同盈余管理方式的可能，也没有比较行权业绩条件的严格程度对盈余管理程度的影响。

2.3.1.3 股权激励与其他经理人机会主义行为

此外，股权激励所导致的经理人行为的研究还包括研发投入、信息披露、利用私有信息择时和财务重述等等方面。

Ryan 和 Wiggins(2002)认为经理人报酬与 R&D 投资之间存在内生性，报酬的类型不同，与 R&D 支出之间的关系就不同，股票期权与 R&D 支出呈现相同方向的变化，而限制性股票与 R&D 支出之间则呈现出反方向变动。夏芸和唐清泉(2008)以 2005 年—2006 年间披露研发支出的高科技上市公司为样本，发现股权激励促进了公司的研发支出；

Aboody 和 Kasznik(2000)利用 1992 年—1996 年间有期权授予计划的 572 家公司 2039 个 CEO 期权激励样本，分析研究了期权授予前后公司股价和分析师盈利预测的变化，发现 CEO 存在通过在期权授予日前后推迟好消息的披露、提前坏消息的披露来影响和操纵投资者预期的行为。其结果支持 CEO 确实存在利用机会主义的自愿披露方式来实现股票期权报酬的最大化的行为。Brockman 等(2010)分析研究了公司的自愿性披露和 CEO 股票期权行权之间的关系，他们用 1996 年—2006 年间 CEO 行权的数据发现，在 CEO 行权并卖出股票之前，他们会更多地自愿披露一些好消息促使公司股价上涨，而如果 CEO 行权并持有股票，坏消息的自愿性披露则会增多。

Bartov 和 Mohanram(2004)通过对 1992 年—2001 年 1200 多家美国上市公司的实证检验发现，高管在大规模行权前后公司的业绩表现存在很大差异，行权前变现异常优秀的公司股权在行权后表现得异常差，而其进一步的研究发现这是高管基于其对公司私有信息了解的行为。Brooks 等(2012)也发现了高管利用其私有信息选择他们行权的时间点。

Johnson 等(2003)对 1992 年—2001 年之后被 SEC 披露的 43 家财务欺诈公司进行配对后发现高管行使股权期权的数量与公司财务欺诈的年份显著增加，他们的结果还显示财务欺诈行为曝光后公司业绩显著下降；同时，他们认为公司在行业低迷的时候更容易出现财务欺诈行为。而 Erickson 等(2006)对 1996 年—2003 年之间被 SEC 指控存在财务欺诈的 50 家公司进行了配对检验，结果显示在公司财务欺诈期间，公司高管的行权数量和薪酬并没有显著高于配对公司。Efendi 等(2007)对 2001 年 1 月 1 日—2002 年 6 月 30 日之间出现财务重述的 95 家公司进行配对研究，发现 CEO 股票期权报酬比例较高的公司更可能提出财务重述，因此他们认为对股权的过分看重会增加公司的代理成本。Burns

和 Kedia(2006)对 1995 年—2002 年间美国上市公司是否更正财务报表进行研究,发现 CEO 薪酬中期权的比重与公司错报之间寻在显著的正相关关系,但是并没有发现其他成分的薪酬(如限制性股票等等)对错报概率存在显著影响。胡国强和彭家生(2009)以 2005 年—2007 年中国 A 股市场实施股权激励的上市公司及其配对样本为研究对象发现:实施股权激励的公司发生财务重述的可能性要显著高于未实施股权激励的公司;相比基于业绩的股权激励模式,实施基于股价的股权激励模式的公司发生财务重述的可能性更高。

2.3.2 股权激励间接经济后果

股权激励的间接经济后果主要是指股权激励对于股东财富和公司业绩的影响。

Morgan 和 Poulsen(2001)以 90 年代标普 500 的公司为研究对象,股东在薪酬计划发布之后会有一个财富的增加,并且他们发现提出权益性薪酬的公司,其一年后的资产收益率比尚未提出的更高,而其提出后的资产收益率比提出前的更高,所以他们觉得权益性的经理人薪酬是有助于增加股东财富的。

Core 和 Larcker(2002)比较了 1991 年—1995 年间 195 家公司采用激励计划的前后,发现在计划被采用前,公司管理层的持股普遍较低,股票表现较差;而激励计划采用后的两年,随着公司管理层所持股份的增加,公司经营业绩和股票收益率均有显著的提高。

Kato 等(2005)采用日本 1997 年—2001 年之前采用股权激励的 350 家公司为样本实证发现,当公司通过股权激励计划之后,公司业绩显著上升。他们也提出设计良好的股权激励计划有利于增加公司股东的财富。

Bettis 等(2010)以 1995 年—2001 年间 2055 家授予业绩型股权激励和非业绩型股权激励的公司为研究对象,以 983 家授予业绩型股权激励的其中 475 家公司为实验组，通过行业与规模与其他非业绩型股权激励的公司中的 1580 家公司进行配对检验，发现授予业绩型股权激励的公司后期业绩显著较好。

谢德仁和陈运森(2010)基于 2006 年 1 月 1 日至 2009 年 5 月 30 日的 118 家推出股权激励计划草案的公司为样本也研究发现，我国资本市场对上市公司股权激励计划也抱持认可的态度，在股权激励计划草案公告日前后会产生显著正向的超额累计收集，且股权激励计划中的行权业绩条件要求越严格，推出股权激励计划的财富效应越高。

综上所述，由于股权激励计划一方面对公司经理人和股东来说是一种利益协调的机制，另一方面股权激励计划也成了经理人机会主义行为的一个动机，对经理人的行为产生了直接的影响，从而影响了在经理人经营管理下的公司的行为：如信息披露、股利政策、盈余管理、研发支出等等。进一步地，公司的业绩等方面也受到影响。

第 3 章　股权激励相关制度背景

本章首先对我国的股权激励情况作了介绍，明确股权激励中的相关概念定义及我国公司股权激励计划中各要素要求，并结合我国的相关制度背景从理论上阐述股权激励中经理人机会主义的动机能力和目标。本章共分 3 节，其中，3.1 节介绍我国股权激励的相关制度背景及要素要求；3.2 节结合 3.1 节中我国上市公司股权激励计划流程阐述股权激励各阶段中经理人机会主义的动机能力和目标，提出本书实证检验的主要逻辑；3.3 节为本研究的实证分析框架。

3.1　股权激励相关背景介绍

3.1.1　股权激励的定义

2005 年末证监会发布《上市公司股权激励管理办法(试行)》，我国上市公司股权激励计划开始规范化，本研究所涉及的股权激励即为 2006 年及以后规范化的股权激励。根据《上市公司股权激励管理办法(试行)》中的说明，我国上市公司的股权激励定义为：上市公司以本公司股票为标的，对其董事、监事、高级管理人员及其他员工进行长期性激励。

这种股权激励使激励对象能够在实现公司预定的业绩条件的前提下享受公司股票带来的经济效益与权利，并可能以股东的身份参与企业决策、分享利润、承担风险，从而使激励对象为其企业价值的最大化而努力：

(1) 有利于增加公司对人才的吸引力并减少公司人才的流失。现代社会，优秀的管理人才作为一种极其稀缺的资源在某种程度上可以说是可遇而不可求的。特别是当经理人对所在公司已经有了一定的了解及熟悉程度之后，其离职对公司带来的损失不是再随便找一个可以弥补的。怎么样来留住这样的管理人才呢？当然对等的薪酬是一个方面，但是由于一般常规的高额工资和年度现金奖金会引起社会公众的注意，并且这几年的“限薪令”也让一部分高管的现金薪酬不涨反跌。相比较之下，股权激励机制这种长期激励机制则可以较为隐秘地将一部分财富分配给那些为公司作出贡献的经理人。并且这种激励机制带有的时间条件可以增加经理人离职的机会成本。

(2) 有利于股东利益与经理人利益的协调。由于现代企业的所有权与经营权相分离，享有经营权的经理人与享有所有权的股东这两者的目标函数是不一致的，当经理人的利益与股东的利益发生冲突时，又由于“道德风险”的存在，经理人很可能会牺牲股东利益以满足其自身的利益。股权激励机制实质上就是在经理人满足一定的条件的情况下使其享有一部分的所有权，从而将其利益与股东的利益协调起来，促使经理人更加重视企业的价值。另一方面，由于契约的不完备，股东不能观测到经理人行为方向和努力程度，而经理人作为“理性人”总是会选择使自己的期望效用最大化的行为，所以这样一种长期的激励制度使真正为公司作出贡献的经理人们能够得到丰厚的奖励，从而促使经理人为企业的长期发展而努力工作。

3.1.2 股权激励的相关理论

对于股权激励相关理论的讨论包括委托代理理论、产权理论①、管理激励理论②、人力资本理论③和不完全契约理论等等。本节主要就本研究所蕴含的部分理论做一定的介绍。

1. 委托代理理论④

这一理论是研究经营者(管理层)激励机制问题的主流理论。如上文所述,委托代理问题的产生是企业所有者和管理者之间的信息不对称导致代理人的行为方向和努力程度不能以委托人的利益最大化为目标。所以信息不对称是委托代理理论的一个出发点,并且也是在激励契约设计过程中的一个基本的动因。在股权激励这种激励机制设计的过程中,有信息优势的一方是管理者,我们将其称为代理人,公司的所有者并不能掌握管理者的所有信息,其是委托代理中的委托人,两者之间存在信息不对称的问题。在经济学的领域,如果这种信息不对称的问题是事前的,那么我们将其称之为“逆向选择”;如果这种信息不对称的问题是事后的,我们则将其称之为“道德风险”⑤。

现代企业在运行的过程中,所有权与管理权相分离,所有者和管理

① 产权理论认为产权明晰是企业绩效的关键,其认为企业所有者追求企业绩效的基本激励动机是对利润的占有,所以,管理者对利润占有份额越多,提高企业效益的动机就越强,企业拥有者追求企业绩效动机的程度与利润占有的份额成正比。

② 管理激励理论从人的需求出发,从人的行为的研究角度探究什么会导致行为的变化以及如何转变人的行为,揭示人的行为的影响因素,从而寻找较好的激励方法,提高管理者的主动性和积极性。

③ 人力资本理论把财富的创造由原来单纯的物质资本和货币资本扩充到了人力因素上,认为人力因素也是财富增值的重要一环。其作为一种产权,应该获得因增值产生的资本收益。在此理论下,股权激励被看作人力资本拥有者根据人力因素对公司价值所作的贡献来获取企业部分剩余索取权。

④ 这里主要讨论第一类代理问题。

⑤ 在股权激励计划的制定和实施过程当中,对于这种信息不对称的问题既可能发生在制定之时,之于股权激励本身而言,也就是发生在事前;也有可能发生在股权激励计划制定之后,实施之中,之于股权激励本身而言,也就是发生在事后。

者并不是同一主体。那么，在管理者经营公司过程中，如果其利益目标与公司目标不一致，管理者就可能利用其与所有者之间的信息不对称来谋取个人利益，对公司形成侵蚀；又或者是管理者出于自己的利益考量，并没有为公司的目标而尽心尽力地工作，这就是我们称作的代理成本。为了降低公司的代理成本，Jensen 和 Mecklin（1976）认为股东可以通过一定的激励机制或者约束机制来规范管理者的行为，股权激励就是一种选择。股权激励可以使单纯的企业管理者成为企业的所有者之一，这可以在某种程度上消减双方的目标差异，拉近其目标函数的相似度，并且使管理者承担部分由道德风险问题带来的利益损失①，引导管理者的行为方向并激励管理者的努力程度，从而有利于企业价值最大化的实现。股权激励使公司建立了有效的激励机制，将企业的剩余索取权与控制权相结合，使管理者的长期利益与企业的价值最大化紧密联系并趋向一致。

2. 不完全契约理论

不完全契约理论，即 Grossman-Hart-Moore 模型，或者称为所有权—控制权模型，是由 Grossman、Hart 和 Moore 等共同创立的。该理论以合约的不完全性为研究起点，以财产权或（剩余）控制权的最佳配置为研究目的，是分析企业理论和公司治理结构中控制权的配置对激励和信息获得的影响的最重要分析工具。不完全契约理论认为：由于人们的有限理性、信息的不完全性及交易事项的不确定性，使得明晰所有的特殊权力的成本过高，拟定完全契约是不可能的，不完全契约是必然和经常存在的②。

股权激励的设计就是在明晰所有特殊权力成本过高的情况下，管理者有着经营决策的重要性，因此通过赋予管理者所有权或者剩余控制权

① 对于逆向选择的问题，是所有者在激励契约制定的过程中就应该加以规避的，我们将在第五章进行讨论。

② https://wiki.mbalib.com/wiki/不完全契约理论

来实现有效配置。

股权激励的实施是一系列签订契约的过程。但是在契约缔结的过程中，因为契约的不完全性，很可能导致计划难以达成或者未来产生纠纷的现象，这就要求在设计股权激励方案的过程中尽量考虑周全。

3. 博弈论

博弈论(Game Theory)是指研究多个个体或团队之间在特定条件制约下的对局中利用相关方的策略，而实施对应策略的学科。其主要研究公式化了的激励结构(游戏或者博弈)间的相互作用。博弈论考虑游戏中的个体的预测行为和实际行为，并研究它们的优化策略。一般来说，具有竞争或对抗性质的行为可能成为博弈行为。在这类行为中，参加斗争或竞争的各方各自具有不同的目标或利益。为了达到各自的目标和利益，各方必须考虑对手的各种可能的行动方案，并力图选取对自己最为有利或最为合理的方案①。

在博弈论的思想下，管理者和所有者都是理性的经济人，他们有着不同的目标函数，他们之间存在博弈关系，其最终目标都是在一定的约束条件下实现各自利益的最大化。笔者认为上市公司的股权激励之中所蕴含的博弈论的思想主要体现在股权激励方案的制定阶段，如何在双方的博弈均衡点上制定一个对双方来说都满意的计划。

4. 信号传递理论

信号传递理论在财务领域的应用始于 Ross 的研究。信号传递理论认为在信息不对称下，公司有时有向外界传递公司内部信息的需要，这个时候就需要依靠某些信号，常见的信号有三种：利润宣告；股利宣告；融资宣告②。

① https://wiki.mbalib.com/wiki/博弈论

② https://wiki.mbalib.com/wiki/信号传递理论

在博弈论下，上市公司股权激励方案制定的过程是管理者和所有者博弈的结果，所以股权激励内容的本身包含了管理者和所有者所拥有的信息，当它以公告的形式向外部宣告时，公司的内部信息也就随之传递了出来，当然这种信号传递的方式所传递出来的信号对于信息的接收者来说会有一定的处理难度，可能需要去进一步地考虑双方力量的对抗及其他公司治理的机制影响。

3.1.3　股权激励相关规则

2005 年 8 月证监会、国资委、财政部、人民银行及商务部等五部委发布《关于上市公司股权分置改革的指导意见》，其中第 10 条中指出“完成股权分置改革的上市公司优先安排再融资，可以实施管理层股权激励”，“上市公司管理层股权激励的具体实施和考核办法，以及配套的监督制度由证券监管部门会同有关部门另行制定。”2005 年末证监会发布《上市公司股权激励管理办法(试行)》，揭开我国规范化股权激励的序幕，为了规范整个市场，也为了完善上市公司的股权激励计划，我国各个监管部门也陆续发布了一些相关的要求和规定，我们现将这些规则按其发布的时间顺序整理如下表 3.1。

表 3.1　股权激励相关监管规则整理

规则名称	发布机构	发布时间
《上市公司股权激励管理办法(试行)》	证监会	2005 年 12 月
《国有控股上市公司(境外)实施股权激励试行办法》	国资委、财政部	2006 年 1 月
《国有控股上市公司(境内)实施股权激励试行办法》	国资委、财政部	2006 年 9 月
《信息披露业务备忘录第 9 号——股权激励期权行权确认》	深交所	2008 年 3 月

续表

规则名称	发布机构	发布时间
《关于上市公司股权激励备案工作有关问题的通知》	河北证监局	2008 年 5 月
《股权激励有关事项备忘录 1 号》	证监会	2008 年 5 月
《股权激励有关事项备忘录 2 号》	证监会	2008 年 5 月
《股权激励有关事项备忘录 3 号》	证监会	2008 年 9 月
《关于规范国有控股上市公司实施股权激励制度有关问题的通知》	国资委、财政部	2008 年 10 月
《创业板信息披露业务备忘录第 8 号：股权激励(股票期权)实施、授予、行权与调整》	深交所	2011 年 8 月

上述规则对上市公司股权激励计划中涉及的方方面面，从激励对象、激励工具、激励数量、激励时间到行权(授予)价格和业绩考核条件都作出了较为细致的指导性要求和规定，并针对国有企业出台有特别的指导办法以规范国有企业股权激励机制的采用(央企的股权激励曾自 2008 年起被叫停达两年之久)。

3.1.4 股权激励的要素

股权激励的要素是股权激励计划最核心的组成部分，决定了股权激励计划的最终实施效果。根据我国近年各个监管部门发布的相关要求规定，并结合上市公司公告的股权激励计划方案，我们把我国股权激励计划的几大要素相关要求总结汇总如下：激励对象、激励工具、激励数量、激励时间、行权(授予)价格、行权业绩条件。这几个要素涵盖了股权激励计划激励谁、用什么激励、激励多少、激励多久、激励收益、激励有什么要求等根本性问题。

3.1.4.1　激励对象

激励对象即股权激励计划的目标群体。激励谁，是股权激励计划需要确定的第一个问题。关于各规则对激励对象的规定我们整理如表 3.2 所示。

表 3.2　股权激励计划激励对象的相关规定

规则名称	关于激励对象的规定
《上市公司股权激励管理办法（试行）》	激励对象可以包括上市公司的董事、监事、高级管理人员、核心技术（业务）人员，以及公司认为应当激励的其他员工，但不应当包括独立董事
《国有控股上市公司（境外）实施股权激励试行办法》	激励对象原则上限于上市公司董事、高级管理人员以及对上市公司整体业绩和持续发展有直接影响的核心技术人才和管理骨干，股权激励的重点是上市公司的高管人员。独立非执行董事不参与上市公司股权激励计划。高新技术企业可结合行业特点和高科技人才构成情况界定核心技术人才的激励范围，但须就确定依据、授予范围及数量等情况作出说明
《国有控股上市公司（境内）实施股权激励试行办法》	激励对象原则上限于上市公司董事、高级管理人员以及对上市公司整体业绩和持续发展有直接影响的核心技术人员和管理骨干。 上市公司监事、独立董事以及由上市公司控股公司以外的人员担任的外部董事，暂不纳入股权激励计划。证券监管部门规定的不得成为激励对象的人员，不得参与股权激励计划。 上市公司母公司（控股公司）的负责人在上市公司担任职务的，可参加股权激励计划，但只能参与一家上市公司的股权激励计划
《股权激励有关事项备忘录 1 号》	持股 5%以上的主要股东或实际控制人原则上不得成为激励对象。 持股 5%以上的主要股东或实际控制人的配偶及直系近亲属若符合成为激励对象的条件，可以成为激励对象，但其所获授权益应关注是否与其所任职务相匹配

续表

规则名称	关于激励对象的规定
《股权激励有关事项备忘录3号》	董事、高级管理人员、核心技术(业务)人员以外人员成为激励对象的,上市公司应在股权激励计划备案材料中逐一分析其与上市公司业务或业绩的关联程度,说明其作为激励对象的合理性
《关于规范国有控股上市公司实施股权激励制度有关问题的通知》	上市公司股权激励的重点应是对公司经营业绩和未来发展有直接影响的高级管理人员和核心技术骨干,不得随意扩大范围。未在上市公司任职、不属于上市公司的人员(包括控股股东公司的员工)不得参与上市公司股权激励计划。境内、境外上市公司监事不得成为股权激励的对象
《创业板信息披露业务备忘录第8号:股权激励(股票期权)实施、授予、行权与调整》	上市公司独立董事、监事不得成为激励对象;董事、高级管理人员、核心技术(业务)人员以外人员成为激励对象的,上市公司应逐一分析其与公司业务或业绩的关联程度并说明其作为激励对象的合理性;持股5%以上的主要股东或实际控制人原则上不得成为激励对象;持股5%以上的主要股东或实际控制人的配偶及直系近亲属若符合成为激励对象的条件,可以成为激励对象,但应就其所获授权益与其所任职务是否相匹配作出说明;激励对象不能同时参加两个或以上上市公司的股权激励计划

从上述的规定中我们看到对于激励对象的相关规定越来越具体,这有利于上市公司确定激励对象和保护广大中小股东的利益。

3.1.4.2 激励工具

激励工具是公司股权激励计划的载体。依据《上市公司股权激励管理办法(试行)》及相关规定,股权激励的基本模式主要有:股票期权、限制性股票和股票增值权。这三种方式究竟都是什么含义呢?对激励对象和公司而言三种方式有什么区别呢?我们将其总结如下:

表 3.3　股权激励工具比较

	股票期权	限制性股权	股票增值权
含义	上市公司授予激励对象的在未来一定期限内以预先确定的价格和条件购买本公司一定数量股票的权利	激励对象按照股权激励计划规定的条件，从上市公司获得的一定数量的本公司股票，并按照股权激励计划规定的条件，可以出售持有的作为激励工具的股票	上市公司授予激励对象在一定的时期和条件下，获得规定数量的股票价格上升所带来的收益的权利
激励对象与公司的关系	签约前：纯粹的雇佣关系；签约后行权前：根据股票期权合同，新的法律关系产生了，被授予方成为准股东。被授予期权方获得了可以成为股东的权利；行权后：被授予方成为公司的股东	限制性股票持有者具有股东身份，享有除出售股票外的股东权利。被授予者成为公司的股东，与公司不再仅仅是雇佣关系	持有者既不享有股权，也不具有成为股东的可能性，激励对象与公司是雇员与雇主的关系
激励对象权利	1. 股票期权是一种未来权利，是在未来某个时间行使的权利；2. 股票期权是一种买入权，按固定价格买入一定数量股票的权利	是一种权利受到一定限制的股票，持有者享有分红和表决权，但对股票的处置权受到限制	股权激励对象不拥有这些股票的所有权，也不拥有股东表决权、配股权
对公司的影响	1. 改变公司的股权结构；2. 增加公司的所有者权益，因为股票期权的持有者是向公司购买未发行在外的流通股，即是直接向公司购买而非从二级市场购买；3. 增加公司的资产	激励对象按照折扣价现金购买股票，由激励对象支付对价：1. 改变股权结构，增加股东，增加公司的所有者权益；2. 增加公司现金；公司根据业绩表现提取激励基金，支付现金购买股票，再授予激励对象，由公司支付对价：1. 减少公司现金，公司需要以现金形式从二级市场回购股票；2. 回购后授出前属于公司持有自己的股票，不享有分红和表决的权利	不影响公司的总资本和股本结构，但会影响公司的现金流
价值评估	包括内在价值和时间价值，其价值评估方法主要有二叉树定价模型和布莱克-斯科尔斯模型	限制性股票只有内在价值，其价值为授予日的股票市场价格扣除授予价格，没有未来的等待价值	没有时间价值，其价值就是两次股价之差

公司在推出股权激励计划时应根据公司自身的实际情况选用适合的股权激励工具，以期达到预期的激励效果。

3.1.4.3　激励数量

激励数量是股权激励计划的强度的体现，明确激励的数量是股权激励计划的又一个要素，对激励对象有重要意义。对激励数量的规定包括对激励总量和各激励对象的激励数量的规定。

表 3.4　股权激励计划激励数量的相关规定

规则名称	关于激励数量的规定
《上市公司股权激励管理办法(试行)》	上市公司全部有效的股权激励计划所涉及的标的股票总数累计不得超过公司股本总额的 10%。 非经股东大会特别决议批准，任何一名激励对象通过全部有效的股权激励计划获授的本公司股票累计不得超过公司股本总额的 1%
《国有控股上市公司(境外)实施股权激励试行办法》	(一) 在股权激励计划有效期内授予的股权总量累计不得超过公司股本总额的 10%。(二) 首次股权授予数量应控制在上市公司股本总额的 1%以内。 在股权激励计划有效期内任何 12 个月期间授予任一人员的股权(包括已行使的和未行使的股权)超过上市公司发行总股本 1%的，上市公司不再授予其股权。 在股权激励计划有效期内，高管人员预期股权激励收益水平原则上应控制在其薪酬总水平的 40%以内
《国有控股上市公司(境内)实施股权激励试行办法》	在股权激励计划有效期内授予的股权总量，应结合上市公司股本规模的大小和股权激励对象的范围、股权激励水平等因素，在 0.1%—10%之间合理确定。上市公司首次实施股权激励计划授予的股权数量原则上应控制在上市公司股本总额的 1%以内。 上市公司任何一名激励对象通过全部有效的股权激励计划获授的本公司股权，累计不得超过公司股本总额的 1%。 在股权激励计划有效期内，高级管理人员个人股权激励预期收益水平，应控制在其薪酬总水平(含预期的期权或股权收益)的 30%以内

适当的激励数量，有利于有效地发挥股权激励的激励作用而不至于扭曲了股权激励对经理人所带来的激励效果。

3.1.4.4　激励时间

激励的时间是指股权激励的待权期和有效期。待权期和有效期的设定都是为股权激励的长期激励目的所服务的：有效期太短不利于发挥股权激励的长期激励目的，而有效期太长则又会削减激励对象的积极性。我国相关部门发布的规定中对股权激励的有效期的规定如下：

表 3.5　股权激励计划激励时间的相关规定

规则名称	关于激励时间的规定
《上市公司股权激励管理办法(试行)》	股票期权的有效期从授权日计算不得超过 10 年
《国有控股上市公司(境外)实施股权激励试行办法》	股权激励计划有效期一般不超过 10 年，自股东大会通过股权激励计划之日起计算。 股权限制期原则上定为两年，在限制期内不得行权。 行权有效期为股权限制期满后至股权终止日的时间，由上市公司根据实际情况确定，原则上不得低于 3 年
《国有控股上市公司(境内)实施股权激励试行办法》	股权激励计划的有效期自股东大会通过之日起计算，一般不超过 10 年。 在股权激励计划有效期内，每期授予的股票期权，均应设置行权限制期和行权有效期，并按设定的时间表分批行权：(一) 行权限制期为股权自授予日(授权日)至股权生效日(可行权日)止的期限。行权限制期原则上不得少于 2 年，在限制期内不可以行权。(二) 行权有效期为股权生效日至股权失效日止的期限，由上市公司根据实际确定，但不得低于 3 年。 在股权激励计划有效期内，每期授予的限制性股票，其禁售期不得低于 2 年。禁售期满，根据股权激励计划和业绩目标完成情况确定激励对象可解禁(转让、出售)的股票数量。解禁期不得低于 3 年，在解禁期内原则上采取匀速解禁办法

按照我国相关监管规定，国有控股上市公司与私人控股上市公司对于股权激励的待权期要求是有区别的。

3.1.4.5　行权(授予)价格

股权激励计划中股票期权的行权价格和限制性股票的授予价格则是股权激励计划的另一大关键点，其关系到激励对象的实际获利，因此，为了避免公司任意操纵股权激励的行权(授予)价格，损害广大股东的利益，相关的规则对此也作出了明确的规定：

表 3.6　股权激励计划行权(授予)价格的相关规定

规则名称	关于行权价格的规定
《上市公司股权激励管理办法（试行）》	行权价格不应低于下列价格较高者： （一）股权激励计划草案摘要公布前一个交易日的公司标的股票收盘价； （二）股权激励计划草案摘要公布前 30 个交易日内的公司标的股票平均收盘价
《国有控股上市公司（境外）实施股权激励试行办法》	上市公司首次公开发行上市时实施股权激励计划的，其股权的授予价格按上市公司首次公开发行上市满 30 个交易日以后，依据境外上市规则规定的公平市场价格确定。 上市公司上市后实施的股权激励计划，其股权的授予价格不得低于授予日的收盘价或前 5 个交易日的平均收盘价，并不再予以折扣
《国有控股上市公司（境内）实施股权激励试行办法》	（一）上市公司股权的授予价格应不低于下列价格较高者：1. 股权激励计划草案摘要公布前一个交易日的公司标的股票收盘价；2. 股权激励计划草案摘要公布前 30 个交易日内的公司标的股票平均收盘价。（二）上市公司首次公开发行股票时拟实施的股权激励计划，其股权的授予价格在上市公司首次公开发行上市满 30 个交易日以后，依据上述原则规定的市场价格确定
《股权激励有关事项备忘录 1 号》	限制性股票发行价格不低于定价基准日前 20 个交易日公司股票均价的 50％

对于行权授予价格的相关规定也是监管机构为了防止上市公司对经理人进行利益的直接输送而制定的。

3.1.4.6　行权业绩条件

按照证监会发布的规则，我国上市公司股权激励计划在一开始就是业绩型股权激励，被激励对象在相应的待权期结束时还必须满足计划中约定的行权（含解禁）业绩条件才能获得行权权（股票出售权）。从这一点上来说，我国的股权激励从一开始就与国外最初实行的传统型股权激励是有所不同的。笔者兹将证监会和财政部、国资委等制定的上市公司股权激励相关规则中关于行权业绩条件的相关规定整理为表 3.7。

表 3.7　相关监管规则中关于行权业绩条件的规定

规则名称	关于业绩条件的规定
《上市公司股权激励管理办法(试行)》	激励对象获授权益、行权的条件,如绩效考核体系和考核办法,以绩效考核指标为实施股权激励计划的条件
《股权激励有关事项备忘录1号》	公司设定的行权指标须考虑公司的业绩情况,原则上实行股权激励后的业绩指标(如:每股收益、加权净资产收益率和净利润增长率等)不低于历史水平。此外,鼓励公司同时采用下列指标:(1)市值指标:如公司各考核期内的平均市值水平不低于同期市场综合指数或成份股指数;(2) 行业比较指标:如公司业绩指标不低于同行业平均水平
《股权激励有关事项备忘录2号》	公司根据自身情况,可设定适合于本公司的绩效考核指标。绩效考核指标应包含财务指标和非财务指标。绩效考核指标如涉及会计利润,应采用按新会计准则计算、扣除非经常性损益后的净利润。同时,期权成本应在经常性损益中列支
《股权激励有关事项备忘录3号》	上市公司股权激励计划应明确,股票期权等待期或限制性股票锁定期内,各年度归属于上市公司股东的净利润及归属于上市公司股东的扣除非经常性损益的净利润均不得低于授予日前最近三个会计年度的平均水平且不得为负
《关于规范国有控股上市公司实施股权激励制度有关问题的通知》	(一) 上市公司实施股权激励,应建立完善的业绩考核体系和考核办法。业绩考核指标应包含反映股东回报和公司价值创造等综合性指标,如净资产收益率(ROE)、经济增加值(EVA)、每股收益等;反映公司赢利能力及市场价值等成长性指标,如净利润增长率、主营业务收入增长率、公司总市值增长率等;反映企业收益质量的指标,如主营业务利润占利润总额比重、现金营运指数等。相关业绩考核指标的计算应符合现行会计准则等相关要求。 (二) 上市公司实施股权激励,其授予和行使(指股票期权和股票增值权的行权或限制性股票的解禁,下同)环节均应设置应达到的业绩目标,业绩目标的设定应具有前瞻性和挑战性,并切实以业绩考核指标完成情况作为股权激励实施的条件。 1. 上市公司授予激励对象股权时的业绩目标水平,应不低于公司近 3 年平均业绩水平及同行业(或选取的同行业境内、外对标企业,行业参照证券监管部门的行业分类标准确定,下同)平均业绩(或对标企业 50 分位值)水平。 2. 上市公司激励对象行使权利时的业绩目标水平,应结合上市公司所处行业的周期性,在授予时业绩水平的基础上有所提高,并不得低于公司同行业平均业绩(或对标企业 75 分位值)水平。凡低于同行业平均业绩(或对标企业 75 分位值)水平以下的不得行使

从表 3.7 来看，股权激励计划中设定的行权业绩条件相关指标须考虑公司的业绩情况，原则上作为行权业绩条件的相应业绩指标（如：每股收益、加权净资产收益率和净利润增长率等）之水平不低于历史水平，并且规则鼓励公司同时采用市值指标和行业比较指标。其中，对于会计业绩指标，应采用按新会计准则计算、扣除非经常性损益后的净利润，且期权成本应在经常性损益中列支。证监会 2008 年 9 月发布的《备忘录 3》还特别要求，在待权期内，各年度归属于上市公司股东的净利润及归属于上市公司股东的扣除非经常性损益的净利润均不得低于授予日前最近三个会计年度的平均水平且不得为负，否则被激励对象是不能获得行权权的。对于国有控股上市公司而言，似乎要求更严格些，因为国资委和财政部在 2008 年 10 月要求，股权激励的授予本身也需要满足业绩条件，如不低于自身过去 3 年平均业绩和同行业平均业绩（或同行业对标企业 50 分位值），而行权业绩条件则需高于股权激励授予的业绩条件，并不得低于公司同行业平均业绩（或对标企业 75 分位值）水平。

3.1.5 股权激励的流程安排

上市公司从制定股权激励计划到实施股权激励计划的过程又是怎么样的呢？我们根据《上市公司股权激励管理办法（试行）》整理了以下上市公司经理人股权激励计划从制定到正式实施程序图，并针对图中各流程相关的要求和注意事项，将具体规定整理如表 3.8 所示：

表 3.8 上市公司经理人股权激励计划从制定到正式实施程序及相关要求

步骤	程序	相关要求
1	上市公司董事会下设的薪酬与考核委员会负责拟定股权激励计划草案	薪酬与考核委员会应建立完善的议事规则

续表

步骤	程序	相关要求
2	薪酬与考核委员会拟定的股权激励计划草案应当提交董事会审议	独立董事应当就股权激励计划是否有利于上市公司的持续发展，是否存在明显损害上市公司及全体股东利益发表独立意见； 董事会表决股权激励计划草案时，关联董事应回避； 董事会就股权激励计划事项作出决议，应当经全体非关联董事半数以上通过
3	上市公司应当在董事会审议通过股权激励计划草案后的 2 个交易日内，公告董事会决议、股权激励计划草案摘要、独立董事意见	上市公司应当聘请律师对股权激励计划出具法律意见；上市公司董事会下设的薪酬与考核委员会认为必要时，可以要求上市公司聘请独立财务顾问，独立财务顾问应当出具独立财务顾问报告
4	董事会审议通过股权激励计划后，上市公司应该将有关材料报中国证监会备案，同时抄报证券交易所及公司所在地证监局	为确保股权激励计划备案工作的严肃性，股权激励计划备案过程中，上市公司不可随意提出修改权益价格或激励方式。上市公司如拟修改权益价格或激励方式，应由董事会审议通过并公告撤销原股权激励计划的决议，同时上市公司应向中国证监会提交终止原股权激励计划备案的申请
5	中国证监会自收到完整的股权激励计划备案申请材料之日起 20 个工作日内未提出异议的，上市公司可以发出召开股东大会的通知，审议并实施股权激励计划。在上述期限内，中国证监会提出异议的，上市公司不得发出召开股东大会的通知，审议及实施该计划	上市公司在发出召开股东大会的通知时，应当同时公告法律意见书；聘请独立财务顾问的，还应当同时公告独立财务顾问报告
6	股东大会应当对股权激励计划中的内容进行表决	股东大会就各事项作出决议，必须经出席会议的股东所持表决权的 2/3 以上通过。 除非得到股东大会明确授权，上市公司变更股权激励计划中所列事项的，应当提交股东大会审议批准

续表

步骤	程序	相关要求
7	股权激励计划经股东大会审议通过后，上市公司应当持相关文件到证券交易所办理信息披露事宜，到证券登记结算机构办理有关登记结算事宜	上市公司应当按照证券登记结算机构的业务规则，在证券登记结算机构开设证券账户，用于股权激励计划的实施。 尚未行权的股票期权，以及不得转让的标的股票，应当予以锁定
8	自公司股东大会审议通过股权激励计划之日起 30 日内，公司应当按相关规定召开董事会对激励对象进行授权，并完成登记、公告等相关程序	

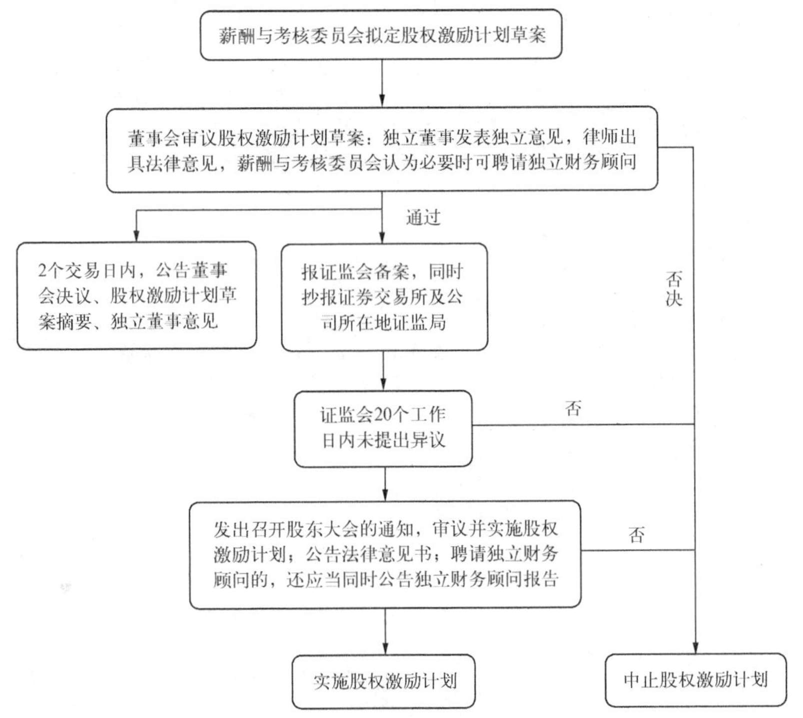

图 3.1　上市公司股权激励计划的审核批准程序

至此，公司的股权激励计划进入正式实施阶段，正式实施阶段的股权激励计划又根据其具体安排将经历以下阶段：

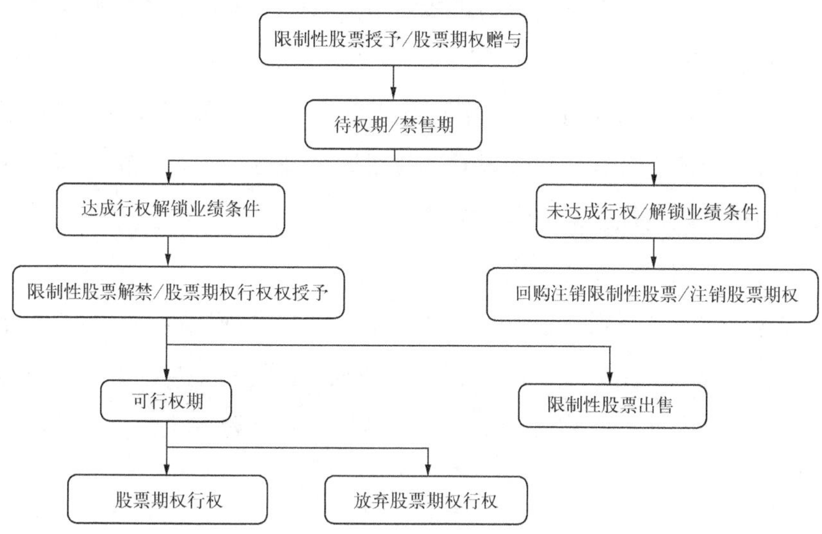

图 3.2　上市公司股权激励计划实施阶段示意图

股票期权和限制性股票作为我国上市公司股权激励计划中最常用的两种激励方式，其在股权激励计划实施的过程中需要经历如上图所示的过程。

股权激励计划中的股票期权是一种看涨期权，是将美式期权和欧式期权结合在一起的一种期权。在股票期权的赠与日，经理人并不能行权，其行权权的获得在我国一般需要满足行权业绩条件，在股权激励计划中的行权业绩条件得到满足时，公司会授予经理人股票期权的行权权，股票期权的赠与日与授予行权权的日期之间的时间段称为待权期；而行权权授予日到股票期权到期日之间的时间段称为行权期。在经理人被授予行权权后，经理人可以在股票期权到期日及之前的任何时间行权，具体的行权日期就叫作行权日。已授予行权权的股票期权就是可行权股票期权。

由于我国的股权激励以行权业绩条件是否得到满足为授予股票期

权行权权的前提，当公司未能达成股权激励计划中的行权业绩条件时，赠与经理人的股票期权将被公司收回注销。

而限制性股票在股权激励正式实施的时候就被授予了限制性股票（自购或者公司购入后赠与），经理人从被授予后就拥有了除出售股票权利之外的其他股东权利。随着解禁业绩条件的达成，经理人的限制性股票即可上市流通。从被授予限制性股票到限制性股票可上市流通的这段时间称为限制性股票的禁售期。

同股票期权一样，由于限制性股票流通权利的获得是以限制性股票的解禁业绩条件得到满足为前提的，当公司未能达成限制性股票股权激励计划中的解禁业绩条件时，公司将以股权激励计划中规定的回购价格计算方法确定回购价格，然后依此回购并注销授予经理人的这部分限制性股票。

3.2 股权激励中的经理人机会主义行为分析

经理人具有不劳而获实现其股权激励薪酬的机会主义行为倾向，加之经理人作为公司内部的高级管理人员，不可避免地可以获得内部信息，从而具备信息优势，这种信息不对称使得经理人的机会主义行为倾向有可能得以实现。

这种机会主义行为倾向具体体现在股权激励过程中，即：经理人不是通过努力工作提高公司股票价值，而是利用其自身的能力通过各种其他途径或压低股权激励中限制性股票的授予价格或者期权的行权价格，或降低行权业绩条件，或者通过信息发布、资产重组、盈余管理甚至利润操纵等方式，从而来一定程度地影响或达到行权业绩条件、影响公司的股票价格等目的。而这些机会主义行为能否实现，关键取决于经理人是否有能力参与或影响股权激励计划的制定、公司的会计业绩以及公司的股票价格。

我们对股权激励计划从制定到实施再到可行权(解禁)、正式行权(出售限制性股票)的流程中经理人机会主义的倾向进行了初步分析,并总结为下表:

表 3.9　股权激励流程中经理人机会主义的初步分析

	关键流程	经理人能力	经理人动机	经理人目的
制定股权激励计划方案	拟定股权激励计划方案	经理人在薪酬委	降低行权业绩条件、行权价格等	实现自身利益最大化
实施股权激励计划	股权激励计划待权期/禁售期	经理人在董事会	降低行权价格、回收投资成本(限制性股票)	
	限制性股票解禁、股票期权行权/限制性股票出售	经理人在董事会	降低限制性股票或股票期权的应纳税额、然后提高解禁或行权后的股票价格	

按照有关规章,股权激励计划的对象应该是"上市公司董事、高级管理人员以及对上市公司整体业绩和持续发展有直接影响的核心技术人才和管理骨干"。因而从股权激励对象的身份要求上来看,可以发现这些股权激励对象具备影响公司业绩和发展的能力,其不管是对公司的股利政策还是信息披露等其他重要公司行为都是具有影响力的。这也就成了经理人机会主义行为得以实施的一个现实基础。

在制定股权激励计划和实施股权激励计划的过程中,作为激励对象的经理人在各个流程中机会主义的表现是有所不同的,但是其目的都是为了促使股权激励计划更有利于其自身利益的最大化。

一、制定股权激励计划方案

在股权激励计划的制定过程中,经理人从自身利益的角度出发,主要针对的是股权激励计划方案中的要素规定(如:降低行权业绩条件、行权价格等),从而使股权激励计划本身有益于经理人的自身收益。

经理人在有了上述的动机之后,那么,经理人是否具备可以实施上述机会主义行为的条件呢?

首先,从制定股权激励计划的过程来看,《上市公司股权激励管理办法》指出“上市公司董事会下设的薪酬与考核委员会负责拟定股权激励计划草案”,薪酬委员会作为股权激励计划草案的拟定部门,对股权激励计划的各大要素具有给出第一手意见和建议的优势地位。因此,经理人为实现其股权激励薪酬最大化而需要影响股权激励计划要素就转化为了经理人影响薪酬委员会制定股权激励计划。

一方面,当股权激励对象作为公司薪酬委员会的一员时,其就占据了这种优势地位,对经理人来说无疑是一种机会主义条件的增强。再者由于薪酬委员会成员中的独立董事的产生按照证监会 2001 年发布的《关于在上市公司建立独立董事制度的指导意见》的要求,是由上市公司董事会、监事会、单独或者合并持有上市公司已发行股份 1%以上的股东提名并经股东大会选举决定。这就使得独立董事可能成为公司内部执行董事的“代言人”,从而降低其独立性。并且,由于独立董事的薪酬是由董事会决议后从公司领取,其独立性也有可能因经济的依附性受到影响以至削弱。另一方面,薪酬委员会的议事并不独立。《办法》明确规定,薪酬与考核委员会负责拟定股权激励计划草案,提交董事会审议。股权激励计划需经董事会审议,虽然《上市公司治理准则》中规定董事会审议与某董事有关的事项时,该董事应该回避;但执行董事内部的利益关联使得其余有审议权的董事们会基于“集团效应”的考虑,对薪酬委员会制定的股权激励计划草案提出有利于经理人的修改意见。这使得薪酬委员会仍然处于董事会的控制中,其独立性实质是有限的。

所以,在制定股权激励计划的过程中,作为激励对象的公司经理人有能力和动机降低行权(解禁)业绩条件、行权(授予)价格等股权激励计划要素，从而为实现自身利益最大化作准备。

二、实施股权激励计划

然后，再看股权激励计划的实施阶段。根据《上市公司股权激励管理办法》的要求，经理人获得股票期权行权购买股票以及限制性股票的解禁流通都必须要达成规定的行权业绩条件。以现有的研究和已经推出的股权激励计划来看我国的行权业绩指标大致上可分为会计业绩指标和股票市场业绩指标两类业绩指标。但是由于信息的不完备和不对称，这两类业绩指标都无法排除经理人的经营才能与行为之外的其他不可控因素的影响，所以在对业绩的衡量上面来说，其存在缺陷都是在所难免的。

公司的会计业绩指标是以公司的会计业绩为基础，而公司的会计业绩指标计算中涉及的各个会计项目首先就离不开人的假设、估计和判断，同时会计业绩本身也还受到经济环境、产业政策等因素的影响。所以会计业绩指标对经理人的衡量是不够准确的。

公司的市场业绩指标以公司股票价格为基础。由于公司股票价格的变动不仅仅取决于经理人本身的努力，同时还受到市场环境、行业发展等因素的影响，因此短期的公司股票价格很有可能受到相关公司公共信息的影响而不能准确反映出公司的价值。换言之，股票价格还受到诸多经理人不可控制因素的影响。

而经理人实现其股权激励收益的一个重要前提就是要满足计划中的行权业绩条件，于是达到业绩条件的要求就成了经理人在持有股票期权和获授限制性股票后首先需要考虑的问题。我国的股权激励计划多以公司的会计业绩指标作为其获得可行权权的业绩条件，因而公司能否达到股权激励计划中的业绩要求就成了经理人能否顺利获得可行权权或经理人所持限制性股票是否可以上市流通的前提条件。然而公司的业绩表现除了公司经营管理方面的影响还受到会计政策和会计估计、判断等的重要影响，于是这就给予了经理人进行盈余管理甚至利润操纵从而实现行权业绩条件的可能性。特别是当经理人本身是公司董事长或者董事会成员等公司决策的重要参与者时，其对于公司会计业绩指标的影响就更加存在可操作性了。

再者，限制性股票个人所得税的应纳税所得额以限制性股票的解禁日股价和授予日股价为计算基础，于是在公司达到限制性股票的解禁业绩条件之后，为了降低限制性股票产生的个人所得税，限制性股票解禁日的股票价格就成为经理人关心的重要指标。现在的研究普遍认为我国的资本市场已达到弱式有效但还未达到半强有效①(陈小悦等，1997；文德才，1999；张兆国等，1999；李琦、郭菊娥，2003；谢晓霞，2007；侯彦斌、张玉琴，2009；马岩祥，2009；等等)，公司的股票价格反映了所有的历史信息，但并不能反映所有的公开信息，更不用说反映内幕信息。所以由于我国资本市场的不完善，公司的股票价格并不能完整地反映公司的价值，也会受到市场环境、行业发展等宏观环境和公司短期经营状况等的影响。

综上所述，董事和高级管理人员等股权激励对象作为公司的经理人，其拥有经理人作为公司内部人的信息优势和影响能力。一方面，可以直接或者间接影响薪酬委员制定股权激励计划时对行权业绩条件的选择，另一方面，经理人可以凭借其内部人的影响力来影响公司业绩接近行权业绩条件；经理人也可以凭借其影响力来影响股票短期的市场表现，从而降低其应纳税所得额，实现其最大化股权激励薪酬的机会主义目的。

① 有效市场假说(Efficient Markets Hypothesis，EMH)的三种形态。弱式有效市场假说(Weak-Form Market Efficiency)：该假说认为在弱式有效的情况下，股票价格反映了所有的历史信息；半强式有效市场假说(Semi-Strong-Form Market Efficiency)：该假说认为股票价格完全反映所有的历史信息和公开信息；强式有效市场假说(Strong-Form Market Efficiency)：该假说认为股票价格反映了所有的历史信息、公开信息和内幕信息。

3.3　股权激励中的经理人机会主义行为:实证分析框架

基于以上的分析,对于上市公司股权激励中经理人机会主义行为的研究可以股权激励的各个阶段为依托,形成以下实证分析部分的框架:

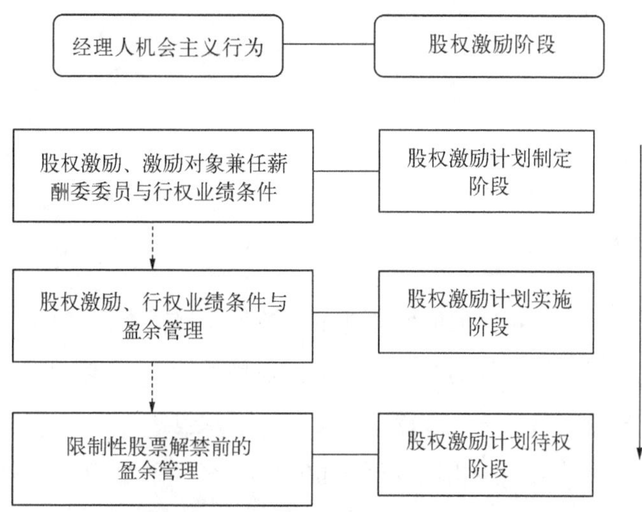

图 3.3　上市公司股权激励计划的审核批准程序

第 4 章　经理人股权激励在中国实践的概况

本章首先介绍本研究的研究样本的数据获取等情况，并对我国上市公司发布的股权激励计划方案进行了描述性的统计，具体对股权激励计划中的行权业绩条件进行了深入的探究。本章包括两节，其中，4.1 节介绍样本选择；4.2 节是我国上市公司在 2006 年—2012 年间发布的股权激励计划的描述性统计，包括对公司所在行业的统计，股权激励计划发布和实施的情况，股权激励计划中激励对象在公司任职情况的统计，股权激励计划中三种激励工具的使用情况和股权激励计划中行权业绩条件的选择情况。此外，本章还对股权激励计划中行权业绩条件的选择和指标的设定进行较为深入的分析检验，发现了我国上市公司发布的股权激励计划草案中存在"10%/20%"现象。

4.1　样本选择

本研究所需股权激励计划的相关数据均经手工查阅各公司的股权激励计划公告后整理所得，并核对 CSMAR 和 WIND 相关数据资料。样本选取期间为 2006 年 1 月 1 日—2012 年 12 月 31 日。本研究的财务数据均来自 CSMAR。本研究数据处理过程使用 SAS9.1.3，统计分析使用 SAS9.1.3 和 STATA11。

4.2　股权激励描述性统计

4.2.1　股权激励计划的行业分布

在本书研究样本归属期间内，共计有 413 家 A 股上市公司推出股权激励计划 468 份。这些股权激励计划分布在 21 个行业，其中，以机械、设备、仪表制造业、信息技术业、电子制造业、石油、化学、塑胶、塑料制造业和房地产业为主（见表 4.1）。

从表 4.1 来看，推出股权激励计划的公司中，C7（机械、设备和仪表）和 G（信息技术业）行业的上市公司最多，在发布股权激励草案的公司中占比分别达到 21.58%和 17.31%，且公司数量分别达到 89 家和 70 家。

表 4.1　推出股权激励计划的上市公司的行业分布情况

证监会行业门类代码	证监会行业门类名称	公司数	百分比	家次	百分比
A	农、林、牧、渔业	10	2.42%	10	2.14%
B	采掘业	3	0.73%	3	0.64%
C	制造业	253	61.26%	284	60.68%
C0	食品、饮料	12	2.91%	12	2.56%
C1	纺织、服装、皮毛	10	2.42%	12	2.56%
C2	木材、家具	3	0.73%	3	0.64%
C3	造纸、印刷	7	1.69%	7	1.50%
C4	石油、化学、塑胶、塑料	32	7.75%	37	7.91%
C5	电子	33	7.99%	36	7.69%
C6	金属、非金属	25	6.05%	29	6.20%
C7	机械、设备、仪表	89	21.55%	101	21.58%

续表

证监会行业门类代码	证监会行业门类名称	公司数	百分比	家次	百分比
C8	医药、生物制品	33	7.99%	36	7.69%
C9	其他制造业	9	2.18%	11	2.35%
D	电力、煤气及水的生产和供应业	4	0.97%	4	0.85%
E	建筑业	10	2.42%	12	2.56%
F	交通运输、仓储业	4	0.97%	4	0.85%
G	信息技术业	70	16.95%	81	17.31%
H	批发和零售贸易	13	3.15%	18	3.85%
I	金融、保险业	1	0.24%	1	0.21%
J	房地产业	23	5.57%	27	5.77%
K	社会服务业	11	2.66%	12	2.56%
L	传播与文化产业	5	1.21%	5	1.07%
M	综合类	6	1.45%	7	1.50%
总计		413	100.00%	468	100.00%

4.2.2 股权激励计划发布和实施情况

本章按年度统计了上市公司股权激励计划发布和实施情况，结果如表 4.2 所示。

表 4.2 上市公司股权激励计划发布与实施情况年份分布

	2006	2007	2008	2009	2010	2011	2012
Panel A：全样本							
草案发布家次	43	13	67	25	76	123	121
累计草案发布家次	43	56	123	148	224	347	468

续表

	2006	2007	2008	2009	2010	2011	2012
实施家次	25	4	17	19	58	85	108
累计实施家次	25	29	46	65	123	208	316
实施占发布的百分比	58.14%	50.88%	37.40%	43.92%	54.91%	59.94%	67.52%
Panel B:国有上市公司							
草案发布家次	12	5	21	1	6	9	11
累计草案发布家次	12	17	38	39	45	54	65
实施家次	8	1	6	1	5	6	9
累计实施家次	8	9	15	16	21	27	36
实施占发布的百分比	66.67%	52.94%	39.47%	41.03%	46.67%	50.00%	55.38%
Panel C：非国有上市公司							
草案发布家次	31	8	46	24	70	114	110
累计草案发布家次	31	39	85	109	179	293	403
实施家次	17	3	11	18	53	79	99
累计实施家次	17	20	31	49	102	181	280
实施占发布的百分比	54.84%	51.28%	36.47%	44.95%	56.98%	61.77%	69.48%

由上表可以发现，我国的股权激励实践经历了踌躇前进的过程，在 2011 和 2012 年迎来了股权激励的"春天"，当然，这也跟资本市场创业板的出现有密切关系。截至 2012 年 12 月 31 日，我国上市公司共计发布 468 份股权激励计划草案，其中有 316 份股权激励计划草案在经证监会备案及公司股东大会通过之后进入了实施阶段，占到发布草案的 67.52%，其中国有上市公司发布的 65 份股权激励计划草案中有 36 份正式进入实施阶段，而非国有上市公司发布的 403 份股权激励计划草

案中有280份正式实施。

结合第三章中表3.1,可以看到相关监管机构针对国有控股上市公司发布了专门的办法,表4.2区分是否国有控股上市公司的股权激励计划的发布与实施情况。可以看出,由于2008年后对国有控股上市公司股权激励计划的严格管控甚至叫停,国有控股上市公司股权激励计划占资本市场股权激励计划的比例逐渐降低(参见表4.3)。

表4.3 国有与非国有控股上市公司股权激励计划发布与实施占比情况

	2006	2007	2008	2009	2010	2011	2012
国有草案发布比例	27.91%	38.46%	31.34%	4.00%	7.89%	7.32%	9.09%
非国有草案发布比例	72.09%	61.54%	68.66%	96.00%	92.11%	92.68%	90.91%
国有累计草案发布比例	27.91%	30.36%	30.89%	26.35%	20.09%	15.56%	13.89%
非国有累计草案发布比例	72.09%	69.64%	69.11%	73.65%	79.91%	84.44%	86.11%
国有累计实施比例	32.00%	31.03%	32.61%	24.62%	17.07%	12.98%	11.39%
非国有累计实施比例	68.00%	68.97%	67.39%	75.38%	82.93%	87.02%	88.61%

4.2.3 股权激励计划中的激励对象

对于股权激励计划中不同激励工具涉及的激励对象,本章分年度统计了其在公司任职的情况,并且区分了公司性质(分国有和非国有控股)统计了其发布的股权激励计划中激励对象在公司的任职情况。现将统计情况列示如下:

表 4.4　激励对象任职情况统计

年份	激励工具	是否国有控股	股权激励工具数	董事长	CEO	CFO	董事会秘书	董事
2006	—	—	36	63.89%	83.33%	66.67%	63.89%	77.78%
2007	—	—	13	38.46%	53.85%	53.85%	69.23%	69.23%
2008	—	—	59	49.15%	69.49%	66.10%	76.27%	72.88%
2009	—	—	24	25.00%	62.50%	66.67%	70.83%	66.67%
2010	—	—	73	19.18%	38.36%	68.49%	60.27%	53.42%
2011	—	—	125	15.20%	41.60%	76.00%	67.20%	56.80%
2012	—	—	163	14.72%	38.65%	68.71%	63.80%	60.12%
—	A	—	14	7.14%	14.29%	7.14%	14.29%	50.00%
—	O	—	307	28.66%	52.77%	74.27%	67.43%	64.17%
—	R	—	172	18.02%	41.86%	66.28%	68.02%	58.14%
—	—	国有	64	62.50%	84.38%	65.63%	68.75%	64.06%
—	—	非国有	429	18.65%	42.42%	70.16%	65.73%	61.31%
总计	—	—	493	24.34%	47.87%	69.57%	66.13%	61.66%

表 4.4 显示，在上市公司的股权激励计划中，激励对象涉及公司董事长的比例为 24.34%；公司 CEO 为激励对象之一的比重不到一半，为47.87%；公司 CFO 为激励对象之一的股权激励达到 69.57%；董事会秘书也在 66.13%的股权激励中作为了激励对象；激励对象涉及公司董事的股权激励占 61.66%。其中，国有控股上市公司的股权激励方案中激励对象包括公司董事长的占一半以上，达到 62.5%，包括 CEO 的高达 84.38%；而相对的，非国有控股上市公司中激励对象包括董事长的则只占 18.65%，包括 CEO 的也只占到 42.42%。这种差别的产生跟国有和非国有控股上市公司不同的股权结构存在很大联系。

4.2.4 股权激励计划中的激励工具

对于我国上市公司推出的股权激励计划中所采用的激励工具，本章也分年度统计了各股权激励工具的使用情况，结果如下表所示。

表 4.5 累计推出股权激励计划草案中激励工具统计

年份	A(股票增值权)	O(股票期权)	R(限制性股票)
2006	1	32	12
2007	0	13	0
2008	2	56	11
2009	0	18	8
2010	2	59	17
2011	4	85	42
2012	3	65	72
总计	12	328	162
其中实施家次	11	220	105

其中股票增值权多依附于其他两种股权激励方式一并推出，且鲜被采用；股票期权在 2012 年前一直作为股权激励最主要的激励工具；而限制性股票在今年被越来越多地采用，并在 2012 年超越了股票期权，成了使用最为广泛的股权激励工具。

4.2.5 股权激励计划中的行权业绩条件

股权激励的行权业绩条件是我国股权激励计划的一大特色。在相关规则对股票期权行权价格、限制性股票的授予价格和激励数量等要素都有非常严格的规定的情况下，相关规则对股权激励行权业绩条件的选择只是给出了指导性的意见，所以对上市公司来说业绩条件的规定自由度较大。对股权激励计划中业绩条件的设定情况就取决于公司经理人和股东之间的博弈了。于是，行权业绩条件就成了股权激励计划中值得去深究的一大要素。

本章首先对 468 份股权激励计划草案中关于行权业绩指标的选择进行了初步统计，结果如表 4.6 所示。

表 4.6　行权业绩指标分类统计

行权业绩指标	采用的股权激励计划份数	百分比
净利润增长率	411	87.82%
加权平均净资产收益率	333	71.15%
营业收入增长率	46	9.83%
净利润水平	28	5.98%
主营业务收入增长率	18	3.85%
每股收益	10	2.14%
净资产收益增长率	8	1.71%
营业收入水平	7	1.50%
每股收益增长率	6	1.28%
销售收入增长率	5	1.07%
营业利润占利润总额比重	3	0.64%
主营业务利润水平	3	0.64%
经营性现金流净额	3	0.64%
总样本数	468	—

注：由表 4.6 可见，有些业绩指标（如毛利率、市值增长率）在股权激励计划中很少被采用，其中采用的股权激励计划份数为 2 份和 1 份的，表 4.6 中不予列示

从表 4.6 中可以看出，上市公司发布的股权激励计划草案中，行权业绩指标主要选择采用加权平均净资产收益率和净利润增长率两项会计业绩指标上，且有大部分公司是同时采用这两项业绩指标：(1) 加权平均净资产收益率（ROE），有 71.15%的股权激励计划采用了此指标；(2) 净利润增长率（NIG），有 87.82%的股权激励计划采用了此指标。

笔者针对 468 份股权激励计划草案中最常用的行权业绩指标（ROE 和 NIG），对其首期行权所要求满足的业绩标准（业绩水平）进行了统计，

结果如图 4.1 和图 4.2 所示。

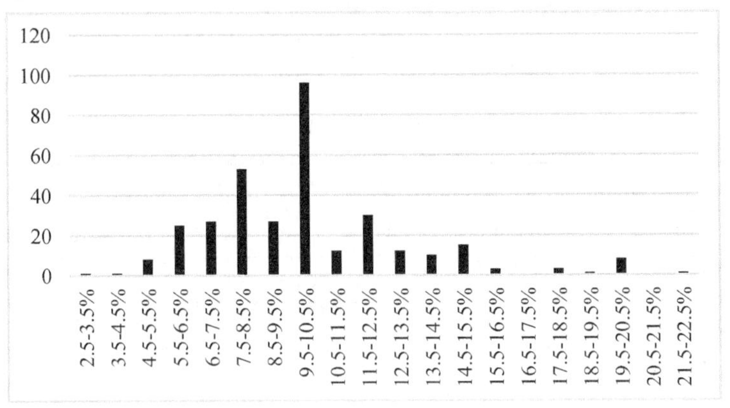

图 4.1　加权平均净资产收益率分布图

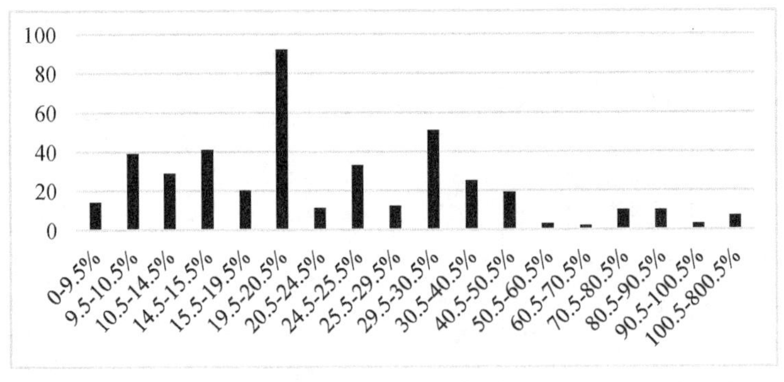

图 4.2　净利润增长率分布图

为了能够突出净利润增长率在节点处的分布，图 4.2 在横轴的取值上采取了分段的处理方法。从图 4.1 和图 4.2 中可以看出，加权平均净资产收益率在 9.5%～10.5%的统计段里有明显的突起，而净利润增长率也在 20%处有明显突起。而从前面推出股权激励计划的公司行业分布来看，所有行业都有推出股权激励计划的公司案例。进一步来说，本章对行权业绩条件中 ROE 为 10%和 NIG 为 20%的企业的行业分布进行了统计，发现此两类公司的行业分布与发布股权激励草案公司的行业分布是大致相同的，即“10%/20%”现象并非集中在某个或少数几个行业之中，而是比较普遍存在于推出股权激励计划草案的各行业。

对最常用的行权业绩条件——ROE 和 NIG 进行的初步统计可参见表 4.7。

表 4.7　行权业绩条件的描述性统计

	N	均值	中位数	最小值	最大值	标准偏差
ROE(%)	333	9.958	10.000	3.000	22.000	3.155
NIG(%)	411	29.312	20.000	0	800.000	54.601

从表 4.7 可以看出，ROE 的均值和中位数基本相同，为 10%；而 NIG 的中位数为 20%，均值为 29.312%。但 NIG 的统计没有扣除极端值影响，NIG 的业绩标准从 0%到 800%不等，其中有 340 家次股权激励计划对 NIG 水平的规定集中在 10%—35%之间，占到采用 NIG 指标的股权激励计划份数的 82.73%(340/411)。若针对 NIG 指标仅仅统计这 340 家次的股权激励计划(亦即排除极端值的影响)，则 NIG 均值为 20.460%，中位数为 20%，也是基本相同。下面的图 4.3 则统计了 2007—2012 年逐年的股权激励计划中 ROE 和 NIG 的中位数，结果也很明显，每年上市公司推出的股权激励计划中 ROE 中位数都在 10%左右，NIG 中位数都在 20%左右。

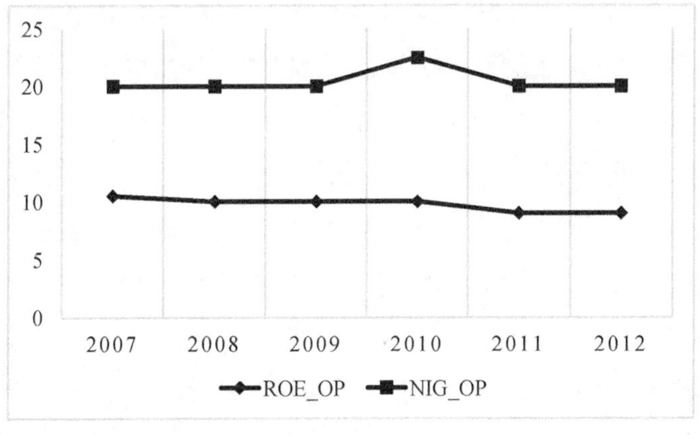

图 4.3　分年度的股权激励计划中 ROE 和 NIG 中位数分布图

总之，从图4.1、图4.2、图4.3和表4.7来看，上市公司股权激励计划中确实存在"10%/20%"现象，且这一现象并非由于推出股权激励计划公司恰都在某个或少数几个实际ROE(NIG)为10%(20%)的行业所造成的。为此，笔者不由会问，难道我国这么多类不同行业的公司预期盈利能力和行业成长性都是相同的吗？换言之，行权业绩条件是上市公司股东对公司盈利能力的真实期望吗？抑或是上市公司为股权激励计划顺利获批和实施的从众效应之结果？"10%/20%"现象背后的经济逻辑到底是什么呢？

按照相关规则，上市公司股权激励计划中的行权业绩条件须考虑各公司自身的业绩情况，且原则上实行股权激励后的业绩指标不低于自身历史水平。其中，国有控股上市公司要求的是不低于推出股权激励计划时近3年平均业绩水平，且还不得低于同行业平均业绩水平或对标企业75分位值。企业员工激励实践中的共识是，业绩指标对于激励对象的行动来说要兼具敏感性和准确性，而相应指标的业绩水平既不能太低(激励对象不怎么努力就可达到)，也不能太高(激励对象再怎么努力也达不到)，而是激励对象经过付出合理努力后能够达到的。股权激励计划本身是为了激励公司经理人和核心员工为股东财富增长而正确和努力工作，其中的行权业绩条件是为了提升激励效果的，为此，从理论上看，其应该反映了股东对财富增长(企业盈利能力)的真实期望(可实现的合理期望)，若约定得太低，反而会降低了股权激励计划的激励效果。基于此，本章下面将把股权激励计划中的主要行权业绩条件——ROE和NIG指标的业绩标准——与(1)公司自身相应指标的历史水平、(2)公司所在行业相应指标的历史水平、(3)分析师对各公司当期和未来盈利的预测水平进行比较研究，以厘清股权激励计划中的"10%/20%"现象到底是公司盈利能力的真实期望，还是从众效应之结果。若是前者，则行权业绩条件不应与进行比较的这三个方面的业绩水平有显著差异。

4.2.5.1　比较研究所需指标之界定

本章首先对于前述三方面的相应业绩指标进行了界定(推出股权激励计划草案当年为 t 年),所有指标都扣除了非经常性损益,具体指标定义参见表 4.8。

在后续研究中,为稳健起见,对于表 4.8 中的相关业绩指标中的"X"年,本章分别取推出股权激励计划之前的 1 年和 3 年展开比较充分的研究(为此,相关业绩指标最后的"X"分别取值 1、3)。自然,对于某个公司自身的数据比较,推出股权激励计划之前的 1 年数据中既无中位数,也无均值;之前 3 年的数据中既有中位数,又有均值。

表 4.8　相关业绩指标定义

指标符号	指标定义
ROE_OP	计划中第一个行权期行权所需达到的加权平均净资产收益率
NIG_OP	计划中第一个行权期行权所需达到的年净利润增长率
ROE_M_PX	本公司在 t 年之前 X 年加权平均净资产收益率的平均值
ROE_50_PX	本公司在 t 年之前 X 年加权平均净资产收益率的中位数
ROE_M_X	本公司所在行业 t 年之前 X 年平均加权平均净资产收益率的平均值
ROE_50_X	本公司所在行业 t 年之前 X 年平均加权平均净资产收益率的中位数
ROE_75_X	本公司所在行业 t 年之前 X 年平均加权平均净资产收益率的 75 分位数
NIG_M_PX	本公司在 t 年之前 X 年净利润增长率的平均值
NIG_50_PX	本公司在 t 年之前 X 年净利润增长率的中位数
NIG_M_X	本公司所在行业 t 年之前 X 年净利润增长率的平均值
NIG_50_X	本公司所在行业 t 年之前 X 年净利润增长率的中位数
NIG_75_X	本公司所在行业 t 年之前 X 年净利润增长率的 75 分位数
ROE_M_A	距离股权激励计划草案公告日最近一次分析师预测所在月的分析师预测对本公司第一个行权期参照年的加权平均净资产收益率预测的中位数

续表

指标符号	指标定义
ROE_50_A	距离股权激励计划草案公告日最近一次分析师预测所在月的分析师预测对本公司第一个行权期参照年的加权平均净资产收益率预测的平均值
NIG_M_A	距离股权激励计划草案公告日最近一次分析师预测所在月的分析师预测对本公司第一个行权期参照年的净利润增长率预测的中位数
NIG_50_A	距离股权激励计划草案公告日最近一次分析师预测所在月的分析师预测对本公司第一个行权期参照年的净利润增长率的平均值

4.2.5.2 行权业绩条件和相应业绩指标的可比业绩水平之初步比较

对于股权激励计划中规定的行权业绩条件，本章先将之与企业自身往期、所在行业往期以及分析师的盈利预测进行初步比较（采用股权激励计划中的行权业绩条件指标减去相应业绩指标，统计其差额大于等于0的观测值和小于0的观测值份数和占比），看看究竟孰高孰低，比较结果参见表4.9。

表4.9 行权业绩条件与相应业绩指标的可比业绩水平比较

变量比较	N	≥0	占百分比	<0	占百分比
ROE_OP - ROE_M_P1	316	117	37.03%	199	62.97%
ROE_OP - ROE_M_P3	285	69	24.21%	216	75.79%
ROE_OP - ROE_50_P3	285	76	26.67%	209	73.33%
ROE_OP - ROE_M_1	332	248	74.70%	84	25.30%
ROE_OP - ROE_50_1	332	254	76.51%	78	23.49%
ROE_OP - ROE_75_1	332	69	20.78%	263	79.22%
ROE_OP - ROE_M_3	301	213	70.76%	88	29.24%
ROE_OP - ROE_50_3	301	191	63.46%	110	36.54%
ROE_OP - ROE_75_3	301	52	17.28%	249	82.72%

续表

变量比较	N	≥0	占百分比	<0	占百分比
ROE_OP - ROE_M_A	278	59	21.22%	219	78.78%
ROE_OP - ROE_50_A	278	60	21.58%	218	78.42%
NIG_OP - NIG_M_P1	278	152	54.68%	126	45.32%
NIG_OP - NIG_M_P3	247	148	59.92%	99	40.08%
NIG_OP - NIG_50_P3	247	145	58.70%	102	41.30%
NIG_OP - NIG_M_1	389	221	56.81%	168	43.19%
NIG_OP - NIG_50_1	389	203	52.19%	186	47.81%
NIG_OP - NIG_75_1	389	32	8.23%	357	91.77%
NIG_OP - NIG_M_3	357	226	63.31%	131	36.69%
NIG_OP - NIG_50_3	357	299	83.75%	58	16.25%
NIG_OP - NIG_75_3	357	51	14.29%	306	85.71%
NIG_OP - NIG_M_A	310	97	31.29%	213	68.71%
NIG_OP - NIG_50_A	310	95	30.65%	215	69.35%

从表 4.9 中可以发现：大部分股权激励计划中的行权业绩条件是低于各公司自身的往期水平的；大多数股权激励计划中要求的 ROE 指标水平虽然高于其所在行业公司的往期水平之均值和中位数，但是大多低于所在行业该指标的 75 分位值（虽然所在行业上市公司未必都是其对标企业）；股权激励计划中要求的 NIG 指标水平低于和高于所在行业公司往期水平之均值和中位数的公司比例比较接近，但也是大多低于所在行业公司该指标的 75 分位值；大部分股权激励计划中的行权业绩条件低于最近期的分析师盈利预测水平。这些初步的统计结果意味着，上市公司股权激励计划中的行权业绩条件并没有能够反映其所在公司往期业绩所体现的盈利能力和资本市场对公司盈利能力的真实期望。

4.2.5.3 对行权业绩条件中的 ROE(NIG)是否显著异于 10%(20%)的检验

下面本章进一步检验了我国上市公司股权激励计划中的首期行权所需行权业绩条件(ROE/NIG)是否显著异于10%/20%,包括进行均值检验和中位数检验。其中,对于NIG指标的检验,既做了含极端值(如800%)的全部411个观测值的检验,也做了NIG在10%—35%之间的340个观测值的检验。检验结果参见表4.10。

表 4.10 行权业绩条件的单样本均值和中位数检验

				与10%的差异		与20%的差异	
变量	N	均值	中位数	均值	中位数	均值	中位数
ROE_OP	333	9.958	10.000	0.809	0.168		
NIG_OP	411	29.312	20.000			0.001***	0.000***
NIG_OP (10%—35%)	340	20.460	20.000			0.218	0.145

注:均值检验是t检验的P值,中位数检验是符号秩的P值

表4.10的检验结果显示,上市公司股权激励计划中的行权业绩条件之ROE无论均值还是中位数都不显著异于10%;虽然411份股权激励计划中的NIG指标中位数和均值都显著异于20%,但在采用NIG在10%—35%之间样本观测值进行检验时,它们的均值和中位数都不会显著异于20%。难道这些公司的真实盈利能力及其增长能力确实如此吗?

为回答上述疑问,笔者下面把这些推出股权激励计划公司自身的往期ROE(NIG)数据、这些公司所在行业的往期ROE(NIG)数据以及基于距离股权激励计划草案公告日最近的分析师盈利预测数据所计算的ROE(NIG)来与10%(20%)进行对比检验,若这些数据都分别显著地异于10%(20%),那么,就意味着,股权激励计划中的行权业绩条件确实是从众效应之结果,而非公司对于盈利能力的真实期望。检验结果参见表4.11。

表 4.11　ROE 和 NIG 的往期水平及分析师预测水平的单样本均值和中位数检验

				与 10%的差异		与 20%的差异	
变量	N	均值（%）	中位数（%）	均值	中位数	均值	中位数
ROE_M_P1	442	13.423	11.780	0.000	0.000		
ROE_M_P3	401	14.661	13.675	0.000	0.000		
ROE_50_P3	401	14.729	13.585	0.000	0.000		
ROE_M_1	116	4.894	5.367	0.093	0.000		
ROE_50_1	116	6.477	6.495	0.000	0.000		
ROE_75_1	116	12.623	12.310	0.000	0.000		
ROE_M_3	101	6.265	5.513	0.016	0.000		
ROE_50_3	101	7.111	7.093	0.000	0.000		
ROE_75_3	101	13.162	13.021	0.000	0.000		
ROE_M_A	385	14.149	12.524	0.000	0.000		
ROE_50_A	385	14.134	12.506	0.000	0.000		
NIG_M_P1	328	−41.807	21.898			0.576	0.965
NIG_M_P3	286	−1598.290	17.704			0.294	0.027
NIG_50_P3	286	−35.820	19.463			0.358	0.526
NIG_M_1	104	−31.481	17.997			0.326	0.472
NIG_50_1	104	23.143	22.788			0.021	0.014
NIG_75_1	104	63.963	59.340			0.000	0.000
NIG_M_3	88	−41.012	7.766			0.047	0.071
NIG_50_3	88	12.710	13.163			0.000	0.000
NIG_75_3	88	51.115	41.797			0.000	0.000
NIG_M_A	356	−2.311	32.283			0.543	0.000
NIG_50_A	356	−4.220	32.577			0.518	0.000

注：均值检验是 t 检验的 P 值，中位数检验是符号秩的 P 值；同一行业同一年推出股权激励计划的公司其行业往期可比业绩水平数据只列为一个，而不是多个相同数据重复列入

表 4.11 的检验结果显示，对于 ROE 指标，无论是推出股权激励计划公司自身的往期数据（前 1 年和前 3 年的均值或中位数），所在行业公司的往期数据（前 1 年和前 3 年的平均 ROE 的均值、中位数和 75 分位数），还是基于分析师盈利预测的 ROE 的均值和中位数都显著异于

10%;对于 NIG 指标,也基本如此(除基于公司自身过去 1 年、公司自身过去 3 年、行业前 1 年、分析师预测的均值等少数几个指标不是显著异于 20%)。这些检验结果充分说明,经理人股权激励计划中行权业绩条件的“10%/20%”现象是从众效应之结果,而非公司对于其盈利及增长能力的真实期望和合理反映。

为了使本章的结论更为稳健,笔者还检验了 2012 年 1 月 1 日前发布草案的公司之中已正式实施和未正式实施的公司的行权业绩条件之间的差异,结果参见表 4.12,可以看出,无论均值还是中位数,两组公司的 ROE 和 NIG 指标水平无显著差异。

表 4.12　2012 年前发布草案的公司之中已实施和未实施的公司的行权业绩条件之间的差异

变量	已实施 (1 组,n=343)			未实施 (2 组,n=125)			1、2 组样本差异 (1-2)	
	N	均值	中位数	N	均值	中位数	T 值	Z 值
ROE_OP	253	9.930	10.000	80	10.049	10.000	−0.30	0.660
NIG_OP	307	26.070	20.000	104	38.882	20.000	−1.28	0.159

注:统计量检验均值差异是基于 t 检验,检验中位数差异是基于 Wilcoxon 两组样本对比检验

表 4.12 的检验结果进一步表明,我国上市公司股权激励计划中行权业绩条件所存在的“10%/20%”现象是从众效应之结果。

周小川(2011)指出,从众效应就是“羊群效应”,是指人们的思想或行为经常受到多数人影响,从而出现的从众现象。Bikhchandani 等(1992)和 Banerjee(1992)认为,个人会根据其所观察到的其他人的行为或信号作出相同的决策和行为,他们认为那是一种信息追随现象,信息追随中的行为可以称为羊群行为。上市公司股权激励计划中的这种从众效应也是符合行为金融学之预期的,推出股权激励计划的公司所要求的行权业绩条件都在“10%/20%”左右,这样既不易被资本市场和中小股东所批评(没有低于其他公司且面子上过得去),也没有对管理层要求

过于严苛的业绩目标，这样也便于主要利益相关方就股权激励计划达成共识。此外，在笔者看来，这既是资本市场主要利益相关方从众之心理特征和市场力量共同作用的结果，也与下面延伸分析中提到的证监会备案制和证监会长期以来对公司股权再融资等制度安排形成的关于 ROE 基准的心理认知有关。

4.2.5.4　延伸分析：股权激励计划中的“10％/20％”现象与备案制

按照证监会以及财政部、国资委等的相关规则，除了包括控股股东在内的重要股东、独立董事和公司经理人在影响着股权激励计划的制定，在上市公司股权激励计划的制定和实施过程中还有一个重要的第三方——证监会的参与。股权激励计划草案只有在得到了证监会的“无异议备案”之后才能提交股东大会进行审议批准，然后才可能得以实施。若证监会对股权激励计划存在异议的，则必须针对证监会的异议意见修订计划草案，才能成功备案，之后才能召开股东大会审批和实施。对于国有控股上市公司，则还需经过国资管理机构的审核和备案。

对一些实施股权激励计划的上市公司的调查和资本市场的一般共识均显示，证监会的所谓“无异议备案”实质就是“审批”，这类似于 IPO 资格的核准制（其实质就是证监会的“审批”），且进一步的坊间证据还显示，当行权业绩条件之 ROE 低于 10％时比较难以获得证监会的无异议备案，且还应同时有另一个业绩条件（一般为净利润增长率）。

无疑，上市公司为了股权激励计划能够在证监会成功地无异议备案，一定会观察和学习那些最早通过了证监会无异议备案的股权激励计划样本，并尽量把行权业绩条件向这些计划靠拢，以求得在证监会的无异议备案。这样一来，证监会的无异议备案制度就可能在一定程度上促成行权业绩条件的从众效应之现象。为了对此推测进行检验，由于 2006 年是我国上市公司推出和实施规范的股权激励计划之元年，故笔者对在 2006 年中经由证监会成功备案并实施的股权激励计划中的行权业绩条件进行了统计。2006 年推出股权激励草案并于 2006 年报证监会成功备案和实施的公司有 13 家,其中 12 家的行权业绩条件中对 ROE 有明确的业绩指标水平约定,10 家公司对 NIG 有明确的业绩指标水平约定。图 4.4、图 4.5 和表 4.13 为对这些样本观测值的描述性统计。

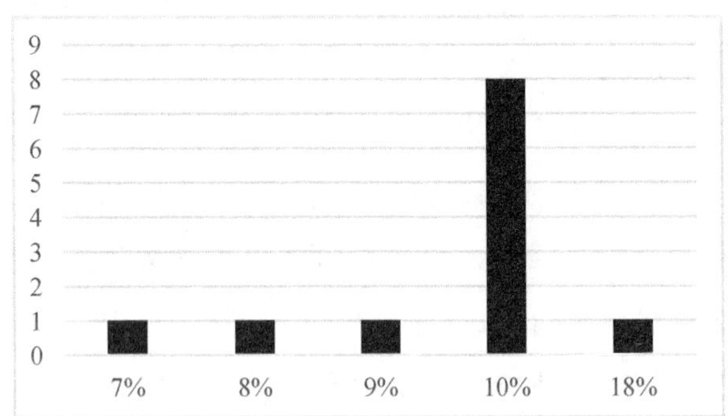

图 4.4 加权平均净资产收益率分布情况

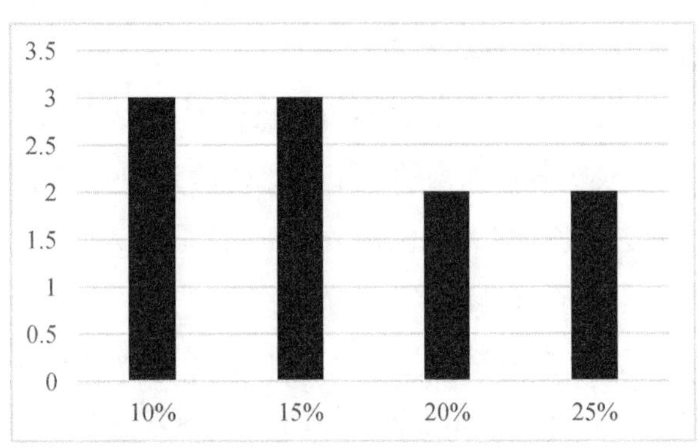

图 4.5 净利润增长率分布情况

表 4.13 2006 年实施股权激励的公司对行权业绩条件的规定

变量	ROE			NIG		
	N	均值	中位数	N	均值	中位数
2006 年实施股权激励计划公司的行权业绩条件	12	10.167	10.000	10	16.500	15.000

从图 4.4、图 4.5 和表 4.13 来看，虽然 NIG 指标的均值和中位数都低于 20%，但显然，ROE 指标的均值和中位数都基本在 10%，67%的公司 ROE 指标要求水平为 10%。这为前面总结的行权业绩条件之 ROE 的“10%”现象为从众效应之结果提供了一定的佐证。

当然，面对上市公司股权激励计划中的“10%/20%”现象为从众效应之结果与证监会备案制存在一定关联这一初步证据，也许还应该进一步追问，为什么 ROE 恰好集中在 10%和 NIG 集中在 20%呢？至少，10%的 ROE 是似曾相识，如，证监会曾经在 1996 年规定公司配股资格要求 ROE 最近三年每年在 10%以上(1999 年修改为最近三年 ROE 平均在 10%以上且当年大于 6%，2001 年才调整为最近三年加权平均 ROE 为 6%)，2001 年证监会要求申请发行可转换公司债券的公司最近三个会计年度加权平均净资产收益率平均在 10%以上(属于能源、原材料、基础设施类的公司可以略低，但是不得低于 7%)，2002 年证监会要求申请增发新股的公司最近三个会计年度加权平均净资产收益率平均不低于 10%，且最近一个会计年度加权平均净资产收益率不低于 10%。这样一来，上市公司的大股东和经理人乃至监管者自身其实都很可能形成了一个关于 ROE 需要达到 10%的心理认知标杆。从表 4.11 可以看出，半数以上乃至 80%左右的公司股权激励计划中所要求的 ROE 条件其实是超过了推出计划之前一年(三年)的所在行业 ROE 均值和(或)中位数的。这意味着要持续达成 10%的 ROE 其实对多数公司来说也是存在一定难度的。因此，10%的 ROE 也许反映出证监会长期以来对我国上市公司整体的盈利能力期望。当然，这还可能与 2007 年后上市公司及其大股东等对未来经济形势的不佳预期和保守预判有关。此外，对此的进一步分析还需结合我国上市公司股权资本成本来进行。至于 20%的 NIG 指标，我国 2005 年和 2006 年 GDP 增速连续超过 10%，作为优秀公司代表的上市公司的净利润增长速度若也在 10%，则势必难以被监管机构和资本市场所接受，而若类似于创业板上市公司收入和利润增速达30%以上的要求对于非新兴行业和非高新技术公司来说则要求过高，这样一来，20%的NIG似乎是个可被主要利益相关方所接受的业绩目标水平。就近年来看，若能在股权激励计划有效期内持续达到20%的利润增长已属绩优公司，从表4.11也可看出，半数左右甚至更多的公司股权激励计划所要求的NIG其实是超过了其所在行业此前一年(或三年)的NIG均值或中位数的，实现起来也有一定难度。

4.2.5.5 股权激励计划中行权业绩条件“10%/20%”现象小结

上市公司股权激励计划中的行权业绩条件是提升此类计划激励效果的重要因素，但要真正发挥激励效果之作用，行权业绩条件应该是投资者等对各推出股权激励计划公司的盈利能力的真实期望，是公司真实盈利能力的合理反映。我国上市公司股权激励计划中最常用的行权业绩条件是要求公司业绩指标加权平均净资产收益率(ROE)和净利润增长率(NIG)达到一定水平。由前述统计可以发现，上市公司股权激励计划中的行权业绩条件存在明显的“10%/20%”现象(即各公司的行权业绩条件集中在10%的ROE和20%的NIG)。笔者经过前面较细致的检验分析后发现，这一现象并非是对上市公司盈利能力的真实期望和合理反映，且行权业绩条件往往是低于公司往期业绩水平、分析师预测业绩水平及行业业绩水平的75分位值。这个发现意味着，上市公司股权激励计划中行权业绩条件的“10%/20%”现象是从众效应之结果，且这一结果和证监会的备案制和对股权再融资资格等监管的业绩要求及其导致资本市场相关利益主体对ROE基准的心理认知存在一定关联。为此，资本市场相关利益主体应对此现象加以反思，采取有效措施以使得行权业绩条件能够合理反映投资者对公司盈利能力的真实期望。在笔者看来，这些措施可以包括但不限于:证监会实行真正的备案制(而非实质为审批的备案制)或直接让上市公司在交易所备案即可;改进股权激励计划的董事会和分类股东表决批准机制;改进行权业绩条件，如将现金股利收益率、股利支付率、关联方资金占用及对外担保、研发投入等方面的指标纳入行权业绩条件之中，在采用会计业绩条件的同时也采用市值业绩条件及其他非会计业绩条件，并采用基于相对业绩评价的行权业绩条件；为不同岗位和职责的经理人设计不同的行权业绩条件；要求并改进股权激励授予的业绩条件；对经理人行权后的获利予以延期支付，对此延期支付规定以进一步的业绩条件以防经理人为行权而操纵业绩；要求经理人在任职期间必须保持合适的持股比例和将限制性股票分红所得现金用于增持公司的股票等。

第 5 章　经理人股权激励计划制定阶段的相关研究

本章节主要研究经理人在股权激励计划的制定阶段所表现出的机会主义动机和行为，以激励对象兼任薪酬委委员对行权业绩条件严格程度的影响为切入点。

5.1　概述

在推行股权激励计划的准备阶段，股权激励计划的草拟是由上市公司薪酬委员会负责的，那么当股权激励的激励对象兼任上市公司薪酬委员会委员时，其对股权激励计划有什么影响呢？

股权激励作为一种将经理人利益与公司股东利益联结起来的机制，在美国等西方国家，这种实践已经有了相当长的历史。2006 年前，我国部分公司在其成长过程中也尝试推出了其自己的股权激励方案，但是由于种种原因，这些股权激励方案并不规范。2005 年末证监会发布《上市公司股权激励规范意见（试行）》，于是自 2006 年开始我国上市公司推行的股权激励计划有了规范的指导意见，同年 9 月 30 日，国资委和财政部又发布了《国有控股上市公司（境内）实施股权激励试行办法》，针对我国境内上市公司的国有控股公司推行股权激励计划做出了进一步的明确指导。2006 年我国上市公司股权激励开始其规范运行的新阶段，我们以这一年作为我国推行规范型股权激励计划的元年，截至 2012 年 12 月 31 日，已有 413 家上市公司推出了 468 份股权激励计划。按照相关规则，我国上市公司的股权激励计划必须是业绩型股权激励计划，亦即股权激励对象行权权（指行使股票期权购买所在公司股票的权利或限制性股票获得自由转让的权利等）的获授除必要的待权期限制外还必须以计划中约定的业绩条件得到满足为前提条件。为此，行权业绩条件是我国上市公司经理人股权激励计划中的一项关键要素，其设计得当才能实现计划的激励作用。

但是受我国上市公司规范的股权激励实践时间所限，我国目前对股权激励影响因素的文献研究样本还较少（有的研究涉及的样本甚至还不是规范的股权激励），难以准确地反映我国规范性股权激励的现状和存在的问题（周建波和孙菊生，2003；吴育辉和吴世农，2010；李月梅和刘涛，2010；李月梅和刘涛，2010 等等），并且上述影响因素的研究除吴育辉和吴世农（2010）外多以是否推行股权激励或者选择何种激励方式为结果变量，并没有涉及我国规范的股权激励方案的一个重要特征——行权业绩条件，作为股权激励方案能否得以顺利实施的一个重要前提，有必要对股权激励计划中的行权业绩条件的设计开展更进一步的研究。

在我国上市公司实施规范的股权激励计划进入第七个年头之际，上市公司经理人股权激励计划中的行权业绩条件的设计受到哪些因素的影响呢？而上市公司薪酬委员会作为股权激励计划草案的拟定部门，对股权激励计划的拟定起到了重大的影响作用。那么如果股权激励对象在公司薪酬委员会任职是否会影响到股权激励计划中行权业绩条件的严格程度呢？

本章针对上述问题展开研究，试图研究公司薪酬委员会独立性对公司股权激励计划中行权业绩条件的影响，补充和推进对我国上市公司经理人股权激励实践的研究。具体而言，本章将利用我国 2006 年—2012

年间A股上市公司发布股权激励计划公司的相关数据研究我国上市公司股权激励对象兼任薪酬委员会委员对其股权激励计划中行权业绩条件严格程度的影响。

本章的后续安排如下:5.2节是文献综述,5.3节是研究假设,5.4节进行研究设计,实证分析在5.5节,5.6节对本章进行了总结。

5.2 研究假说

周建波和孙菊生(2003)用2001年对经理人进行股权激励的34家上市公司为样本,用回归分析的方法发现:(1)实行股权激励的公司,在实行股权激励前业绩普遍较高,即存在选择性偏见。(2)经理人因股权激励增加的持股数与由第一大股东选派的董事比例显著正相关。董事长和总经理由同一人兼任的公司,经理人因股权激励增加的持股数显著高于两职分离的公司。(3)成长性较高的公司,公司经营业绩的提高与经理人因股权激励增加的持股数显著正相关。(4)强制经理人持股、用年薪购买流通股以及混合模式的激励效果较好。并且其在进一步的检验后还指出,那些内部治理机制较弱的公司,其经理人存在利用股权激励机制为自己牟利掠夺股东利益的行为;成立相对独立的薪酬与考核委员会等类似机构作为股权激励的实施主体是很重要的(在规范的股权激励之前,股权激励的实施主体有的是相对独立的薪酬与考核委员会,有的是董事会)。吴育辉和吴世农(2010)以2006年1月1日至2008年3月底82家公司的股权激励计划草案为样本研究发现,拟实施股权激励的公司在盈利能力和成长性上都较好,而且其设计的股权激励方案业绩条件异常宽松,有利于高管获得和行使股票期权,体现出在设计股权激励绩效考核指标体系时存在的高管自利行为,且国有和民营控股公司在这种自利表现上无显著的差异。其进一步研究还发现,这种高管自利行为除了在一定程度上受大股东持股的影响外不受其他公司治理因素和公司财务状况的影响。李月梅和刘涛(2010)以2006年1月至2009年10月的92家A股上市公司为样本,用配对研究的方式发现公司的股权激励度越低,越可能使用股权激励;现金流动性差而高管较年轻的公司倾向于使用股票期权的激励方式;资产负债率低而高管前期现金报酬较高的公司,则更可能选择限制性股票作为激励的方式。王锦芳和陈丹(2011)以截至2008年4月公告股票期权计划方案的69家上市公司数据为样本研究发现成长性好、高管团队平均年龄较轻、董事会独立性高和股权集中度低显著影响公司是否使用股票期权。

从经济学的基本假设出发,笔者认为经理人与股东一样都是追求自身利益最大化的理性经济人,但是由于这两个利益主体的目标函数是不一致的,所以就不可避免地产生了现代企业中的代理问题(Jensen和Meckling,1976),然而又因为经理人处在经营管理公司的位置上,从而导致了其相对于公司的股东来说具有信息优势。一方面,经理人的行为在一定程度上是不能被股东所观测的;另一方面,公司治理机制也在某种程度上受到经理人的意志的主观影响。正是这种信息不对称所导致的约束机制弱化使得经理人最大化自身效用的机会主义动机成为可能。股权激励计划一方面试图将经理人的利益与公司价值挂钩,给予了经理人最大化公司价值的动力;但另一方面,在股权激励计划的制定和实施过程中,经理人也同样存在最大化自己的利益而非公司价值的可能性。

如前述,按照证监会发布的规则,我国上市公司股权激励计划在一开始就是业绩型股权激励,即被激励对象在相应的待权期结束时还必须满足计划中约定的行权业绩条件才能获得行权权。于是股权激励中的行权业绩条件就成了股权激励计划中的关键要素。

如第三章表3.7所示,股权激励计划中设定的行权业绩条件相关指标须考虑公司的业绩情况,原则上作为行权业绩条件的相应业绩指标

(如:每股收益、加权净资产收益率和净利润增长率等)之水平不低于历史水平,并且规则鼓励公司同时采用市值指标和行业比较指标。其中,对于会计业绩指标,应采用按新会计准则计算、扣除非经常性损益后的净利润,且期权成本应在经常性损益中列支。证监会 2008 年 9 月发布的《备忘录 3》还特别要求,在待权期内,各年度归属于上市公司股东的净利润及归属于上市公司股东的扣除非经常性损益的净利润均不得低于授予日前最近三个会计年度的平均水平且不得为负,否则被激励对象是不能获得行权权的。对于国有控股上市公司而言,似乎要求更严格些,因为国资委和财政部在 2008 年 10 月要求,股权激励的授予本身也需要满足业绩条件,如不低于自身过去 3 年平均业绩和同行业平均业绩(或同行业对标企业 50 分位值),而行权业绩条件则需高于股权激励授予的业绩条件,并不得低于公司同行业平均业绩(或对标企业 75 分位值)水平。

但从前面对现有上市公司股权激励计划中行权业绩条件的整理来看,我国上市公司发布的股权激励计划草案中,对行权业绩指标的选择比较相似和集中,主要采用加权平均净资产收益率和净利润增长率两项会计业绩指标,且有大部分公司是同时采用这两项业绩指标:(1) 加权平均净资产收益率(ROE),有 71.15%的股权激励计划采用了此指标;(2) 净利润增长率(NIG),有 87.82%的股权激励计划采用了此指标。市场业绩指标的选用在已发布的股权激励计划方案中较为少见。我国上市公司股权激励计划方案中业绩条件的设定还是比较保守的。具体情况见第四章表 4.6。

那么这些行权业绩条件是如何被采用的呢?是谁在主导股权激励计划中行权业绩条件的设定呢?上市公司从制定股权激励计划到实施股权激励计划的过程又是怎么样的呢?

根据第三章图 3.1 中我们整理的制定股权激励计划和通过股权激励计划的过程,上市公司制定股权激励计划的第一步即为"上市公司董事会下设的薪酬与考核委员会负责拟定股权激励计划草案”，薪酬委员会作为股权激励计划草案的拟定部门，对股权激励计划中涉及的各大要素具有给出第一手意见和建议的优势地位。

当股权激励对象作为公司薪酬委员会的一员时，其就占据了这种优势地位，对经理人来说无疑是一种实现其机会主义的条件的增强。再者由于薪酬委员会成员中的独立董事本身按照证监会 2001 年发布的《关于在上市公司建立独立董事制度的指导意见》的要求，是由上市公司董事会、监事会、单独或者合并持有上市公司已发行股份 1%以上的股东提名并经股东大会选举决定，这就使得独立董事可能成为公司内部执行董事的“代言人”，从而降低其独立性。并且，由于独立董事的薪酬是由董事会决议后从公司领取，其独立性也有可能因经济的依附性受到影响以至削弱。另一方面，薪酬委员会的议事并不独立。《办法》明确规定，薪酬与考核委员会负责拟定股权激励计划草案，提交董事会审议。股权激励计划需经董事会审议，虽然《上市公司治理准则》中规定董事会审议与某董事有关的事项时，该董事应该回避；但执行董事内部的利益关联使得其余有审议权的董事会基于“集团效应”的考虑，对薪酬委员会制定的股权激励计划草案提出有利于经理人的修改意见。这使得薪酬委员会仍然处于董事会的控制中，独立性有限。

就股权激励计划的拟定阶段来说，影响股权激励计划中的要素是经理人要实现其股权激励利益最大化目的的具体行为，而由于薪酬委员会对股权激励计划拟定的重要性，经理人机会主义的目的最直接地就转化成了经理人要通过影响薪酬委员会来实现。

Bebchuk 等(2002)质疑股权激励的最优契约理论，并提出了管理层权力理论。他们认为高管股权激励不是解决代理问题的有效手段，而是代理问题的一部分，是管理层寻租的一个途径。王烨等(2012)以 2005—2011 年间公告或实施股权激励计划的上市公司为样本，利用股权激励预案公告日前一天公司股价与前一个月公司平均股价的较高者减去股权激励预案中设定的初始行权价格以后的差额数据，对管理层权力与股权激励计划制定中的管理层机会主义行为之间的关系进行了实证研究，结果发现：管理层权力越大，股权激励计划中所设定的初始行权价格就相对越低，即，在当前公司内部治理机制弱化的背景下，管理层可能会利用其对公司的控制权影响股权激励方案的制定，使其于己有利。他们还发现，相对于非国资控股公司，国资控股公司推出的股权激励计划所设定的行权价格更低。陈艳艳(2013)以2005年7月1日至2010年12月31日期间发布的224个股权激励计划草案为样本，发现虽然其短期市场反应为正，但是中期出现反转现象，并认为事件日投资者情绪高涨，短期正面的市场反应只是投资者乐观情绪所导致，不能支持股权激励的最优契约论。

基于上述分析，笔者认为，上市公司薪酬委员会成员的独立性会影响其制定股权激励时的动机，从而对股权激励计划中行权业绩条件的严格程度产生影响。当股权激励对象是薪酬委员会的成员时，经理人影响薪酬委员会就变得更加现实可行了。为此，本章提出以下待检验的研究假说：

假说1　在公告经理人股权激励计划的公司中，相对于激励对象不兼任薪酬委员会委员的公司，激励对象兼任薪酬委员会委员的公司行权业绩条件较为不严格。

假说2　在推出经理人股权激励计划的公司中，对兼任薪酬委员会委员的激励对象激励力度越大则行权业绩条件越不严格。

5.3　研究设计

5.3.1　本章研究样本

本章研究所需股权激励计划的数据均由手工查阅各公司的股权激

励计划公告所得，样本选取期间为 2006 年 1 月 1 日—2012 年 12 月 31 日。本章的财务数据均来自 CSMAR。

5.3.2　本章研究设计

本章采用下面的模型来检验研究假说。

$$DROEx/DNIGx = \alpha_1 + \alpha_2 COMPMEB + \alpha_3 LagROE/LagNIG + \alpha_4 SOE + \alpha_5 VALIDITY + \alpha_6 SHCEN + \alpha_7 SHBAL + \alpha_8 DUAL + \alpha_9 SIZE + \alpha_{10} IND \quad (5-1)$$

$$ROEx/NIGx = \alpha_1 + \alpha_2 COMPMEB/PROCOMP + \alpha_3 LagROE/LagNIG + \alpha_4 SOE + \alpha_5 VALIDITY + \alpha_6 SHCEN + \alpha_7 SHBAL + \alpha_8 DIAL + \alpha_8 LEV + \alpha_9 SIZE + \alpha_{10} IND \quad (5-2)$$

在上述模型(5-1)和(5-2)中，因变量为衡量公司股权激励计划中行权业绩条件的严格程度变量，采用最普遍的行权业绩条件指标——净资产收益率(ROE)和净利润增长率(NIG)与公司自身过去对应业绩情况比较的结果给定。其中，模型(5-1)中采用虚拟变量；模型(5-2)中采用经公司自身过去对应业绩调整过的值。在自变量之中，COMPMEB 为解释变量，定义为公司股权激励对象是否兼任薪酬委员会委员，是为 1，否为 0；PROCOMP 为解释变量，是对兼任薪酬委员会委员的激励对象的激励力度。在两个模型的分别回归之中，如果 α2 的符号显著为负，则假说 1 和假说 2 通过检验。参考现有文献(吴育辉和吴世农，2010)，本章还引入了股权集中度(SHCEN)、股权制衡度(SHBAL)、董事长兼任总经理(DUAL)、公司过去自身业绩(LagROE/ LagNIG)、财务杠杆(LEV)、公司规模(SIZE)等控制变量，并控制了年份和公司所在行业。这些变量的具体定义请参见表 5.1。

表 5.1 变量定义

变量名称	符号	变量定义
行权业绩条件严格程度	DROE1	虚拟变量，行权业绩条件中经公司过去一年加权平均净资产收益率调整的加权平均净资产收益率，若大于0，则为1，否则为0
	DROE2	虚拟变量，行权业绩条件中经公司过去三年加权平均净资产收益率均值调整的加权平均净资产收益率，若大于0，则为1，否则为0
	DROE3	虚拟变量，行权业绩条件中经公司过去三年加权平均净资产收益率中值调整的加权平均净资产收益率，若大于0，则为1，否则为0
	DNIG1	虚拟变量，行权业绩条件中经公司过去一年净利润增长率调整的净利润增长率，若大于0，则为1，否则为0
	DNIG2	虚拟变量，行权业绩条件中经公司过去三年净利润增长率均值调整的净利润增长率，若大于0，则为1，否则为0
	DNIG3	虚拟变量，行权业绩条件中经公司过去三年净利润增长率中值调整的净利润增长率，若大于0，则为1，否则为0
	ROE1	行权业绩条件中经公司过去一年加权平均净资产收益率调整的加权平均净资产收益率
	ROE2	行权业绩条件中经公司过去三年加权平均净资产收益率均值调整的加权平均净资产收益率
	ROE3	行权业绩条件中经公司过去三年加权平均净资产收益率中值调整的加权平均净资产收益率
	NIG1	行权业绩条件中经公司过去一年净利润增长率调整的净利润增长率
	NIG2	行权业绩条件中经公司过去三年净利润增长率均值调整的净利润增长率
	NIG3	行权业绩条件中经公司过去三年净利润增长率中值调整的净利润增长率

续表

变量名称	符号	变量定义
激励对象兼任薪酬委员会成员	COMPMEB	虚拟变量，若公司股权激励对象兼任薪酬委员会成员则为 1，否则为 0
兼任薪酬委员会委员的激励对象所受激励的力度	PROCOMP	兼任薪酬委员会成员的激励对象激励数量的总数占公司股本的百分比
过去自身业绩	LagROE	公司前一年的加权平均净资产收益率
	LagNIG	公司前一年的净利润增长率
企业性质	SOE	虚拟变量，若公司为国有上市公司则为 1，否则为 0
激励有效期	VALIDITY	公司股权激励计划有效期
股权集中度	SHCEN	公司 t 年末第一大股东持股百分比
股权制衡度	SHBAL	公司 t 年末第二至第五大股东持股比例平方和
两职合一	DUAL	虚拟变量，董事长和总经理是同一人为 1，否则为 0
财务杠杆	LEV	公司 t 年末资产负债率
公司规模	SIZE	公司 t 年末资产总额的自然对数
行业	Ind1 - Ind20	虚拟变量，共 20 个
年份	Y07 - Y12	虚拟变量，共 6 个

5.4　检验结果与分析

5.4.1　描述性统计

前述模型中相关变量的描述性统计结果参见表 5.2。

表 5.2　描述性统计

变量	N	均值	中值	最小值	最大值	标准差
Panel A：全样本						
DROE1	308	0.360	0.000	0.000	1.000	0.481
DROE2	277	0.242	0.000	0.000	1.000	0.429
DROE3	277	0.256	0.000	0.000	1.000	0.437
DNIG1	380	0.492	0.000	0.000	1.000	0.501
DNIG2	351	0.387	0.000	0.000	1.000	0.488
DNIG3	351	0.427	0.000	0.000	1.000	0.495
ROE1	308	−3.663	−1.565	−30.580	11.880	7.753
ROE2	277	−5.108	−4.133	−32.010	15.000	8.117
ROE3	277	−4.908	−3.360	−31.500	15.000	8.064
NIG1	380	3.458	−0.796	−362.783	649.837	98.779
NIG2	351	−13.724	−11.469	−585.334	364.519	94.526
NIG3	351	−1.239	−5.184	−170.999	230.417	51.502
COMPMEB	456	0.259	0.000	0.000	1.000	0.438
PROCOMP	454	0.075	0.000	0.000	1.080	0.197
LagROE	432	13.393	11.740	−11.570	51.260	9.426
LagNIG	432	30.546	22.505	−269.226	680.957	99.413
SOE	456	0.140	0.000	0.000	1.000	0.348
VALIDITY	456	4.907	5.000	3.000	10.000	1.302
SHCEN	456	35.258	31.760	9.800	73.000	14.958
SHBAL	456	0.028	0.020	0.000	0.104	0.025
DUAL	456	0.327	0.000	0.000	1.000	0.470
LEV	456	0.357	0.333	0.032	0.795	0.199
SIZE	456	21.579	21.345	19.865	25.741	1.124

续表

变量	N	均值	中值	最小值	最大值	标准差
Panel B：经理人兼任薪酬委员会委员						
DROE1	87	0.391	0.000	0.000	1.000	0.491
DROE2	73	0.301	0.000	0.000	1.000	0.462
DROE3	73	0.329	0.000	0.000	1.000	0.473
DNIG1	101	0.426	0.000	0.000	1.000	0.497
DNIG2	88	0.364	0.000	0.000	1.000	0.484
DNIG3	88	0.420	0.000	0.000	1.000	0.496
ROE1	87	−2.527	−1.130	−30.580	11.880	7.178
ROE2	73	−2.890	−2.673	−32.010	15.000	7.202
ROE3	73	−2.727	−2.450	−31.500	15.000	7.060
NIG1	101	1.324	−5.864	−362.783	479.946	89.917
NIG2	88	−17.267	−12.688	−585.334	364.519	124.600
NIG3	88	−0.651	−3.842	−170.999	168.523	58.373
PROCOMP	116	0.292	0.188	0.001	1.080	0.295
LagROE	115	12.183	10.450	−3.140	45.580	8.802
LagNIG	115	33.169	27.251	−269.226	680.957	99.438
SOE	118	0.169	0.000	0.000	1.000	0.377
VALIDITY	118	4.864	5.000	3.000	10.000	1.300
SHCEN	118	33.675	30.375	9.800	73.000	15.409
SHBAL	118	0.025	0.017	0.000	0.104	0.025
DUAL	118	0.254	0.000	0.000	1.000	0.437
LEV	118	0.422	0.461	0.033	0.795	0.191
SIZE	118	21.833	21.595	19.865	25.741	1.100

续表

变量	N	均值	中值	最小值	最大值	标准差
Panel C：经理人不兼任薪酬委员会委员						
DROE1	221	0.348	0.000	0.000	1.000	0.478
DROE2	204	0.221	0.000	0.000	1.000	0.416
DROE3	204	0.230	0.000	0.000	1.000	0.422
DNIG1	279	0.516	1.000	0.000	1.000	0.501
DNIG2	263	0.395	0.000	0.000	1.000	0.490
DNIG3	263	0.430	0.000	0.000	1.000	0.496
ROE1	221	−4.111	−1.660	−30.580	11.880	7.939
ROE2	204	−5.902	−4.538	−32.010	15.000	8.294
ROE3	204	−5.689	−3.980	−31.500	15.000	8.271
NIG1	279	4.231	1.543	−362.783	649.837	101.940
NIG2	263	−12.538	−11.043	−585.334	364.519	82.312
NIG3	263	−1.436	−5.324	−167.442	230.417	49.110
LagROE	317	13.832	12.000	−11.570	51.260	9.618
LagNIG	317	29.594	20.898	−269.226	680.957	99.543
SOE	338	0.130	0.000	0.000	1.000	0.337
VALIDITY	338	4.922	5.000	3.000	10.000	1.305
SHCEN	338	35.811	32.765	9.800	73.000	14.780
SHBAL	338	0.029	0.022	0.000	0.104	0.025
DUAL	338	0.352	0.000	0.000	1.000	0.478
LEV	338	0.334	0.303	0.032	0.795	0.197
SIZE	338	21.490	21.272	19.865	25.741	1.121

注：对表中连续变量在1%分位数和99%分位数上进行Winsorize处理

表 5.2Panel A 显示，在公布的股权激励计划中，行权业绩条件比较严格（即业绩要求比公司自身过去的表现高）的公司不到半数，不管是从净资产收益率还是净利润增长率上来说，其中对净资产收益率要求较为严格的更是不到 40%。有 25.9%的公司有激励对象兼任薪酬委员会成员，公司薪酬委员会委员的激励数量占授予时公司总股数的比例从 0 到 1.08%不等，均值为 0.075%。在公布的股权激励计划中，有 14%的股权激励计划来自国有控股上市公司，激励年限从 3 年到 10 年不等，平均为 4.907 年，中位数为 5 年。发布股权激励计划的公司，其第一大股东的持股比例小到 9.8%，大至 73.0%，均值为 33.675%，中值为 30.375%；32.7%的公司董事长和 CEO 是同一人兼任。

经理人兼任薪酬委员会委员的公司情况和经理人不兼任薪酬委员会委员的公司情况的描述性统计结果如表 5.2Panel B 和 Panel C 所示。可以看出，经理人兼任薪酬委员会委员的公司中，国有控股上市公司占到 16.9%，董事长总经理为同一人担任的公司有 25.4%，资产负债率平均为 0.422，中位数是 0.461；经理人不兼任薪酬委员会委员的公司中，国有控股上市公司比例为 13%，董事长总经理为同一人担任的公司有 35.2%，资产负债率平均为 0.334，中位数是 0.303。

5.4.2　相关性检验

前述模型中的主要变量的相关性检验结果参见表 5.3。从中可以看出，Pearson 相关系数与 Spearman 相关系数以及显著水平基本相似：行权业绩条件严格程度的衡量指标之间相互显著正相关。经理人兼任薪酬委员会委员与行权业绩条件指标中的净利润增长率之间表现出负相关关系。

表 5.3　变量的相关性检验

	DROE1	DROE2	DROE3	DNIG1	DNIG2	DNIG3	COMPMEB	PROCOMP
DROE1	1	0.472***	0.594***	0.367***	0.438***	0.412***	0.04	0.047
DROE2	0.467***	1	0.827***	0.072	0.238***	0.257***	0.083	0.132**
DROE3	0.596***	0.808***	1	0.120*	0.272***	0.268***	0.099*	0.088
DNIG1	0.400***	0.065	0.114*	1	0.480***	0.545***	−0.08	−0.089*
DNIG2	0.438***	0.246***	0.280***	0.484***	1	0.720***	−0.028	−0.075
DNIG3	0.412***	0.250***	0.261***	0.555***	0.670***	1	−0.008	−0.054
COMPMEB	0.001	0.118*	0.120*	−0.051	−0.038	−0.034	1	0.650***
PROCOMP	−0.013	0.125**	0.116*	−0.061	−0.054	−0.046	0.985***	1

注：右上方为 pearson 相关系数；左下方为 spearman 相关系数。* 表示在 10%水平下显著；**表示在 5%水平下显著；***表示在 1%水平下显著

5.4.3　检验结果及分析

一、假说 1 的检验结果参见表 5.4 和表 5.5。

1. 从表 5.4 第(1)—(3)列结果来看，对于公司股权激励计划中行权业绩指标中的净利润增长率指标，虽然激励对象兼任薪酬委员会委员对其严格程度的影响没有达到显著水平，但其还是存在负相关的关系。在其他变量方面，激励时间(VALIDITY)和公司的规模(SIZE)会显著降低行权业绩条件——净利润增长率的严格程度；而第(2)列和第(3)列也表明公司的资产负债率(LEV)会提高行权业绩条件——净利润增长率的严格程度；第(3)列也显示两职兼任(DUAL)会降低行权业绩条件——净利润增长率的严格程度。

2. 从表 5.4 第(4)—(6)列结果来看，对于公司股权激励计划中行权业绩指标要求的净资产收益率，激励对象是否兼任薪酬委员会委员对其严格程度的影响并不明朗。而是否为国有企业(SOE)和资产负债率(LEV)却会提高行权业绩条件——净资产收益率的严格程度。

3. 从表 5.5 第(1)—(3)列结果来看，对于公司股权激励计划中行权业绩条件的净利润增长率指标，虽然激励对象兼任薪酬委员会委员对其严格程度的影响没有达到显著水平，但是还是存在负相关的关系。在其他变量方面，激励时间(VALIDITY)在第(1)和第(3)列中显示会显著降低行权业绩条件——净利润增长率的严格程度；第(2)列则显示股权集中度(SHCEN)、股权制衡度(SHBAL)会显著降低行权业绩条件——净利润增长率的严格程度。另外是否为国有企业(SOE)和资产负债率(LEV)会提高行权业绩条件——净利润增长率的严格程度，而公司的规模(SIZE)则会降低行权业绩条件——净利润增长率的严格程度。

4. 从表 5.5 第(4)—(6)列结果来看，对于公司股权激励计划中行权业绩指标要求的净资产收益率，激励对象兼任薪酬委员会委员对其严格程度的影响并不明确。但是同样，股权制衡度(SHBAL)会显著降低行权业绩条件——净资产收益率的严格程度，而是否为国有企业（SOE）和资产负债率（LEV）会提高行权业绩条件——净资产收益率的严格程度。

表 5.4　假说 1 回归检验结果(一)

	(1) DNIG1	(2) DNIG2	(3) DNIG3	(4) DROE1	(5) DROE2	(6) DROE3
COMPMEB	−0.468	−0.196	−0.090	−0.286	0.098	0.403
	(−0.73)	(−0.61)	(−0.29)	(−0.58)	(0.21)	(0.80)
LagNIG	−0.192***	−0.017***	−0.009***			
	(−6.90)	(−5.44)	(−4.11)			
LagROE				−0.586***	−0.228***	−0.260***
				(−7.46)	(−5.28)	(−5.49)
SOE	0.123	−0.014	0.864*	1.600*	2.481***	3.405***
	(−0.12)	(−0.03)	(1.79)	(1.88)	(3.45)	(4.07)
VALIDITY	−0.592**	−0.248*	−0.207*	0.226	−0.505***	−0.427**
	(−2.11)	(−1.82)	(−1.65)	(1.02)	(−2.68)	(−2.09)
SHCEN	0.023	−0.005	0.001	−0.016	−0.002	−0.016
	(1.28)	(0.55)	(0.11)	(−0.92)	(−0.12)	(−1.05)
SHBAL	−9.872	−10.014*	−4.171	1.893	−9.360	−20.270*
	(−0.87)	(−1.73)	(−0.79)	(0.20)	(−0.96)	(−1.86)
DUAL	−0.686	−0.332	−0.673**	−0.103	0.254	0.097
	(−1.24)	(−1.13)	(−2.38)	(−0.22)	(0.53)	(0.20)
LEV	−1.156	2.282**	1.693*	0.919	4.074**	4.886***
	(−0.53)	(2.16)	(1.75)	(0.57)	(2.55)	(2.87)
SIZE	−0.230	−0.588***	−0.563***	−0.422	−0.080	−0.698**
	(−0.69)	(−2.99)	(−3.12)	(−1.36)	(−0.31)	(−2.33)
IND	√	√	√	√	√	√
YEAR	√	√	√	√	√	√
N	375	345	345	304	268	271
LR chi2	392.11	96.18	70.32	75.91	121.74	146.35
Pseudo R2	0.750	0.21	0.15	0.88	0.41	0.47

注：括号内为 z 值；* 表示在 10%水平下显著；* * 表示在 5%水平下显著；* * * 表示在 1%水平下显著

表 5.5　假说 1 回归检验结果(二)

	(1) NIG1	(2) NIG2	(3) NIG3	(4) ROE1	(5) ROE2	(6) ROE3
COMPMEB	−2.369	−8.203	−0.627	−0.148	1.296*	1.227
	(−0.39)	(−0.70)	(−0.10)	(−0.40)	(1.69)	(1.57)
LagNIG	−1.115***	−0.304***	−0.169***			
	(−30.69)	(−4.54)	(−4.71)			
LagROE				−0.827***	−0.575***	−0.571***
				(−41.04)	(−14.62)	(−14.30)
SOE	−1.238	30.880*	7.666	0.142	2.257**	2.284**
	(−0.14)	(1.73)	(0.81)	(0.27)	(2.02)	(2.01)
VALIDITY	−5.720**	−5.511	−4.910**	0.165	−0.097	0.036
	(−2.43)	(−1.21)	(−2.02)	(1.17)	(−0.34)	(0.12)
SHCEN	−0.067	−0.873**	−0.141	0.010	−0.058**	−0.059**
	(−0.36)	(−2.53)	(−0.76)	(0.81)	(−2.49)	(−2.48)
SHBAL	3.129	−404.000**	−177.800	−7.090	−21.490	−24.570*
	(0.03)	(−1.97)	(−1.62)	(−1.03)	(−1.58)	(−1.78)
DUAL	−6.070	−6.656	−10.330*	0.344	−0.883	−0.827
	(−1.05)	(−0.62)	(−1.80)	(0.92)	(−1.21)	(−1.11)
LEV	29.010	112.600***	55.860***	2.277*	14.400***	13.290***
	(1.47)	(3.04)	(2.82)	(1.88)	(5.94)	(5.40)
SIZE	−3.155	−27.100***	−9.219***	0.340	−0.440	−0.482
	(−0.92)	(−4.17)	(−2.66)	(1.63)	(−1.02)	(−1.10)
IND	√	√	√	√	√	√
YEAR	√	√	√	√	√	√
N	380	350	350	308	276	276
F	34.55	2.80	3.20	65.63	13.58	12.65
Adj. R2	0.76	0.15	0.18	0.88	0.61	0.59

注:括号内为 t 值;*表示在 10%水平下显著;* *表示在 5%水平下显著;* * *表示在 1%水平下显著;所有变量 VIF<5

二、本章进而对激励对象在公司薪酬委员会的股权激励计划的行权业绩条件进行了研究检验,以激励对象兼任薪酬委员会委员的公司(去掉缺失值)为样本,结果参见表 5.6。

表 5.6　假说 2 回归检验结果

	(1) NIG1	(2) NIG2	(3) NIG3	(4) ROE1	(5) ROE2	(6) ROE3
PROCOMP	10.830	−111.000**	−68.370***	−1.373	7.035**	5.049*
	(−0.89)	(−2.03)	(−3.01)	(−0.96)	(2.61)	(1.88)
LagNIG	−1.082***	−0.329*	−0.338***			
	(−26.04)	(−1.93)	(−4.76)			
LagROE				−0.736***	−0.501***	−0.474***
				(−14.52)	(−5.98)	(−5.65)
SOE	5.879	14.500	−29.740	−0.047	1.766	1.382
	(0.56)	(0.29)	(−1.42)	(−0.03)	(0.70)	(0.55)
VALIDITY	−2.540	−11.850	−8.069	0.325	0.736	0.866
	(−0.92)	(−1.02)	(−1.67)	(0.88)	(1.17)	(1.38)
SHCEN	0.086	−2.086**	−0.436	−0.004	−0.064	−0.083*
	(0.35)	(−2.10)	(−1.06)	(−0.14)	(−1.39)	(−1.80)
SHBAL	65.130	−685.700	−219.700	−27.960	−70.680**	−77.000**
	(0.48)	(−1.14)	(−0.88)	(−1.45)	(−2.17)	(−2.36)
DUAL	1.497	−21.980	10.530	0.222	−1.285	−0.665
	(0.19)	(−0.64)	(0.74)	(0.24)	(−0.75)	(−0.39)
LEV	19.320	43.320	75.930	4.491	9.606*	10.780*
	(0.74)	(0.39)	(1.63)	(1.40)	(1.72)	(1.93)
SIZE	−5.444	−40.670**	−11.720	−0.126	−0.003	−0.350
	(−1.28)	(−2.30)	(−1.60)	(−0.24)	(−0.00)	(−0.38)
IND	√	√	√	√	√	√
YEAR	√	√	√	√	√	√
N	101	87	87	87	72	72
F	30.50	1.797	2.668	13.50	4.063	3.842
Adj. R2	0.90	0.22	0.38	0.80	0.54	0.52

注:括号内为 t 值;* 表示在 10%水平下显著;* * 表示在 5%水平下显著;* * * 表示在 1%水平下显著;所有变量 VIF<5

1. 从表 5.6 第(1)—(3)列结果来看,对于公司股权激励计划中行权业绩条件中的净利润增长率,兼任薪酬委员会委员的激励对象被激励力度越大,则净利润增长率的严格程度则显著越低。在其他变量方面,是否国有(SOE)在第(1)中会增强降低行权业绩条件之净利润的严格程度;第(2)列则显示股权集中度(SHCEN)会显著降低行权业绩条件之净利润的严格程度。另外资产负债率(LEV)会增加行权业绩条件之净利润的严格程度,而公司的规模(SIZE)则会降低行权业绩条件之净利润的严格程度。这个结果有力地支持了我们的假说 2。

2. 从表 5.6 第(4)—(6)列结果来看,对于公司股权激励计划中行权业绩条件之净资产收益率,在薪酬委员会的激励对象的被激励力度对业绩条件严格程度的影响也还是并不明确。

三、由于相关监管机构对国有企业的行权业绩条件有更为明确和严格的确定(见第三章表 3.7),本章又进一步以推出股权激励计划的非国有企业为样本进行了检验。结果基本不变。参见表 5.7 和 5.8。同时,本章也以分析师对股权激励计划草案发布年份的盈余预测来调整股权激励计划中的行权业绩条件,以此作为行权业绩条件严格程度的衡量变量,得到了与上述结论类似的结论。

表 5.7　假说 1 稳健性回归检验结果

	(1) NIG1	(2) NIG2	(3) NIG3	(4) ROE1	(5) ROE2	(6) ROE3
COMPMEB	−1.240	−5.792	1.267	−0.0789	1.730**	1.737**
	(−0.23)	(−0.45)	(0.18)	(−0.20)	(2.02)	(2.02)
LagNIG	−1.016***	−0.290***	−0.195***			
	(−29.72)	(−3.56)	(−4.44)			
LagROE				−0.845***	−0.583***	−0.580***
				(−39.78)	(−13.66)	(−13.54)

续表

	(1) NIG1	(2) NIG2	(3) NIG3	(4) ROE1	(5) ROE2	(6) ROE3
VALIDITY	−5.196**	−11.720**	−6.990**	0.091	0.006	0.277
	(−2.26)	(−2.06)	(−2.28)	(0.52)	(0.02)	(0.74)
SHCEN	0.069	−0.846**	−0.091	−0.000	−0.072***	−0.070***
	(0.42)	(−2.22)	(−0.44)	(−0.01)	(−2.80)	(−2.73)
SHBAL	0.951	−433.700**	−195.400*	−7.573	−26.130*	−27.350*
	(0.01)	(−2.02)	(−1.69)	(−1.02)	(−1.73)	(−1.81)
DUAL	−9.251*	−7.740	−9.089	0.261	−0.663	−0.612
	(−1.95)	(−0.69)	(−1.50)	(0.70)	(−0.87)	(−0.80)
LEV	27.060	114.800***	62.110***	1.832	14.240***	13.140***
	(1.63)	(2.87)	(2.88)	(1.44)	(5.40)	(4.97)
SIZE	−2.510	−29.890***	−9.628**	0.381	−0.163	−0.238
	(−0.82)	(−3.98)	(−2.38)	(1.58)	(−0.31)	(−0.45)
IND	√	√	√	√	√	√
YEAR	√	√	√	√	√	√
N	333	311	311	262	238	238
F	34.01	2.60	3.03	62.20	11.44	10.95
Adj. R2	0.77	0.15	0.18	0.89	0.59	0.58

注：括号内为t值；*表示在10%水平下显著；**表示在5%水平下显著；***表示在1%水平下显著；所有变量VIF<5

表5.8　假说2稳健性回归检验结果

	(1) NIG1	(2) NIG2	(3) NIG3	(4) ROE1	(5) ROE2	(6) ROE3
PROCOMP	38.790**	−97.790*	−51.480*	−1.555	7.037**	5.249*
	(2.56)	(−1.68)	(−2.01)	(−0.99)	(2.42)	(1.80)
LagNIG	−1.072***	−0.427**	−0.357***			
	(−20.06)	(−2.24)	(−4.26)			

续表

	(1) NIG1	(2) NIG2	(3) NIG3	(4) ROE1	(5) ROE2	(6) ROE3
LagROE				−0.753***	−0.522***	−0.508***
				(−13.93)	(−5.91)	(−5.76)
VALIDITY	−2.906	−9.127	−7.914	0.463	0.873	1.050
	(−0.81)	(−0.69)	(−1.36)	(1.12)	(1.22)	(1.47)
SHCEN	−0.130	−2.467**	−0.717	−0.009	−0.107*	−0.128**
	(−0.41)	(−2.21)	(−1.46)	(−0.27)	(−1.96)	(−2.34)
SHBAL	−67.820	−726.500	−252.900	−23.470	−82.080**	−87.850**
	(−0.37)	(−1.10)	(−0.87)	(−1.12)	(−2.42)	(−2.59)
DUAL	−1.702	−17.720	10.160	0.234	−0.267	0.165
	(−0.19)	(−0.51)	(0.67)	(0.23)	(−0.15)	(0.09)
LEV	20.720	31.420	70.200	4.648	7.114	7.864
	(0.64)	(0.26)	(1.34)	(1.36)	(1.21)	(1.33)
SIZE	−5.782	−37.910*	−11.390	−0.303	1.044	0.753
	(−1.03)	(−1.89)	(−1.29)	(−0.51)	(0.97)	(0.70)
IND	√	√	√	√	√	√
YEAR	√	√	√	√	√	√
N	83	74	74	73	62	62
F	19.98	1.96	2.38	12.89	3.67	3.58
Adj. R2	0.87	0.27	0.35	0.81	0.52	0.51

注:括号内为 t 值;* 表示在 10%水平下显著;* * 表示在 5%水平下显著;* * * 表示在 1%水平下显著;所有变量 VIF<5

另外,考虑到兼任薪酬委员会委员的激励对象在公司的影响力,为了排除业绩条件是因为激励对象本身的职位而带来的“相对宽松”的规定,而并非激励对象在薪酬委员产生的影响,笔者进一步研究了公司董事长(CHAIRMAN)为激励对象的情况下公司股权激励计划中的行权业绩条件严格程度的情况,并且实证发现,当公司董事长为股权激励对象之一时，公司股权激励的行权业绩条件并没有因此而更宽松，参见表 5.9。

表 5.9　稳健性回归检验结果

	(1) NIG1	(2) NIG2	(3) NIG3	(4) ROE1	(5) ROE2	(6) ROE3
CHAIRMAN	3.868	−4.815	−0.867	−0.106	2.697***	3.037***
	(0.52)	(−0.34)	(−0.12)	(−0.24)	(2.96)	(3.30)
LagNIG	−1.121***	−0.308***	−0.162***			
	(−29.51)	(−4.41)	(−4.42)			
LagROE				−0.827***	−0.263***	−0.560***
				(−39.05)	(−13.67)	(−13.46)
SOE	−3.006	35.141*	7.606	−0.156	0.976	0.871
	(−0.30)	(1.79)	(0.74)	(−0.27)	(0.81)	(0.72)
VALIDITY	−5.816**	−5.647	−4.586*	0.239	−0.008	0.131
	(−2.34)	(−1.18)	(−1.82)	(1.65)	(−0.03)	(0.44)
SHCEN	−0.039	−0.808**	−0.152	0.004	−0.072***	−0.075***
	(−0.20)	(−2.23)	(−0.79)	(0.34)	(−3.01)	(−3.08)
SHBAL	29.896	−406.913*	−191.524*	−10.908	−15.743	−18.008
	(0.26)	(−1.89)	(−1.69)	(−1.50)	(−1.11)	(−1.25)
DUAL	−5.921	−4.859	−10.499*	0.340	−1.000	−0.882
	(−0.97)	(−0.43)	(−1.77)	(0.88)	(−1.32)	(−1.16)
LEV	29.020	109.683***	56.277***	2.255*	14.878***	13.766***
	(1.38)	(2.81)	(2.74)	(1.80)	(6.05)	(5.54)
SIZE	−3.542	−28.514***	−9.180**	0.385*	−0.428	−0.485
	(−0.95)	(−4.08)	(−2.50)	(1.75)	(−0.95)	(−1.07)
IND	√	√	√	√	√	√
YEAR	√	√	√	√	√	√
N	354	329	329	286	259	259
F	32.11	2.67	2.98	61.82	13.22	12.59
Adj. R2	0.75	0.14	0.17	0.88	0.62	0.60

注：括号内为 t 值；* 表示在 10%水平下显著；* * 表示在 5%水平下显著；* * * 表示在 1%水平下显著；所有变量 VIF<5

5.5　本章小结

本章以股权激励计划制定阶段作为切入点，研究经理人在这个阶段的机会主义动机，利用 2006 年—2012 年间发布了股权激励计划草案的 A 股上市公司为样本，研究了当激励对象兼任公司薪酬委员会委员时对行权业绩条件的严格程度的影响。实证检验结果显示，激励对象兼任公司薪酬委员会委员与净利润增长率指标的严格程度之间存在负相关关系，而且兼任薪酬委员会委员的激励对象受到的股权激励力度显著影响了上市公司股权激励方案中行权业绩条件中净利润增长率指标的严格程度，所受的激励力度越大，则净利润增长率指标的要求越不严格。

但是笔者在研究的过程中也发现行权业绩条件中对净资产收益率指标的要求在各个股权激励计划中的规定居然大同小异，并在大多集中在 10%左右，这也许就是激励对象兼任薪酬委员会委员对净资产收益率指标的严格程度的影响不明朗的原因。

第6章　经理人股权激励计划实施阶段的相关研究

本章节主要基于股权激励计划的实施阶段展开相关的研究，首先基于我国股权激励计划对行权价格提供股利保护的这一特殊规定来探究股权激励工具的选择是否会影响公司的现金股利政策；并基于现金股利这一切入点，来研究在股权激励过程当中行权业绩条件的可操纵性，由于多数上市公司股权激励计划选择 ROE 作为其行权业绩指标，笔者尝试探究了以现金股利为手段的行权业绩指标管理的可能性。

6.1　股利保护、股权激励工具选择与公司现金股利政策

我国的经理人股票期权激励计划一般对期权的行权价格提供股利保护，这对不同股权激励工具选择与公司现金股利政策之间的关系会产生什么影响呢？本书利用 2006 年—2012 年间正式实施股权激励计划的 A 股上市公司的相关数据对此展开实证研究，结果发现，使用限制性股票作为股权激励工具的公司还是比使用股票期权作为股权激励工具的公司现金分红概率更高，现金股利支付水平也更高；进一步的研究表明当公司董事会主席为限制性股票的激励对象时公司现金股利支付水平

显著较高。本书的发现意味着，限制性股票是比股票期权更佳的股权激励工具，能够更好地把经理人利益和股东长远利益捆绑在一起，而激励对象也会影响股权激励计划的效果。

6.1.1　引言

自 2005 年末证监会发布《上市公司股权激励规范意见(试行)》以来，截至 2013 年 6 月 30 日，上市公司已经共计推出了 593 份股权激励计划草案。这些股权激励草案中的激励工具分为三种：股票期权、限制性股票和股票增值权三种。① 其中股票期权的比重最大，占已发布股权激励计划的 70%左右，限制性股票其次，占 30%左右，而股票增值权采用较少，多与其他两种工具一同推出。另一方面，近几年来，“现金分红”(以下简称为分红)已成为我国资本市场与上市公司治理最热门的关键词之一，监管机构在不断加强上市公司分红行为的监管，督促上市公司进行分红及提升分红水平。

截至目前，我国已有少量公开发表的文献对经理人股权激励和公司股利政策之间的经验关系展开了初步研究，主要是研究了推出股权激励计划草案公司在推出此类计划前后及其与非股权激励公司之间的股利政策有何差异，且未达成共识。肖淑芳和张超(2009a)以 2006 年 1 月 1 日—2008 年 7 月 30 日沪深两市首次披露股票期权激励计划草案的上市公司为研究对象，发现采用股票期权激励方式的公司，经理人有目的地利用提高送转股水平方式降低行权价格，通过市场的“价格幻觉”提高股权激励收益。肖淑芳和喻梦颖(2012)对 2006 年 1 月 1

① 一般来说，按照相关监管规则，上市公司只能以其中一种激励工具推出自己的股权激励计划草案，但是我们也看到在这几年间，有 34 家次推出了股票期权激励和限制性股票激励并行或是股票期权激励与股票增值权激励并行或是限制性股票激励与股票增值权激励并行甚至是三者并行的股权激励方案。

日至2011年6月30日沪深两市公告股权激励计划草案的上市公司的股利分配行为进行了研究，结果证实了股权激励公司比非股权激励公司有着更高的股利分配水平，包括送转股和现金股利，且送转股是管理层眼中最大化其股权激励收益的更为理想的掘金工具。但是，吕长江和张海平(2012)以2006年1月1日至2009年底推出股权激励方案草案并未中止的80家上市公司为样本研究发现，相比非股权激励公司，推出股权激励方案的公司更倾向减少现金股利支付；股权激励公司在激励方案推出后的股利支付率小于方案推出前的股利支付率；具有福利性质的股权激励公司对公司现金股利政策的影响更显著，其股利支付率明显较激励型的公司小，他们由此认为部分实施股权激励计划的公司高管利用股利政策为自己谋福利。至于我国上市公司采用不同的股权激励工具对公司现金股利政策有何影响，我们尚未发现此方面的研究文献。

从国外来看，由于股票期权激励一般是不受股利保护的，当公司分红时，股价因除息而下降，但行权价不会随之下降，没有股利保护的股票期权价值自然也会下降，而公司回购股份时一般股价会上涨，则有利于股票期权价值上涨，正因如此，加之股票期权激励工具在1990年代采用的程度远超过限制性股票，使得美国公司管理层更少支持现金股利的发放，转而支持股票回购。如，Lambert等(1989)提出，由于股权激励计划是不受股利保护的，所以会激励经理人减少公司股利发放，他们以221家在1978年之前采取股权激励计划的公司为样本，结果发现，首次采取经理人股权激励的公司发放的股利相对预期水平发生了明显的下降，且股票期权价值越大的，下降越多。Jolls(1998)也以经理人的薪酬契约作为公司股票回购行为的一种原因解释，发现了股票期权在公司选择股票回购还是增加股利发放时的重要影响。Weisbenner(2000)以826家美国大规模的公司作为样本研究发现，管理层为了使自己所拥有的股票期权增值，会更倾向于回购股份或者是留存收益而非增加现金股利，而且经理人的股权激励与一般员工的股权激励对于公司的股利政策存在不同的影响。Fenn 和 Liang(2001)运用 1993 年—1997 年间的 1100 家非金融公司为样本研究发现，经理人的股票期权确实对公司回购股份的行为有正面影响而对公司发放股利的行为有负面影响。对于少数存在股利保护的契约中，相关的研究发现了不同的结论。White(1996)用美国的 62 家公司为样本，研究了股利保护政策在薪酬契约中的运用对公司股利政策的影响，发现了经理人薪酬契约与股利分配之间存在显著的正相关关系。Liljeblom 和 Pasternack(2002)用 1996 年—2001 年间在芬兰赫尔辛基证券交易所交易的公司为研究经理人股权激励与公司利润分配方式之间关系的样本，并针对受股利保护和不受股利保护的两种期权得出了两种截然不同的结论：受股利保护的股票期权对公司的股利发放有显著的正向影响，但是不受股利保护的股票期权对公司的股利发放有显著的负向影响。Zhang(2012)对 2000 年—2009 年间标普 500 公司的研究发现，有股利保护政策的公司有更高的股利发放率和更低的股票回购，且以 2003 年的税制改革为外生冲击变量研究后发现，股利保护政策是股利政策发生改变的原因。

从我国上市公司的经理人股权激励计划来看，股票期权一般都是受股利保护的，那么，我们不由会问，在股权激励计划有着股利保护条款的情形下，股票期权和限制性股票这两种应用最广的股权激励工具对于我国上市公司的现金股利政策是否还有着类似国外学者所发现的不同影响呢？就我们的阅读范围所至，尚无文献研究我国上市公司股权激励计划中不同的股权激励工具选择对公司股利政策的影响。

于是本书就试图对上述问题展开理论分析和经验研究，望能抛砖引玉，推进对我国上市公司经理人股权激励实践的研究。具体而言，本书将利用我国 2006 年—2012 年间 A 股上市公司发布股权激励公司的相关数据研究我国的股权激励计划中股权激励工具的选择对公司现金股利政策(包括是否派发现金股利及现金股利支付水平等)的影响①。

除本节外,本章节还包括4部分。其中,第2部分提出研究假说,第3部分为样本选择和具体研究设计,第4部分是检验结果与分析,最后为结论。

6.1.2 研究假说

我国上市公司的经理人股票期权激励计划中都对被激励对象实施股利保护。所谓股利保护,是指在被激励对象行权前,公司发生派发现金股利、送股或资本公积金转增股本等影响公司发行在外总股份数量或公司股票价格等行为时,也同步针对股票期权的行权价格进行除权、除息的处理。如,每股派发现金股利1元人民币,股票期权的行权价格也下降1元人民币;再如,若公司用留存收益每10股送10股时,则股票期权的行权价格调整为原行权价格除以2,即新的行权价为原行权价的50%。其实,我国公司的股权激励计划一般在公司送股和资本公积转增股本时,不但实施股利保护,还同步调整被激励对象可行权的股票期权的数量。就我国现有的经理人股权激励计划而言,主要是采用股票期权和限制性股票这两种股权激励工具,我们下面的分析主要就结合这两类股权激励工具来展开。

Jensen(1986)认为大量自由现金流在管理者手中是件危险的事情,而现金股利则是抑制其滥用公司自有现金的直接有效手段,因此其认为股利有利于降低管理层与股东之间的代理成本。也有学者认为股利政

① 本书不研究股权激励工具选择对股票股利政策的影响,这是因为,股票股利(所谓送股)在性质上和股票分割(所谓资本公积转增股本)是相同的,只是股东手中的剩余索取权被拆细了,无助于股东财富的真正增长(谢德仁,2013)。此外,按照我国上市公司股权激励计划中的股利保护条款,无论股权激励工具是股票期权还是限制性股票,股票分割的直接影响都是相同的,都存在着我国资本市场所谓的填权效应来增进经理人的财富,故经理人无论持有股票期权还是限制性股票,对送股或资本公积转增股本无偏好差异。

策是代理问题的产物而非控制代理成本的工具(原红旗,2001)。国内外关于股权激励对股利政策的影响的相关研究分析也大多站在后一种观点的基础上,认为管理层存在通过股利政策来掠夺财富的动机(Lambert 等,1989;Fenn 和 Liang,2001):在没有股利保护的情况下,股利的发放会减少管理层通过股权激励能够获得的收益,所以这样的股权激励计划会促使管理层减少股利的发放,而且由于不受股利保护,回购股票来提高股价就成了股权激励对象获得股权激励额外收益的一种手段;而在有股利保护的情况下,发放股利并不会给被激励对象带来损失,相反的,在其根据股利发放情况调整的行权价的下降幅度却可能会低于股价的下降,从而产生额外的收益。这些研究都站在被激励对象由于股权激励计划带来的利益影响角度上进行了相关理论分析。在我国已有研究中亦是如此,如肖淑芳和张超(2009a)、肖淑芳和喻梦颖(2012)等发现在我国股利保护型股权激励下,公司会提高自己的股利发放,不管是股票股利还是现金股利。以上国内外的研究其实隐含着一个重要前提假设,即经理人对公司的股利政策有着决定性影响。在我国,股利政策和各年度具体利润分配方案一般也是由董事会提出,由股东大会来表决的,故在我国,公司的经理人对公司的股利政策(尤其是各年度的具体利润分配方案)确实是有着重要影响的。

从理论上看,既然对股票期权激励计划实施了股利保护,那么,公司分红对经理人持有的股票期权之价值就没有什么负面影响(相当于在股票期权计价的 B－S 模型中设定预计股利率为零)。为此,若仅仅考虑现金股利本身对限制性股票之价值和股票期权之价值的直接影响,这两种主要的股权激励工具对公司的股利政策之影响不会存在显著差异。但是,如果我们把视野拓宽到现金股利对限制性股票和股权期权价值的直接影响之外,站在我国公司经理人综合利益角度来看,就会得到不同的结论。

首先,一方面,与美国类似,我国公司的经理人未必能够真正理解股票期权的价值和股利保护对其价值的影响;另一方面,尽管有着股利保护政策，但是持有股票期权的经理人毕竟不是直接获得现金股利，这一利益的获取还是有赖于未来可行权期间股价的上涨，而公司派发现金股利就减少了公司可以运用的资源，从而势必影响公司新的项目投资和对成长机会的把握，影响经理人未来去执行公司的增长期权，公司成长性的不足反过来就会影响公司股票市价的未来上涨空间，进而直接影响股票期权未来行权时的价值。因此，比起持有限制性股票的经理人，持有股票期权的经理人很可能更不愿意公司派发现金股利。

其次，在近几年金融危机的背景下，公司保留现金在手上也有助于公司降低财务风险和经营风险，保持公司的持续经营和利用危机所带来的可能并购机会，这对于持有股票期权的经理人来说更为重要，因为毕竟股票期权是未来期间才能行权，厌恶风险的经理人在心理上更期望降低企业风险（尽管股票期权的激励机理之一就是希望能促进经理人追求风险）。而对于持有限制性股票的经理人来说，分红毕竟增加了自己手中的现金资产，在不是严重影响企业未来经营持续性的情形下，会更倾向公司分红以增强自身的财务健康，类似股利政策研究中的“二鸟在林不如一鸟在手”之心理逻辑，因为万一未来公司业绩不佳，限制性股票的解禁或解锁（即行权）业绩条件不能满足，限制性股票是会被公司回购注销的，在未解禁之前，公司股价的上涨对于持有限制性股票的经理人而言只是“镜中月”而已。

第三，持有股票期权的经理人在被授予股票期权时无须付出任何现金，只是在未来期间获得行权权后且打算行权时才产生现金需求压力，但分红也还只是间接有助于其降低行权时的现金需求压力，且这一压力降低程度远不如公司送股或资本公积转增股本所带来的现金需求压力下降程度（后者可使行权购买同等股数的股票所需现金大为减少）。对于持有限制性股票的经理人，其在实施股权激励计划之初就需要支付较大额的现金来购买限制性股票，就我国当前大部分经理人的私人财富状况而言，这并不是一笔自身可随意掏出的小金额现金，当其现金不足时，很可能是通过负债融资等方式获取现金来购买，即使债务本金一时无须偿还，也要支付利息，这使得其有着较大的现金需求压力，故持有限制性股票的经理人希望公司提升现金股利水平以获取现金来偿还购买限制性股票时形成的相关债务及利息。从经理人投资的视角来看，股票期权是免费授予的，可以理解为没有支付投资成本，而限制性股票则是实实在在花钱买的(尽管一般是折价购买的)，现金股利也有助于持有限制性股票的经理人更快收回投资成本。

第四，对于经理人来说，由于来自股票期权和限制性股票行权的收益都是按照工资薪金所得纳个人所得税，而现金股利则属于按照“利息、股息和红利所得”纳个人所得税，在经理人一年内获得股权激励收益较大情形下(如年行权收益超过 7.2 万元)，后者的税率显著低于前者(后者税率目前仅为 10%，且长期持股还进一步有所降低，前者税率最高可到 45%)。对于持有股票期权的经理人，分红虽可降低行权价，从而间接获得红利，但这部分获益形式上毕竟不是股利，而属于股票期权行权收益，会按照较高税率征税，故是否分红无助于其降低个人所得税。然而，对于持有限制性股票的经理人，持有限制性股票期间是公司的真实股东，分红属于“利息、股息和红利所得”，个人所得税税率较低，税后收益比起不分红而提高限制性股票解禁时的行权收益的税后收益要大得多。因此，比起股票期权，限制性股票更能激励经理人支持公司派发现金股利乃至提高现金股利支付水平。

最后，我国公司的股权激励计划都是业绩型股权激励计划，其中行权业绩条件主要是净资产收益率和净利润增长率。在不影响公司运营的情形下，公司分红无疑有助于提升净资产收益率(因为不影响净利润及其增长，而降低了净资产)，从而有助于经理人达成行权业绩条件。虽然，易于达成行权业绩条件对于股票期权激励和限制性股票同等适用，但结合前面的几点分析，显然，同等条件下，限制性股票相对于股票期权更激励经理人支持派发现金股利或更高的现金股利支付水平。

基于上述分析,我们认为,综合各方面影响经理人股权激励收益的直接和间接因素来看,限制性股票比股票期权更能激励经理人支持公司派发现金股利乃至提升现金股利支付水平①。为此,我们提出以下待检验的研究假说:

假说 1　在实施经理人股权激励的公司中,相对于使用股票期权作为激励工具的公司,使用限制性股票作为激励工具的公司更多采取现金股利政策。

假说 2　在实施经理人股权激励的公司中,相对于使用股票期权作为激励工具的公司,使用限制性股票作为激励工具的公司有着更高的现金股利支付水平。

进而言之,当使用限制性股票作为激励工具的公司的董事会主席在激励对象中时,其不管是从动机还是能力上来说都让上述的现金股利政策的实施具备了更为现实可行的因素。故我们又进一步提出了以下研究假说:

假说 3　在使用限制性股票作为激励工具的公司中,相对于公司董事会主席不在激励对象中的公司,公司董事会主席在激励对象中的公司的现金股利支付水平相对较高。

6.1.3　样本选择和研究设计

6.1.3.1　研究样本

本研究所需股权激励计划的数据均由手工查阅各公司的股权激励计划公告所得,样本选取期间为 2006 年 1 月 1 日—2012 年 12 月 31 日。

---

① 股票增值权是在待权期结束,且经理人达成行权业绩条件后获得等价于公司股票价格相对于行权价上涨(即股票增值)部分价值的现金或等值股份的权利,其对经理人的财富影响类似于股票期权(若股票期权采用现金而非股份来结算,则其性质上等同于股票增值权,只是操作流程存在差异而已),故在后面的研究中,我们把少数几例仅采用股票增值权作为激励工具的公司样本视同是股票期权激励公司,当然,去除这些样本也不影响我们的结论。

本书的财务数据均来自 CSMAR,若年度中存在 2 次或 2 次以上的现金股利分配,则该年度现金股利为这几次现金股利之和。

我们把在 2006 年—2012 年间上市公司发布股权激励计划和其实施情况的统计如下:

表 6.1.1　上市公司股权激励计划发布与实施情况年份分布

	2006	2007	2008	2009	2010	2011	2012
草案发布家次	45	13	69	26	78	131	140
累计草案发布家次	45	58	127	153	231	362	502
实施家次	27	4	19	19	60	90	124
累计实施家次	27	31	50	69	129	219	343
实施占发布的百分比	60.00%	53.45%	39.37%	45.10%	55.84%	60.50%	68.33%

在这些发布的股权激励计划草案中,不同激励工具的使用情况如下表 6.1.2:

表 6.1.2　累计推出股权激励计划草案中激励工具统计

	A(股票增值权)	O(股票期权)	R(限制性股票)
2006	1	32	12
2007	0	13	0
2008	2	56	11
2009	0	18	8
2010	2	59	17
2011	4	85	42
2012	3	65	72
总计	12	328	162
其中实施家次	6	215	100

本书的研究最后确定以已经正式实施的股权激励计划之后的年度观测值作为样本进行研究,之所以如此处理,是因为只有正式实施的股权激励计划才真正开始实质影响经理人的利益,进而影响其决策动机和

实际决策行为。而若公司仅仅是发布了经理人股权激励计划草案，还需经过证监会备案无异议，然后经过股东大会批准才有效实施，这往往需经历较长时间，且有些公司的股权激励计划在发布草案后因股价波动太大或公司业绩波动等多方面的原因就长期停滞未被推动，难以客观评估这些草案对公司现金股利政策的影响。

6.1.3.2 本书的研究设计

本书采用下面的模型来检验研究假说。

$$DCSH/PAYOUT = \alpha_1 RES + \alpha_2 RES + \alpha_3 SHCEN + \alpha_4 SHBAL + \alpha_5 DUAL + \alpha_6 FCF + \alpha_7 TobinQ + \alpha_8 LEV + \alpha_9 SIZE + \alpha_{10} YEAR \quad (6-1-1)$$

$$PAYOUT = \alpha_1 + \alpha_2 CHAIR + \alpha_3 SHCEN + \alpha_4 SHBAL + \alpha_5 DUAL + \alpha_6 FCF + \alpha_7 TobinQ + \alpha_8 LEV + \alpha_9 SIZE + \alpha_{10} YEAR \quad (6-1-2)$$

在上述模型(6－1－1)中，因变量为公司现金股利政策变量，分别采用现金股利政策两个方面的代理变量来表征：(1) 公司是否派发现金股利(变量 DCSH)，该年度派发现金股利的公司为 1，否则为 0；(2) 公司现金股利支付率(PAYOUT)，为公司派发的 t 年现金股利除以 t 年的归属于母公司股东的净利润(我国公司习惯上在下一年针对上年度进行利润分配，中期分红的公司很少)。其中，DCSH 用来检验 H1，PAYOUT 用来检验 H2。在自变量之中，RES 为解释变量，即公司股权激励计划中使用的激励工具是否为限制性股票(RES)，是为 1，否为 0。在对 DCSH 和 PAYOUT 两个因变量的分别回归之中，如果 $\alpha2$ 的符号显著为正，则 H1 和 H2 通过检验。而在模型(6－1－2)中，因变量为公司现金股利支付率(PAYOUT)，CHAIR 为解释变量，即公司董事会主席是否为股权激励的对象。同样，如果 $\alpha2$ 的符号显著为正，则 H3 通过检验。参考现有文献，我们还引入了股权集中度(SHCEN)、股权制衡度(SHBAL)、董事长兼任总经理(DUAL)、企业自由现金流量(FCF)、公司成长性(TobinQ)、财务杠杆(LEV)、公司规模(SIZE)等控制变量,并控制了年份。这些变量的具体定义参见表 6.1.3。

表 6.1.3 变量定义

变量名称	符号	变量定义
是否发放现金股利	DCSH	虚拟变量,若公司 t 年派发了现金股利为 1,否则为 0
现金股利支付率	PAYOUT	公司派发的 t 年现金股利/t 年的归属于母公司股东的净利润公司
是否使用限制性股票为激励工具	RES	虚拟变量,若公司股权激励计划中的激励工具为限制性股票为 1,否则为 0
董事会主席是否为激励对象	CHAIR	虚拟变量,若公司股权激励计划中的激励对象是否包含公司董事会主席为 1,否则为 0
股权集中度	SHCEN	公司 t 年末第一大股东持股百分比
股权制衡度	SHBAL	公司 t 年末第二至第五大股东持股比例平方和
两职合一	DUAL	虚拟变量,董事长和总经理是同一人为 1,否则为 0
企业自由现金	FCF	(经营现金流—利息支出+投资现金流)/年末总资产
公司成长性	TobinQ	(年末股票市值+净债务市值)/年末总资产(其中:非流通股权市值用流通股股价代替)
财务杠杆	LEV	公司 t 年末资产负债率
公司规模	SIZE	公司 t 年末资产总额的自然对数
年份	Y07 - Y11	虚拟变量,共 5 个

6.1.4 检验结果与分析

6.1.4.1 变量的描述性统计及相关性检验

我们对模型(6 - 1 - 1)(6 - 1 - 2)中的变量进行了描述性统计,结果参见表 6.1.4。

表 6.1.4　描述性统计

变量	N	均值	中值	最小值	最大值	标准差
DCSH	657	0.849	1.000	0.000	1.000	0.358
PAYOUT	657	0.284	0.235	0.000	1.287	0.243
RES	657	0.279	0.000	0.000	1.000	0.449
CHAIR	171	0.304	0.000	0.000	1.000	0.461
SHCEN	657	0.325	0.295	0.067	0.737	0.152
SHBAL	657	0.020	0.012	0.000	0.103	0.021
DUAL	657	0.320	0.000	0.000	1.000	0.467
FCF	657	−0.051	−0.043	−0.399	0.362	0.135
TobinQ	657	2.521	2.023	0.919	8.929	1.548
LEV	657	0.400	0.403	0.031	0.789	0.198
SIZE	657	21.913	21.640	20.001	25.400	1.179

表 6.1.4 显示，在模型(6 - 1 - 1)中，实施股权激励计划之后，有 84.9% 的公司实施了现金分红；用 PAYOUT 表示的现金股利支付率(现金股利总额占净利润的比重)的均值为 28.4%，中值为 23.5%，最大值达到 128.7%；实施股权激励计划的样本中，采用限制性股票作为激励工具的占 27.9%；而在使用限制性股票作为激励工具的公司中，公司董事会主席在激励对象中的比例为 30.4%；第一大股东的持股比例小到 6.7%，大至 73.7%，均值为32.5%，中值为 29.5%；32%的公司董事长和 CEO 是同一人兼任；企业自由现金的均值为−0.051，中值为−0.043，最小值达到−0.399，最大值为 0.362，说明大部分公司的自由现金为负数，不具备分红能力。

我们进而对上述模型中的主要变量进行了相关性检验，结果参见表 6.1.5。

表 6.1.5　相关性分析

	DCSH	PAYOUT	RES	CHAIR	SHCEN	SHBAL	DUAL	FCF	TobinQ	LEV	SIZE
DCSH	1	0.493***	0.148***		0.107***	0.115***	0.033	0.100**	0.046	−0.172***	0.032
PAYOUT	0.621***	1	0.137***	0.014	0.128***	0.192***	0.047	0.141***	−0.04	−0.231***	−0.062
RES	0.148***	0.175***	1		−0.021	−0.047	0.011	0.046	−0.015	−0.095**	−0.017
CHAIR	.	−0.03	.	1	−0.126	−0.397***	−0.186**	0.028	0.059	0.366***	0.316***
SHCEN	0.130***	0.128***	−0.002	−0.165**	1	−0.069*	0.017	−0.056	−0.049	0.052	0.108***
SHBAL	0.136***	0.181***	−0.064	−0.506***	−0.087**	1	0.070*	0.147***	0.119***	−0.242***	−0.138***
DUAL	0.033	0.045	0.011	−0.186**	0.017	0.106***	1	0.001	0.147***	−0.201***	−0.207***
FCF	0.108***	0.169***	0.055	0.038	−0.048	0.117***	−0.011	1	0.275***	−0.181***	−0.033
TobinQ	0.068*	0.037	−0.033	0.004	−0.002	0.168***	0.180***	0.182***	1	−0.394***	−0.368***
LEV	−0.165***	−0.264***	−0.098**	0.351***	0.006	−0.289***	−0.201***	−0.173***	−0.450***	1	0.648***
SIZE	0.026	−0.065*	−0.017	0.276***	0.058	−0.228***	−0.196***	−0.052	−0.468***	0.625***	1

注:右上方为 pearson 相关系数;左下方为 spearman 相关系数。* 表示在 10%水平下显著;**表示在 5%水平下显著;***表示在 1%水平下显著。其中 CHAIR 以模型(2)的样本为基础

表 6.1.5 显示，Pearson 相关系数与 Spearman 相关系数以及显著水平基本相似：现金股利各变量与是否以限制性股票为激励工具之间显著正相关。股权集中度（SHCEN）、股权制衡度（SHBAL）和企业自由现金（FCF）与现金分红各变量之间呈现显著正相关关系，而公司资产负债率（LEV）与公司现金分红各变量之间则呈现出显著负相关关系。而以采用限制性股票实施股权激励的公司为样本，现金股利支付率与公司董事会主席是否为激励对象之间的关系不显著。

6.1.4.2 *初步检验结果及分析*

我们首先对实施股权激励的公司进行分红的情况分实施进度和激励工具进行了初步的统计和检验，参见表 6.1.6：

表 6.1.6 股权激励实施年度分红情况分激励工具统计检验

股权激励实施年度	现金分红相关变量	是否限制性股票	N	均值	中值	均值比较	中值比较
实施当年	DCSH	1	99	0.980	1.000	0.135	0.000
		0	200	0.845	1.000	(3.56)	(3.49)
	PAYOUT	1	99	0.339	0.292	0.079	0.056
		0	200	0.260	0.236	(3.16)	(3.29)
实施后第 1 完整年	DCSH	1	49	0.857	1.000	0.000	0.000
		0	133	0.857	1.000	(0.00)	(0.00)
	PAYOUT	1	49	0.306	0.294	0.031	0.086
		0	133	0.277	0.208	(0.69)	(0.99)
实施后第 2 完整年	DCSH	1	20	0.900	1.000	0.181	0.000
		0	64	0.719	1.000	(1.67)	(1.64)
	PAYOUT	1	20	0.381	0.354	0.098	0.170
		0	64	0.282	0.184	(1.20)	(1.94)
实施后第 3 完整年	DCSH	1	8	0.875	1.000	0.138	0.000
		0	38	0.737	1.000	(0.82)	(0.80)
	PAYOUT	1	8	0.297	0.252	0.057	0.041
		0	38	0.240	0.209	(0.56)	(0.80)

注：均值检验为 t 检验，中位数检验为 z 检验

表 6.1.6 统计分析了从股权激励计划实施当年(t 年)至实施后 3 年分股权激励工具公司进行现金股利分配的情况，股权激励实施当年和股权激励实施后第 2 个完整年均显示采用限制性股票的公司相较于采用股票期权的公司来说，进行了更多的现金股利分配。

6.1.4.3　多元回归检验结果及分析

考虑到因变量的具体情况，我们对是否进行现金分红和现金股利支付率分别进行了回归。模型的回归结果请参见表 6.1.7。

表 6.1.7　回归检验结果

	(1) DCSH	(2) PAYOUT	(3) PAYOUT
RES	1.184***	0.034*	
	(3.50)	(1.65)	
CHAIR			0.121***
			(2.68)
SHCEN	2.32***	0.211***	0.111
	(2.79)	(3.27)	(0.35)
SHBAL	16.32**	1.667***	3.530***
	(2.24)	(3.58)	(4.34)
DUAL	0.066	0.008	0.058
	(0.25)	(0.38)	(1.57)
FCF	0.928	0.209***	0.268**
	(0.99)	(2.75)	(2.10)
TobinQ	0.023	−0.034***	−0.027**
	(0.20)	(−4.57)	(−2.06)
LEV	−4.219***	−0.249***	−0.225*
	(−4.84)	(−3.31)	(−1.70)
SIZE	0.547***	−0.002	−0.009
	(4.05)	(−0.19)	(0.42)

续表

	(1) DCSH	(2) PAYOUT	(3) PAYOUT
YEAR	√	√	√
N	657	558	171
F(LR chi2)	79.81	4.99	3.05
Adj. R2(Pseudo R2)	0.143	0.091	0.144

注:括号内为 t(z)值;* 表示在 10%水平下显著;* * 表示在 5%水平下显著;* * * 表示在 1%水平下显著;所有变量 VIF<5

1. 从表 6.1.7 第(1)列结果来看,股权激励工具为限制性股票的公司发放现金股利的倾向增加,RES 在 1%的水平上显著为正(z 值为 3.50);其他变量方面,股权集中度(SHCEN)、股权制衡度(SHBAL)和公司规模(SIZE)也会显著增加公司发放现金股利的倾向;财务杠杆(LEV)则会显著降低发放现金股利的倾向。因此,假说 1 能够通过检验,即与采用股票期权作为激励工具的公司相比,股权激励工具为限制性股票的公司派发现金股利的概率更大。

2. 我们以实施股权激励计划且派发现金股利的公司为样本,从表 6.1.7 第(2)列结果来看,对于 PAYOUT,RES 在 10%的水平上显著(t 值为 1.65)。这说明,与以股票期权作为股权激励工具的公司相比较,以限制性股票为股权激励工具的公司的现金股利支付水平更高,故假说 2 能够通过检验。在其他变量方面,股权集中度(SHCEN)、股权制衡度(SHBAL)和企业自由现金(FCF)也会显著增加公司现金股利支付水平;而公司成长性(TobinQ)和财务杠杆(LEV)则会显著降低公司的现金股利支付水平。

3. 我们以使用限制性股票作为激励工具的公司为样本,表 6.1.7 第(3)列结果显示,CHAIR 在 1%的水平上显著(t 值为 2.68),说明公司董事会主席在限制性股票激励对象中会增加公司的现金股利支付水平,故假说 3 通过检验。在其他变量方面,股权制衡度(SHBAL)和企业自由现金(FCF)也会显著增加公司现金股利支付水平,而公司成长性(TobinQ)和财务杠杆(LEV)则会显著降低公司的现金股利支付水平。

综上,我们提出的研究假说 1、2 和 3 都能通过检验,说明采用限制性股票作为激励工具能够促进公司实施更强的现金股利政策,包括更高概率地派发现金股利和更高的现金股利支付水平;而在使用限制性股票作为激励工具的公司中,如若董事会主席为激励对象,则公司的现金股利支付水平相对较高。

6.1.5　结论

本部分研究利用 2006 年—2012 年间正式实施了股权激励计划的 A 股上市公司的相关数据,研究在采取了股利保护条款之后,不同的股权激励计划工具选择是否还对公司现金股利政策产生影响。本研究经过分析后认为,即使在股权激励计划中采取了股利保护条款,限制性股票也还是会比股票期权更加激励经理人去支持公司派发现金股利和提升现金股利支付水平。本研究的实证检验结果证实了这一推断,即使用限制性股票为激励工具的公司比使用股票期权作为激励工具的公司现金分红概率更高,现金股利支付水平也更高,且当公司董事会主席在限制性股票激励对象中时,现金股利支付水平更高。虽然更高的现金分红有利于持有限制性股票的经理人,但只要不是庞氏分红,也有利于公司股东的长远利益,反映了股东财富真正的可持续增长(谢德仁,2013)。就此而言,本研究的发现还意味着,限制性股票是比股票期权更佳的股权激励工具(当然,股权激励计划本身还需合理设计),能够更好地把经理人利益和股东长远利益捆绑在一起。投资者在对上市公司推出股权激励计划时不能盲目地认同,应该注意其使用的激励工具和纳入激励对象的人。

6.2　股权激励、行权业绩条件与盈余管理

我们在前文中发现股权激励的过程中现金股利的支付意愿和支付

水平会因为公司采用的股权激励工具的不同而有所差别,使用限制性股票为激励工具的公司比使用股票期权作为激励工具的公司现金分红概率更高,现金股利支付水平也更高,且当公司董事会主席在限制性股票激励对象中时,现金股利支付水平更高。在经理人机会主义的视角下,我们是否可以对此有别的解释呢?我国的业绩型股权激励在业绩条件指标设置的过程中普遍使用了ROE这一指标,对于现金股利本身而言,我们认为其是可以影响到ROE的具体数值的,不同于以往直接操纵盈余本身的盈余管理手段,上市公司的经理人是否会利用这一手段来进行公司的业绩指标管理呢?在接下来的章节中,我们将对这一问题做具体的探究。

6.2.1 概述

随着越来越多的股权激励计划经历待权期进入行权期,上市公司有没有达到当初要求的行权业绩条件成了股权激励计划是否继续有效的必备要素,也成了激励对象和公众关注的焦点。

对行权业绩条件的关注一方面可以从正面激励经理人采取积极行动提高公司业绩,另一方面会使经理人产生对公司进行盈余管理的动机。随着业绩型股权激励计划在我国上市公司中的逐渐普及,学者们也发现了股权激励带来的如公司盈余管理等的弊端(苏冬蔚和林大庞,2010;何凡,2010;林大庞和苏冬蔚,2011;张海平和吕长江,2011;杨慧辉等,2012),但是这些研究大多是仅仅以可操纵应计项来衡量股权激励公司的盈余管理,而没有考虑到行权业绩条件的严格程度对盈余管理的影响,也没有区分不同的行权业绩条件带来的不同盈余管理方式的可能;再者,除何凡(2010)和杨慧辉等(2012)外其他研究的样本还包含了推出草案而没有实施的公司,对盈余管理的动机并没有厘清。于是,着眼于我国股权激励计划中的行权业绩条件,笔者认为,以最主要的净利润增长率和净资产收益率来说,其管理的方式除了共同的提高净利润(最普遍的方式就是增加可操纵应计项)之外,之于净资产收益率,还有一种不常被认为是盈余管理的方式——减少净资产,而减少净资产最直接和常见的方式就是现金股利。那么在我国股权激励计划的实施过程中,行权业绩条件的严格程度是否会影响公司的可操纵应计项呢?而其行权业绩条件中净资产收益率要求的严格程度是否又会影响公司的现金股利政策?

本章试图对上述问题展开理论分析和经验研究,望能抛砖引玉,推进对我国上市公司经理人股权激励实践的研究。具体而言,本章将利用我国 2006 年—2012 年间 A 股上市公司实施股权激励公司的相关数据,研究我国的股权激励计划中行权业绩条件的严格程度对公司可操纵应计项的影响,并从行权业绩条件中对净资产收益率指标要求的严格程度出发,研究其对公司现金股利政策(包括是否派发现金股利及现金股利支付水平等)的影响。

除本节外,本章还包括 4 部分。其中,第一部分提出研究假说,第二部分为样本选择和具体研究设计,第三部分是检验结果与分析,最后为结论。

6.2.2　研究假说

我国自 2006 年始开始推出规范意义上的业绩型股权激励以来,按照我国股权激励年限大多为 5 年的设计来说,早几年推出的股权激励计划已进入了行权期。截至 2012 年 12 月 31 日,统计显示我国有 305 家次的公司已经历或进入其首个行权期,究竟股权激励行权业绩条件的设定对经理人的盈余管理动机和行为是否产生影响呢?

之前的研究表明,对上市公司再融资如配股的业绩条件要求也会使管理层产生盈余管理动机和行为,如陈小悦等(2000)就以证监会对上市公司配股权需要达到的净资产收益率条件为切入点,以 1994 年—1997 年 A 股上市公司为样本实证发现上市公司为了获得配股权就具有强烈的动机利用现有的信息不对称和契约的不完备(即仅凭净资产收益率指标决定配股权)对利润进行操纵,从而达到其获得配股权的目的。而肖成民和吕长江(2011)通过考察第四季度引起的盈余相关指标分布变化分析了上市公司针对退市监管和再融资采取的盈余管理行为,以 2002 年—2005 年为研究对象发现相对于基于“相对指标”的再融资监管,上市公司规避基于“绝对指标”退市监管更容易提前操作;相对于“收益性”的再融资监管,上市公司规避“损失性”退市监管的动机更强。

国外也有一些研究探讨了股权激励与盈余管理之间的关系。Healy(1985)认为高管在股权激励下存在盈余管理的动机和行为,即当高管在无法达到激励计划规定的最低盈余目标时,或者发现企业已超过规定的最高奖励限制时,其存在调低盈余的行为。Guidry 等(1999)用企业分部门的数据得到了与 Healy(1985)结论相似的实证结果。Gaver 等(1995)以 1980 年—1990 年间的 102 家公司 837 个观测值为样本得出了与 Healy(1985)不同的结论,他们认为当企业无法达到激励计划规定的最低盈余目标时,高管存在利用可操纵应计项来调高盈余的行为;当企业超过激励计划规定的最高限额时,存在调低盈余的行为。Holthausen 等(1995)也质疑 Healy(1985)的结果,他们用 1982 年—1990 年间的 443 个观测为样本发现当企业盈余超过高管能拿到的最大奖励时,他们确实存在调低盈余的行为;但是并没有发现在盈余没有达到最低要求时也存在这种行为。Kuang(2008)的研究也表明,对于持有业绩型股权激励的经理人来说,他们有通过盈余管理的行为来达到盈余目标的动机和行为。

那么,行权业绩条件的严格程度和我国股权激励中经理人的盈余管理行为之间是否也存在一定的联系呢?通过查阅我国上市公司股权激励公告我们发现,中国上市公司股权激励计划所采用的行权业绩指标大多集中于净资产收益率和净利润增长率,其使用比例分别达到了 71.15% 和 87.82%(经历首个行权/解禁期的股权激励方案更分别达到

84.59%和 90.82%)(见表 6.2.1)。被激励对象的行权业绩指标高度集中容易驱使被激励对象过度关注与其股权激励行权相关的业绩指标。正如上文中所述,这些行权业绩条件的目标会驱使高管进行盈余管理,以此来最大化个人利益。

表 6.2.1　行权业绩指标分类统计

行权业绩指标	采用的股权激励计划份数	百分比
Panel A:股权激励计划草案		
净利润增长率	411	87.82%
加权平均净资产收益率	333	71.15%
总样本数	468	—
Panel B:进入首个行权/解禁期的股权激励计划方案		
净利润增长率	277	90.82%
加权平均净资产收益率	258	84.59%
总样本数	305	—

由上表及第四章表 4.6 可以发现,我国股权激励行权业绩条件最主要集中在净资产收益率和净利润增长率两个会计业绩指标上。

净资产收益率是净利润与平均股东权益的百分比,是公司税后利润除以净资产得到的百分比率,反映公司股东权益的收益水平。

净利润增长率是公司本期净利润与上期净利润的比率,净利润增长率=(本期净利润额－上期净利润额)/上期净利润额×100%,反映了公司的扩张速度,是公司成长状况和发展能力的重要指标。

由以上分析可以看出,对净资产收益率和净利润有共同影响的是公司的净利润水平,而净资产收益率还受到公司净资产的影响。

管理公司的净利润水平可以说是最直接的管理净资产收益率和净利润增长率这两个会计业绩指标的方法。再有就是对公司的净资产进行一定的调整来影响公司的净资产收益率。那么,公司的什么行为会影响公司的净资产水平呢，其中最简单的也是最容易被大家接受的就是现金分红。现金分红会降低公司的净资产水平，在相同的净利润水平下，公司净资产水平的下降则意味着公司净资产收益率的提高。所以说，公司的现金分红一般可以提升公司的净资产收益率，在预期公司行权业绩条件达标危矣的情况下，公司就有动机采取除管理净利润水平外的方法，即现金股利来达到行权业绩条件要求中的净资产收益率。当公司经理人在行权业绩条件基准年当年时预期公司的净资产收益率较难达到，其可以加大对上一年度现金股利的支付率，降低本年度的净资产，从而达到提高基准年净资产收益率的目的。

特别是近年来，有关监管机构又一直倡导上市公司提高现金分红。证监会在 2006 年 5 月发布的《上市公司证券发行管理办法》明确规定“拟公开发行证券的上市公司最近三年以现金或股票方式累计分配的利润不少于最近三年实现的年均可分配利润的百分之二十”。2008 年，证监会又将上市公司再融资条件中的股票股利去除，限定为现金股利分配，并且将现金股利分配的条件额度提高了十个百分点。2013 年上海证券交易所《上市公司现金分红指引》规定对于高分红的上市公司，“面对再融资和并购重组等市场准入情形，可以享受绿色通道的待遇”。上市公司的现金股利水平确实得到了显著提高，证监会的统计数据显示，2005 年到 2010 年，A 股发放现金股利的上市公司数量上升了 113%，现金股利额度由 729 亿上升至 5006 亿元。于是，这种符合监管部门近年来的政策导向的高现金股利，就成了一种更为隐蔽的提高净资产收益率来管理盈余指标的方式。由于之前学者们大多关注的盈余管理方式集中于可操纵性应计项，现金股利这种方式就很难被联想到与盈余管理相关。经理人影响或者决定公司的现金股利政策来提高净资产收益率从而达到行权业绩条件成为顺水推舟式的新型的盈余管理方式。

公司的决策权大多掌握在董事会和股东大会手中，但是也同时会受到经理人的影响，特别是在我国上市公司“两职兼任”现象较为严重的现实公司治理环境下。股权激励的激励对象是公司经理人，但是由于我国上市公司中很多董事兼任了经理人的职位，所以我国上市公司中有 67% 左右的公司其激励对象都包含了董事会成员。在这样的现实下，这些股权激励对象既作为股权激励的受益者，又作为公司参与决策或影响决策的管理层，就更加便利了其对于公司财务报表制定和相关股利政策的影响甚至决策。

另一方面，可操纵性应计项具有反转特征。但是当本期的业绩超过了达标的标准时，适当地以可操纵性应计项向下调低盈余，并在未来期间释放，不仅有利于股权激励后续几期业绩条件的达成，而且未来的高股价有利于经理人在股票期权行权或出售限制性股票时取得高收益。

于是，本章提出以下待检验的假说 1 和假说 2：

假说 1　净资产收益率越难达标，公司发放现金股利的力度越大。

假说 2　当行权业绩条件预期较难达到要求时，公司会进行向上的盈余管理；而当行权业绩条件预期超过要求时，公司会进行向下的盈余管理。

Richardson(2000)用实证的方法表明当信息不对称程度较高时，利益相关者没有充分的信息监督管理层的行为，致使公司盈余管理的程度较高。魏明海等(2007)也认为资本市场的信息不对称阻碍了资源的有效配置，带来了信息问题和代理问题。Yu(2008)以 1988 年—2002 年间的数据，以跟踪的分析师为视角，用其人数、来自哪个机构以及其经历来表征其作为信息中介的能力，发现跟踪分析师人数有利于抑制公司盈余管理的行为，认为分析师跟踪人数能够表征公司信息环境的好坏。

如上所述，当公司存在为了达到股权激励计划中的行权业绩条件而进行盈余管理的行为时，那么公司的信息环境就会对其产生一定抑制作用。

于是,本章提出如下待检验的假说3:

假说3　良好的信息环境有利于抑制盈余管理的行为。

6.2.3　研究设计

6.2.3.1　本章研究样本

本章研究所需股权激励计划的相关数据均由手工查阅各公司的股权激励计划公告所得,样本选取期间为2006年1月1日—2012年12月31日。本章的财务数据均来自CSMAR,若年度中存在2次或2次以上的现金股利分配,则该年度现金股利为这几次现金股利之和。

笔者对2006年—2012年间上市公司发布股权激励计划和其实施的情况统计如下:

表6.2.2　上市公司股权激励计划实施及首个行权/解禁业绩年份分布

	2006	2007	2008	2009	2010	2011	2012
实施家次	25	4	17	19	58	85	108
累计实施家次	25	29	46	65	123	208	316
首期业绩条件所在年	15	8	15	11	31	108	116
经历首期业绩条件所在年的家次	15	23	38	49	80	188	304

本章的研究以经历股权激励计划行权的公司为样本(由于当年发放的现金股利是上一财务年度的利润分配,故财务指标取自上一年度),业绩型股权激励计划要求只有达到行权业绩条件要求的才能获得股票期权的行权权和出售限制性股票的权利,如果没有达到首次行权业绩条件的要求,就不能获得股票期权首次行权权和出售首批限制性股票的权利,甚至公司整个股权激励计划将被叫停,所以首次行权业绩条件是否达到股权激励计划的要求成了影响作为激励对象的经理人自身利益的重要因素,因而会在很大程度上影响其决策动机和事实治理行为。

6.2.3.2　本章研究设计

本章采用下面的模型来检验研究假说。

$$PAYOUT=\alpha_1+\alpha_2 ROE\_S+\alpha_3 SHCEN+\alpha_4 SHBAL+\alpha_5 DUAL+\alpha_6 FCF+\alpha_7 TobinQ+\alpha_8 LEV+\alpha_9 SIZE+\alpha_{10} YEAR \quad (6-2-1)$$

$$DA=\alpha_1+\alpha_2 ROE\_S/NIG\_S+\alpha_3 LOSS+\alpha_4 INDoB+\alpha_5 AUDIT+\alpha_6 SHCEN+\alpha_7 SHBAL+\alpha_8 DUAL+\alpha_9 SIZE+\alpha_{10} LEV+\alpha_{11} YEAR+\alpha_{12} IND \quad (6-2-2)$$

$$PAYOUT=\alpha_1+\alpha_2 ROE\_S+\alpha_3 ROE\_S\times Analyst\_C+\alpha_4 Analyst\_C+\alpha_5 SHCEN+\alpha_6 SHBAL+\alpha_7 DUAL+\alpha_8 FCF+\alpha_9 TobinQ+\alpha_{10} LEV+\alpha_{11} SIZE+\alpha_{12} YEAR \quad (6-2-3)$$

$$DA=\alpha_1+\alpha_2 ROE\_S/NIG\_S+\alpha_3 ROE\_S/NIG\_S\times Analyst\_C+\alpha_4 Analyst\_C\cdot\alpha_5 LOSS+\alpha_6 INDoB+\alpha_7 AUDIT+\alpha_8 SHCEN+\alpha_9 SJBAL+\alpha_{10} DIAL+\alpha_{11} SIZE+\alpha_{12} LEV+\alpha_{13} YEAR+\alpha_{14} IND \quad (6-2-4)$$

在上述模型中，模型(6-2-1)用来检验假说 1，因变量公司现金股利支付率(PAYOUT)，为公司派发的 t 年现金股利除以 t 年的归属于母公司股东的净利润。ROE_S 为解释变量，为行权业绩条件所属年度的净资产收益率预期与行权业绩条件要求的差距。如果 α2 的符号显著为正，则假说 1 通过检验。参考现有文献，我们在上述模型中还引入了股权集中度(SHCEN)、股权制衡度(SHBAL)、董事长兼任总经理(DUAL)、企业自由现金流量(FCF)、公司成长性(TobinQ)、财务杠杆(LEV)、公司规模(SIZE)等控制变量，并控制了年份。

模型(6-2-2)用来检验假说 2，在上述模型中，因变量为公司的可操纵性应计项(DA)，分别采用 Jones 模型、修正的 Jones 模型和 Kothari

模型测算;ROE_S/NIG_S 为解释变量——为行权业绩条件所属年的业绩预期与行权业绩条件要求的差距。参考现有文献,本章还引入了公司是否亏损(LOSS)、董事会独立性(INDoB)、公司审计师(AUDIT)、股权集中度(SHCEN)、股权制衡度(SHBAL)、两职合一(DUAL)、公司规模(SIZE)和财务杠杆(LEV)等控制变量,并控制年份和行业因素。

模型(6-2-3)(6-2-4)用来检验假说3,因变量分别为公司现金股利支付率和可操纵性应计项。ANALYST_C 为当年跟踪公司的分析师人数,表征公司的信息环境,参考 Yu(2008)的结论,即分析师跟踪人数越多则公司信息环境越好。如果 α3 的符号显著为负,则假说 3 通过检验。

上述变量的具体定义参见表 6.2.3。

表 6.2.3 变量定义

变量名称	符号	变量定义
Panel A:因变量		
现金股利支付率	PAYOUT	公司行权业绩条件所属年度派发的前一年现金股利/基准年前一年的归属于母公司股东的净利润公司
可操纵性应计项	DA	公司 t 年可操控应计项,分别采用 Jones 模型、修正的 Jones 模型和 Kothari 模型测算
Panel B:模型(6-2-1)(6-2-3)自变量		
行权业绩条件所属年度的净资产收益率预期与要求之间差距	ROE_S_X	公司行权业绩条件所属年度前一年/前两年/前三年净资产收益率均值与股权激励计划中行权业绩要求的差额,若为<0,则取其绝对值,若>0,则为 0
股权集中度	SHCEN	公司行权业绩条件所属年度前一年末第一大股东持股百分比
分析师跟踪人数	Analyst_C	公司行权业绩条件所属年度前一年发布公司业绩预测的分析师人数

续表

变量名称	符号	变量定义
股权制衡度	SHBAL	公司行权业绩条件所属年度前一年末第二至第五大股东持股比例平方和
两职合一	DUAL	虚拟变量，若公司行权业绩条件所属年度前一年董事长和总经理是同一人为 1，否则为 0
企业自由现金	FCF	公司行权业绩条件所属年度前一年：(经营现金流—利息支出＋投资现金流)/年末总资产
公司成长性	TobinQ	公司行权业绩条件所属年度前一年：(年末股票市值＋净债务市值)/年末总资产(其中：非流通股权市值用流通股股价代替)
财务杠杆	LEV	公司行权业绩条件所属年度前一年末资产负债率
公司规模	SIZE	公司行权业绩条件所属年度前一年末资产总额的自然对数
年份	Y07 - Y11	虚拟变量，共 5 个
Panel C：模型(6 - 2 - 2)(6 - 2 - 4)自变量		
行权业绩条件所属年度的净资产收益率预期与要求之间差距	ROE_S	分析师对行权业绩条件所属年度净资产收益率预测的中值与股权激励计划中行权业绩条件的差额
行权业绩条件所属年度的净利润增长率预期与要求之间差距	NIG_S	分析师对行权业绩条件所属年度净利润增长率预测的中值与股权激励计划中行权业绩条件的差额
分析师跟踪人数	Analyst_C	公司行权业绩条件所属年度发布公司业绩预测的分析师人数
公司是否亏损	LOSS	虚拟变量，公司当年净利润小于 0 时为 1，否则为 0
董事会独立性	INDoB	公司行权业绩条件所属年度董事会独立董事占所有董事的比例
审计师质量	AUDIT	虚拟变量，公司行权业绩条件所属年度的外部审计师为前十大会计师事务所为 1，非前十大会计师事务所为 0(依据中注协每年中国会计师事务所综合评价)

续表

变量名称	符号	变量定义
股权集中度	SHCEN	公司行权业绩条件所属年度末第一大股东持股百分比
股权制衡度	SHBAL	公司行权业绩条件所属年度末第二至第五大股东持股比例平方和
两职合一	DUAL	虚拟变量，若公司行权业绩条件所属年度董事长和总经理是同一人为 1，否则为 0
财务杠杆	LEV	公司行权业绩条件所属年度前一年末资产负债率
公司规模	SIZE	公司行权业绩条件所属年度前一年末资产总额的自然对数
行业	IND1 - IND20	虚拟变量，按照证监会的分类，依次取值，其中制造业取二级代码，共 20 个
年份	Y07 - Y12	虚拟变量，共 6 个

6.2.4 检验结果与分析

6.2.4.1 描述性统计

本章首先对模型(6 - 2 - 1)(6 - 2 - 3)和模型(6 - 2 - 2)(6 - 2 - 4)中的变量进行了描述性统计，结果参见表 6.2.4 和表 6.2.5。

表 6.2.4 描述性统计(一)

变量	N	均值	中值	最小值	最大值	标准差
PAYOUT	233	0.325	0.293	0.000	1.993	0.252
ROE_S_1	233	0.618	0.000	0.000	9.390	1.368
ROE_S_2	233	0.483	0.000	0.000	8.930	1.319
ROE_S_3	233	0.974	0.000	0.000	86.623	5.886
Analyst_C	219	12.964	11.000	1.000	70.000	10.038
SHCEN	233	35.342	33.220	6.470	80.600	15.320

续表

变量	N	均值	中值	最小值	最大值	标准差
SHBAL	233	0.028	0.022	0.000	0.124	0.027
DUAL	233	0.391	0.000	0.000	1.000	0.489
FCF	233	−0.639	0.351	−19.790	4.675	3.630
TobinQ	233	1.971	1.669	0.777	6.493	1.002
LEV	233	0.322	0.287	0.008	0.887	0.208
SIZE	233	21.464	21.236	19.699	26.097	1.068

注：对表中连续变量在 1%分位数和 99%分位数上进行 Winsorize 处理

表 6.2.4 显示，在经历或进入首个可行权年或获得解禁首批限制性股票的公司中，有 89.7%的公司在其行权业绩条件所属年份实施了现金分红，用 PAYOUT 表示的现金股利支付率（现金股利总额占净利润的比重）的均值为 32.5%，中值为 29.3%，最大值达到 199.3%；而对于净资产收益率指标所属年份的预期，根据不同的衡量标准，我们发现有 21.5%—41.2% 的公司可能未达标，未达标的程度从 0.483%—86.623% 不等；而公司在业绩条件所属年份前一年的分析师的跟踪人数则从 1 人至 70 人不等，平均每家公司有近 13 人发布了业绩预测报告，中值为 11 人；第一大股东的持股比例小到 6.47%，大至 80.60%，均值为 35.34%，中值 33.22%；39.1%的公司董事长和 CEO 是同一人兼任；企业自由现金的均值为−0.639，中值为 0.351，最小值达到−19.790，最大值为 4.675。

表 6.2.5　描述性统计(二)

变量	N	均值	中值	最小值	最大值	标准差
DA1	245	0.013	0.007	−0.245	0.283	0.094
DA2	245	0.018	0.010	−0.221	0.301	0.095
DA3	245	0.002	−0.001	−0.241	0.275	0.090

续表

变量	N	均值	中值	最小值	最大值	标准差
ROE_S_1	220	0.324	2.303	−230.553	170.807	57.943
ROE_S_2	211	11.510	10.648	−205.802	372.168	72.814
ROE_S_3	211	−0.268	3.196	−168.523	170.999	49.399
NIG_S_1	205	3.028	1.240	−8.590	28.790	6.670
NIG_S_2	195	4.873	2.973	−10.133	32.010	7.267
NIG_S_3	195	4.729	2.920	−8.740	32.010	6.826
Analyst_C	228	14.654	14.000	1.000	58.000	10.509
LOSS	246	0.016	0.000	0.000	1.000	0.127
INDoB	246	37.298	33.333	33.333	60.000	5.542
AUDIT	246	0.476	0.000	0.000	1.000	0.500
SHCEN	246	34.796	32.980	9.790	72.630	14.891
SHBAL	246	0.023	0.016	0.000	0.115	0.024
DUAL	246	0.358	0.000	0.000	1.000	0.480
LEV	246	0.370	0.373	0.033	0.795	0.197
SIZE	246	21.652	21.450	19.946	25.028	1.078

注:对表中连续变量在1%分位数和99%分位数上进行 Winsorize 处理

表6.2.4显示,公司在其行权业绩条件所属年份进行了不同程度和方向的盈余管理,而对于所属年份业绩指标的预期,虽然是不同的衡量标准,但各衡量指标的中值均大于0,所以半数以上公司达标的可能性较大;而公司在业绩条件所属年份的分析师的跟踪人数则从1人至58人不等,平均每家公司有近15人发布了业绩预测报告,中值为14人;在业绩条件所属年份,有1.6%的公司净利润小于0;公司董事会独立董事占所有董事的比例基本在1/3左右;有47.6%的公司聘用的会计师事务所为国内十大;公司第一大股东的持股比例小到9.79%,大至72.63%,均值为34.796%,中值为32.98%;35.8%的公司董事长和CEO是同一人兼任。

表 6.2.6　模型(6-1)主要变量的相关性检验

	PAYOUT	ROE_S_1	ROE_S_2	ROE_S_3	SHCEN	SHBAL	DUAL	FCF	TobinQ	LEV	SIZE
PAYOUT	1	0.175***	0.098	−0.064	0.052	0.177***	0.125*	−0.052	−0.101	−0.288***	−0.139**
ROE_S_1	0.108*	1	0.639***	0.134**	−0.08	0.031	0.096	0.095	−0.144**	0.077	0.005
ROE_S_2	−0.014	0.507***	1	0.421***	−0.178***	−0.096	0.004	0.08	−0.013	0.151**	−0.037
ROE_S_3	−0.054	0.331***	0.742***	1	0	−0.085	−0.055	0.011	−0.075	0.063	0.036
SHCEN	0.07	−0.067	−0.189***	−0.055	1	−0.200***	−0.057	0.016	−0.150**	0.087	0.140**
SHBAL	0.229***	0.132**	−0.04	−0.114*	−0.270***	1	0.01	0.005	−0.158**	−0.193***	−0.091
DUAL	0.158**	0.093	0.049	0.024	−0.054	0.069	1	0.01	0.135**	−0.300***	−0.266***
FCF	0.01	0.097	0	−0.057	0.037	0.039	−0.013	1	0.120*	0.091	0.039
TobinQ	−0.042	−0.138**	−0.029	−0.149**	−0.180***	−0.106	0.128*	0.186***	1	−0.170***	−0.282***
LEV	−0.365***	−0.094	0.145**	0.264***	0.099	−0.251***	−0.299***	−0.02	−0.215***	1	0.633***
SIZE	−0.154**	−0.144**	−0.04	0.071	0.146**	−0.198***	−0.262***	−0.034	−0.356***	0.576***	1

注：右上方为 pearson 相关系数；左下方为 spearman 相关系数。* 表示在 10%水平下显著；** 表示在 5%水平下显著；*** 表示在 1%水平下显著

表 6.2.7 模型(6-2)主要变量的相关性检验

	DA1	DA2	DA3	Analyst_C	LOSS	INDoB	AUDIT	SHCEN	SHBAL	DUAL	LEV	SIZE
DA1	1	0.995***	0.950***	−0.035	−0.125*	0.057	0.012	−0.041	0.031	0.07	−0.082	−0.161**
DA2	0.992***	1	0.956***	−0.023	−0.120*	0.059	0.01	−0.036	0.021	0.067	−0.074	−0.156**
DA3	0.930***	0.939***	1	−0.064	−0.096	0.056	0.028	−0.06	0	0.055	−0.003	−0.111*
Analyst_C	−0.033	−0.013	−0.072	1	−0.139**	0.058	0.088	−0.021	−0.056	−0.091	0.082	0.388***
LOSS	−0.106	−0.108	−0.079	−0.171**	1	0.019	0.071	0.173***	−0.015	−0.096	0.094	0.053
INDoB	0.016	0.014	−0.011	0.045	0.029	1	0.05	0.177***	0.073	0.076	−0.005	0.059
AUDIT	0.011	0.009	0.026	0.092	0.072	−0.002	1	0.145**	−0.04	−0.031	−0.033	0.200***
SHCEN	−0.011	−0.014	−0.036	−0.024	0.170**	0.142**	0.121*	1	−0.160**	−0.066	0.055	0.147**
SHBAL	0.091	0.087	0.035	−0.032	−0.041	0.052	−0.127*	−0.220***	1	−0.022	−0.146**	−0.007
DUAL	0.107	0.1	0.077	−0.055	−0.102	0.057	−0.052	−0.049	0.028	1	−0.273***	−0.258***
LEV	−0.084	−0.078	0.005	0.055	0.085	−0.027	−0.032	0.016	−0.200***	−0.280***	1	0.618***
SIZE	−0.167**	−0.169**	−0.124*	0.328***	0.072	0.016	0.162**	0.096	−0.134**	−0.256***	0.575***	1

注:右上方为 pearson 相关系数;左下方为 spearman 相关系数。* 表示在 10%水平下显著;**表示在 5%水平下显著;***表示在 1%水平下显著

6.2.4.2　相关性检验

本章模型中的主要变量的相关性检验结果参见表 6.2.6。相关性检验的结果显示，Pearson 相关系数与 Spearman 相关系数以及显著水平基本相似：现金股利支付率与行权业绩条件所属年度的净资产收益率预期与要求之间的差距(ROE_S)显著正相关。股权制衡度(SHBAL)与现金股利支付率之间呈现显著正相关关系，而公司资产负债率(LEV)和公司规模(SIZE)与现金股利支付率之间则呈现出显著负相关关系。

由上文研究假说部分的分析，可以发现，业绩指标预期达标与否对公司的可操纵性应计项存在方向上的影响，故不能将其放在一起做检验，本章在这里只检验了公司的可操纵性应计项与其他因变量之间的相关性关系。在后续的回归分析中，本章也将根据业绩指标预期达标与否分样本进行研究。相关性检验显示，Pearson 相关系数与 Spearman 相关系数以及显著水平基本相似：三种方法测算的可操纵性应计项具有高度相关性。公司规模(SIZE)与 DA 之间呈现出显著负相关关系。而分析师跟踪数(Analyst_C)与公司规模(SIZE)正相关，与公司是否亏损(LOSS)显著负相关，说明分析师乐于跟踪盈利的公司。

6.2.4.3　检验结果及分析

一、模型(6-2-1)和(6-2-3)的检验结果参见表 6.2.8。

表 6.2.8　回归检验(一)

	(1) PAYOUT	(2) PAYOUT	(3) PAYOUT	(4) PAYOUT	(5) PAYOUT	(6) PAYOUT
ROE_S_1	0.035***			0.095***		
	(2.95)			(5.66)		
ROE_S_2		0.036***			0.085***	
		(2.91)			(4.82)	
ROE_S_3			−0.002			0.075***
			(−0.65)			(4.52)

续表

	(1) PAYOUT	(2) PAYOUT	(3) PAYOUT	(4) PAYOUT	(5) PAYOUT	(6) PAYOUT
ROE_S_1 ×Analyst_C				−0.006***		
				(−3.82)		
ROE_S_2 ×Analyst_C					−0.004***	
					(−3.17)	
ROE_S_3 ×Analyst_C						−0.004***
						(−3.34)
Analyst_C				0.004**	0.003	0.003
				(2.12)	(1.41)	(1.34)
SHCEN	0.002*	0.002**	0.002	0.001	0.002	0.002
	(1.69)	(1.97)	(1.36)	(0.82)	(1.58)	(1.44)
SHBAL	1.265**	1.480**	1.232*	1.333**	1.522**	1.452**
	(2.04)	(2.37)	(1.94)	(2.25)	(2.52)	(2.39)
DUAL	0.016	0.027	0.028	0.030	0.031	0.030
	(0.47)	(0.79)	(0.81)	(0.94)	(0.92)	(0.88)
FCF	−0.003	−0.002	−0.001	−0.003	−0.002	−0.002
	(−0.57)	(−0.51)	(−0.26)	(−0.60)	(−0.44)	(−0.38)
TobinQ	−0.017	−0.022	−0.026	−0.022	−0.025	−0.027
	(−0.96)	(−1.20)	(−1.43)	(−1.19)	(−1.33)	(−1.48)
LEV	−0.404***	−0.436***	−0.366***	−0.293***	−0.362***	−0.411***
	(−3.83)	(−4.05)	(−3.41)	(−2.73)	(−3.27)	(−3.59)
SIZE	0.015	0.020	0.010	−0.018	−0.003	0.004
	(0.76)	(1.03)	(0.51)	(−0.80)	(−0.12)	(0.18)
IND	√	√	√	√	√	√
YEAR	√	√	√	√	√	√

续表

	(1) PAYOUT	(2) PAYOUT	(3) PAYOUT	(4) PAYOUT	(5) PAYOUT	(6) PAYOUT
N	233	233	233	219	219	219
F	3.91	3.89	3.16	4.86	4.18	3.98
Adj. R2	0.14	0.14	0.11	0.21	0.18	0.17

注：括号内为 t 值；* 表示在 10%水平下显著；**表示在 5%水平下显著；***表示在 1%水平下显著；所有变量 VIF<5

1. 从表 6.2.8 第(1)—(3)列结果来看，对于公司的现金股利支付率 PAYOUT，行权业绩条件所属年度的净资产收益率预期与要求之间的差距，无论是与公司基准年的前一年，还是前两年的平均比，其都与公司的现金股利支付率存在显著的正相关关系(与前三年的平均比不显著)。这说明，行权业绩条件所属年度的净资产收益率预期与要求之间的差距与公司发放现金股利的力度成正比，即净资产收益率越难达标，则公司发放现金股利的力度越大，故假说 1 能够通过检验。在其他变量方面，财务杠杆(LEV)则会显著降低公司现金股利支付率；而股权集中度(SHCEN)、股权制衡度(SHBAL)则会显著增加公司现金股利支付率。

2. 从表 6.2.8 第(4)—(6)列结果来看，α3 的符号显著为负，说明良好的信息环境有利于抑制这种盈余指标管理的行为，故假说 3 得到支持。在其他变量方面，则与前三列相似。

二、我们进一步对业绩指标预期达标的难易程度进行了分样本研究，分别采用模型(2)和(4)①进行了回归检验(其中由于 ROE_S<0 的样本量较少，去除缺失值之后无法进行回归分析)。回归结果参见表 6.2.9。

① 在对模型(6-2-4)的回归检验中，模型本身不显著，所以在此不予列示。对假说 3 的检验主要参考模型(6-2-3)回归检验的结果。

表 6.2.9　回归检验(二)

	(1) DA1	(2) DA2	(3) DA3	(4) DA1	(5) DA2	(6) DA3	(7) DA1	(8) DA2	(9) DA3
Panel A：ROE_S									
ROE_S<0				ROE_S>0			ROE_S>0(非国有)		
ROE_S	—	—	—	−0.000	−0.000	−0.000	−0.000	−0.000	−0.000
	—	—	—	(−0.50)	(−0.43)	(−0.45)	(−0.52)	(−0.45)	(−0.44)
LOSS	—	—	—	0.162*	0.163*	0.205**	0.172*	0.171*	0.208**
	—	—	—	(1.82)	(1.84)	(2.28)	(1.92)	(1.92)	(2.33)
INDoB	—	—	—	0.002	0.002	0.002	−0.000	0.000	0.000
	—	—	—	(0.82)	(0.98)	(0.85)	(−0.08)	(0.11)	(0.06)
AUDIT	—	—	—	0.015	0.016	0.019	0.012	0.014	0.015
	—	—	—	(0.79)	(0.85)	(1.02)	(0.65)	(0.72)	(0.80)
SHCEN	—	—	—	−0.001	−0.001	−0.001	−0.001	−0.001	−0.001
	—	—	—	(−0.82)	(−0.81)	(−0.90)	(−1.02)	(−1.04)	(−1.33)
SHBAL	—	—	—	−0.392	−0.420	−0.342	−0.353	−0.370	−0.252
	—	—	—	(−0.98)	(−1.06)	(−0.85)	(−0.88)	(−0.93)	(−0.63)
DUAL	—	—	—	−0.008	−0.008	−0.007	−0.011	−0.011	−0.011
	—	—	—	(−0.39)	(−0.38)	(−0.32)	(−0.56)	(−0.55)	(−0.56)

续表

	(1) DA1	(2) DA2	(3) DA3	(4) DA1	(5) DA2	(6) DA3	(7) DA1	(8) DA2	(9) DA3
LEV	—	—	—	−0.209***	−0.208***	−0.142**	−0.202***	−0.201***	−0.140**
	—	—	—	(−3.00)	(−2.99)	(−2.02)	(−2.88)	(−2.88)	(−2.00)
SIZE	—	—	—	−0.001	−0.001	−0.003	−0.014	−0.014	−0.017
	—	—	—	(−0.06)	(−0.09)	(−0.25)	(−1.00)	(−0.99)	(−1.24)
IND	—	—	—	√	√	√	√	√	√
YEAR	—	—	—	√	√	√	√	√	√
N	—	—	—	167	167	167	158	158	158
F	—	—	—	1.761	1.797	1.524	1.875	1.909	1.761
Adj. R2	—	—	—	0.135	0.140	0.0969	0.159	0.164	0.141
Panel B：NIG_S									
	NIG_S<0			NIG_S>0			NIG_S>0(非国有)		
NIG_S	0.005***	0.006***	0.005**	−0.000	−0.000	−0.000	−0.001*	−0.001*	−0.001*
	(4.11)	(5.42)	(3.62)	(−1.05)	(−1.03)	(−1.03)	(−1.78)	(−1.66)	(−1.75)
LOSS	−0.018	−0.047	0.010	0.219*	0.220*	0.274**	—	—	—
	(−0.15)	(−0.52)	(0.09)	(1.83)	(1.85)	(2.34)	—	—	—
INDoB	−0.010*	−0.010**	−0.015**	−0.000	0.000	0.000	−0.001	−0.000	−0.000
	(−2.41)	(−3.09)	(−3.72)	(−0.14)	(0.04)	(0.08)	(−0.28)	(−0.08)	(−0.01)

续表

	(1) DA1	(2) DA2	(3) DA3	(4) DA1	(5) DA2	(6) DA3	(7) DA1	(8) DA2	(9) DA3
AUDIT	0.252***	0.258***	0.264***	0.008	0.007	0.0127	0.009	0.008	0.011
	(5.76)	(7.35)	(6.35)	(0.45)	(0.42)	(0.75)	(0.50)	(0.46)	(0.66)
SHCEN	−0.002	−0.002*	−0.002*	−0.001	−0.001	−0.001	−0.001	−0.001	−0.001
	(−1.76)	(−2.17)	(−2.17)	(−0.81)	(−0.80)	(−1.10)	(−1.04)	(−1.05)	(−1.39)
SHBAL	−0.931	−0.595	0.600	−0.139	−0.177	−0.170	−0.278	−0.307	−0.204
	(−0.48)	(−0.38)	(0.32)	(−0.42)	(−0.53)	(−0.52)	(−0.76)	(−0.84)	(−0.57)
DUAL	−0.169***	−0.178***	−0.142***	0.005	0.004	0.002	0.002	0.002	−0.003
	(−4.92)	(−6.46)	(−4.35)	(0.29)	(0.24)	(0.10)	(0.13)	(0.08)	(−0.18)
LEV	−0.830***	−0.768***	−0.601***	−0.160**	−0.170***	−0.128**	−0.133**	−0.147**	−0.093
	(−5.32)	(−6.14)	(−4.06)	(−2.58)	(−2.76)	(−2.10)	(−2.08)	(−2.29)	(−1.48)
SIZE	0.058*	0.054*	0.048	0.012	0.013	0.012	0.002	0.004	−0.001
	(2.19)	(2.56)	(1.92)	(1.03)	(1.16)	(1.02)	(0.18)	(0.32)	(−0.07)
IND	√	√	√	√	√	√	√	√	√
YEAR	√	√	√	√	√	√	√	√	√
N	31	31	31	167	167	167	158	158	158
F	7.91	12.45	8.84	1.55	1.62	1.63	1.64	1.70	1.74
Adj. R2	0.85	0.91	0.87	0.10	0.11	0.11	0.12	0.13	0.13

注：括号内为 t 值；* 表示在 10%水平下显著；** 表示在 5%水平下显著；*** 表示在 1%水平下显著；所有变量 VIF<5

从表 6.2.9 中 Panel A 以分析师对行权业绩条件所属年度净资产收益率预测的中值与股权激励计划中行权业绩条件的差额作为业绩预期与要求之间差距的衡量指标，结果虽然显示分析师对行权业绩条件所属年度净资产收益率预测的中值超过业绩要求的部分与公司的可操纵应计项之间关系不显著，但是我们可以看到是存在负相关关系的。

Panel B 以分析师对行权业绩条件所属年度净利润增长率预测的中值与股权激励计划中行权业绩条件的差额作为业绩预期与要求之间差距的衡量指标。其中，从第(1)—(3)列结果来看，当净利润增长率预期与要求之间产生差距时会促使公司进行向上的盈余管理。对第(7)—(9)列中的非国有企业进行分样本检验后发现，当净利润增长率预期超过业绩要求时，公司会进行向下的盈余管理。故假说 2 能够通过检验。在其他变量方面，财务杠杆(LEV)则会显著降低公司的可操纵应计项。

综上，本章提出的三个研究假说都可以通过检验，说明：一、当实施股权激励的公司净资产收益率越难达标，公司发放现金股利的力度越大。二、当行权业绩条件预期较难达到要求时，公司会进行向上的盈余管理；而当行权业绩条件预期超过要求时，公司会进行向下的盈余管理。三、而公司良好的信息环境有利于抑制这种盈余管理的行为。

为了让本章的检验更有说服力，笔者进一步筛选出行权业绩条件之净资产收益率最终达标的公司进行了检验，结果参见表 6.2.10。

表 6.2.10　稳健性回归检验

	(1) PAYOUT	(2) PAYOUT	(3) PAYOUT	(4) PAYOUT	(5) PAYOUT	(6) PAYOUT
ROE_S_1	0.071***			0.116***		
	(4.25)			(5.65)		
ROE_S_2		0.073***			0.111***	
		(4.81)			(5.80)	

续表

	(1) PAYOUT	(2) PAYOUT	(3) PAYOUT	(4) PAYOUT	(5) PAYOUT	(6) PAYOUT
ROE_S_3			0.039***			0.086***
			(3.47)			(4.84)
ROE_S_1 ×Analyst_C				−0.007***		
				(−3.36)		
ROE_S_2 ×Analyst_C					−0.004***	
					(−3.19)	
ROE_S_3 ×Analyst_C						−0.005***
						(−3.18)
Analyst_C				0.002	0.002	0.002
				(0.99)	(0.75)	(0.89)
SHCEN	0.001	0.002	0.001	0.000	0.001	0.001
	(0.90)	(1.42)	(0.74)	(0.32)	(1.02)	(0.74)
SHBAL	0.465	0.790	0.509	0.771	1.063	0.973
	(0.59)	(1.01)	(0.63)	(1.01)	(1.40)	(1.24)
DUAL	0.018	0.025	0.013	0.030	0.025	0.014
	(0.46)	(0.63)	(0.33)	(0.79)	(0.66)	(0.35)
FCF	0.000	0.001	0.003	−0.002	−0.000	0.001
	(0.05)	(0.10)	(0.62)	(−0.31)	(−0.05)	(0.20)
TobinQ	−0.016	−0.024	−0.024	−0.014	−0.019	−0.023
	(−0.81)	(−1.25)	(−1.23)	(−0.70)	(−0.97)	(−1.12)
LEV	−0.411***	−0.491***	−0.505***	−0.367***	−0.435***	−0.455***
	(−3.27)	(−3.89)	(−3.78)	(−2.80)	(−3.28)	(−3.30)
SIZE	0.032	0.040*	0.029	0.015	0.024	0.017
	(1.39)	(1.77)	(1.26)	(0.54)	(0.83)	(0.57)

续表

	(1) PAYOUT	(2) PAYOUT	(3) PAYOUT	(4) PAYOUT	(5) PAYOUT	(6) PAYOUT
IND	√	√	√	√	√	√
YEAR	√	√	√	√	√	√
N	173	173	173	164	164	164
F	3.29	3.73	2.76	3.53	3.69	2.98
Adj. R2	0.15	0.17	0.12	0.19	0.20	0.15

注：括号内为 t 值；* 表示在 10%水平下显著；**表示在 5%水平下显著；***表示在 1%水平下显著；所有变量 VIF<5

1. 从表 6.2.10 第(1)—(3)列结果来看，对于公司的现金股利支付率 PAYOUT，行权业绩条件所属年度的净资产收益率预期与要求之间的差距，无论是与公司基准年的前一年，还是前两年与前三年的平均比，都与公司的现金股利支付率存在更为显著的正相关关系。这说明了行权业绩条件所属年度的净资产收益率预期与要求之间的差距，故更加强力地支持了本章的假说 1。

2. 从表 6.2.10 第(4)—(6)列结果来看，α3 的符号也是显著为负，说明公司良好的信息环境有利于抑制这种盈余指标管理的行为，故假说 3 仍通过检验。

6.2.5　小结

本部分研究以股权激励待权期的机会主义动机为立足点，研究公司股权激励计划中的行权业绩要求对公司可操纵应计项和现金股利政策的影响。当公司行权业绩条件所属年度的净资产收益率与行权业绩条件要求有差距时，公司有动机通过发放现金股利的方式来降低公司的净资产，即在所属年度对上一财务年度进行利润分配，加大发放现金股利的力度；同时，当行权业绩条件预期较难达到要求时，公司有动机进行向上的盈余管理；而当行权业绩条件预期超过要求时，公司又有进行向下盈余管理的动机。

本研究以 2006 年—2012 年发布并实施股权激励计划的公司为样本研究后发现，从行权业绩条件管理的角度出发，公司行权业绩条件所属年度的净资产收益率预期与行权业绩条件要求的差距影响公司现金股利政策的选择。实施股权激励计划的公司经理人为了获得股权激励计划的行权权或者是出售限制性股票的权力，利用现金股利政策对行权业绩条件进行管理：股权激励计划中净资产收益率在所属年度预期与行权业绩要求差距越大，则所属年度之前一年利润分配（发放现金股利）的力度越大；同时，当行权业绩条件预期较难达到要求时，公司会进行向上的盈余管理；而当行权业绩条件预期超过要求时，公司会进行向下的盈余管理。

为了研究不同公司信息环境对公司这种行为的影响，本章以分析师跟踪人数作为公司信息环境的代理变量，发现了行权业绩条件所属年度的净资产收益率预期与行权业绩条件要求的差距在不同的公司信息环境下对公司发放现金股利的影响，公司良好的信息环境有利于降低这种基于盈余指标管理的现金股利发放。

本研究为上市公司盈余指标管理提供了新的分析视角，也为进一步完善我国的股权激励计划制度提供了有益参考。

第7章 经理人股权激励计划完成阶段的相关研究

7.1 概述

当公司限制性股票股权激励计划达成了业绩条件并经过了禁售期的等待，在即将可以上市流通的日子里，经理人又在关心什么呢？我们知道限制性股票产生的个人所得税是在股票的解禁日确定并由激励对象一次性付给的，所以，本章中我们将以经理人在限制性股票解禁日前的个人所得税诉求为立足点来进行限制性股权解禁前的经理人机会主义行为研究。

2013年4月25日，水晶光电(002273)股价重挫跌停，收盘价35.02元，跌幅为10.00%，而公司1 427 500股限制性股票(占公司股本总额的0.57%)即将于5月2日上市流通，这是该公司第二次解禁。这次的跌停原因为何呢？是本次解禁的公告或者公司的其他信息让投资者对公司信心大跌，还是公司内部人蓄意为之的结果呢？我们统计了2006年—2013年解禁上市流通的限制性股票在解禁日前的表现，发现半数以上的公司在解禁日前出现了股价下跌的现象。

2009年8月24日，国家税务总局针对股权激励的个人所得税计算问题专门下发了《国家税务总局关于股权激励有关个人所得税问题的通知》(以下简称通知)。此《通知》根据《中华人民共和国个人所得税法》《中华人民共和国个人所得税法实施条例》有关精神和财政部、国家税务总局先后下发的《关于个人股票期权所得征收个人所得税问题的通知》和《关于股票增值权所得和限制性股票所得征收个人所得税有关问题的通知》等文件明确了上市公司在实施股权激励过程中涉及的股权激励所得项目和计税方法的确定、应纳税所得额的确定、纳税义务发生时间以及报送资料的要求等,从而完善了我国上市公司股权激励个人所得税的政策。

根据《通知》,我国上市公司限制性股票应纳税所得额的确定方法如下:以被激励对象限制性股票在中国证券登记结算公司进行股票登记日期的股票市价和本批次解禁股票当日市价的平均价格乘以本批次解禁股票份数,减去被激励对象本批次解禁股份数所对应的为获取限制性股票实际支付资金数额,其差额为应纳税所得额。被激励对象限制性股票应纳税所得额计算公式为:应纳税所得额=(股票登记日股票市价+本批次解禁股票当日市价)÷2×本批次解禁股票份数—被激励对象实际支付的资金总额×(本批次解禁股票份数÷被激励对象获取的限制性股票总份数)。

那么上述解禁前上市公司股价的下降是否为激励对象欲降低其应纳税所得额而刻意为之呢? Aboody 和 Kasznik(2000)利用 1992 年—1996 年间有期权授予计划的 572 家公司的 2 039 个 CEO 期权激励样本,分析研究了期权授予前后公司股价和分析师盈利预测的变化,发现 CEO 存在通过在期权授予日前后推迟好消息的披露、提前坏消息的披露来影响和操纵投资者预期的行为,其结果支持 CEO 确实存在利用机会主义的自愿披露方式来实现股票期权报酬的最大化的行为。Brockman 等(2010)分析研究了公司的自愿性披露和 CEO 股票期权行权之间的关系,他们用 1996 年—2006 年间 CEO 行权的数据发现,在 CEO 行权并卖出股票之前，他们会更多地自愿披露一些好消息促使公司股价上涨，而如果 CEO 行权并持有股票的话，坏消息的自愿性披露则会增多。在我国，随着越来越多的限制性股票面临或者经历了解禁，上市公司经理人在限制性股票解禁前的行为也成了公众关注的焦点。

本章试图对上述问题展开理论分析和经验研究，希望能抛砖引玉，推进对我国上市公司经理人股权激励实践的研究。具体而言，本章将利用我国 2006 年—2013 年间 A 股上市公司限制性股票解禁的相关数据，研究我国上市公司经理人在限制性股票解禁过程中的机会主义行为，具体考察限制性股票解禁前的收益情况，以及公司在限制性股票解禁前发布的季报中的盈余管理行为。

除本节外，本章还包括 4 节。其中，7.2 节提出研究假说，7.3 节为样本选择和具体研究设计，7.4 是检验结果与分析，最后为结论。

7.2　研究假说

限制性股票是指上市公司按照预先确定的授予条件授予激励对象一定数量的本公司股票，激励对象在经过禁售期并满足激励计划规定的业绩指标之后，可以获得出售这些股票的权利。

限制性股票激励方式中涉及几个重要的概念：

1. 授予日

限制性股票的授予日是指公司根据其通过股东大会的《限制性股票股权激励计划》，在达到计划要求的授予条件时，授予股权激励对象限制性股票的日期。更明确一点讲，这个授予日期就是中国证券登记结算公司根据上市公司要求将限制性股票实际登记在被激励对象股票账户上的日期。

2. 禁售期(锁定期)

禁售期是指激励对象在取得限制性股票后不得通过资本市场或其

他方式进行转让的期限。根据我国《上市公司股权激励管理办法(试行)》的规定,限制性股票自授予日起禁售期不得少于1年。

3. 解禁期

禁售期结束后,进入解禁期。在解禁期内,如果公司业绩满足股权激励计划所规定的条件,激励对象获授的限制性股票就可以按计划分期解禁。解禁后,激励对象持有的限制性股票就可以在资本市场上自由出售了。

我们把限制性股票自实施后的阶段绘制成下图:

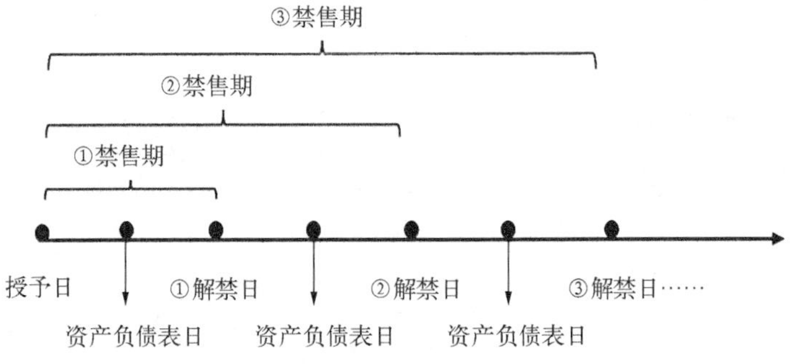

图 7.1　限制性股票实施阶段图

由于我国上市公司限制性股票应纳税所得额与解禁股票当日市价成正比:应纳税所得额=(股票登记日股票市价+本批次解禁股票当日市价)÷2×本批次解禁股票份数—被激励对象实际支付的资金总额×(本批次解禁股票份数÷被激励对象获取的限制性股票总份数),所以我们有理由相信,作为限制性股票激励对象的经理人有动机降低当日的股价来降低自己的应纳税所得额。

在我国,肖淑芳等(2009)对2005年—2008年间108家提出股权激励计划的上市公司进行配对研究后发现,股权激励计划公告日之前的三个季度,经理人通过可操纵应计项进行了向下的盈余管理,而公告日之后则通过可操纵应计项进行向上的盈余管理。同样是在涉及管理层机会主义行为的"大小非"减持过程中,王克敏和廉鹏(2008)发现大股东减持时机与管理者盈余预测时机有相互作用的关系；蔡宁和魏明海(2009)发现在“大小非”减持前的季度期间，上市公司有向上进行盈余管理的倾向。在股权激励实践时间较长的国外，Aboody 和 Kasznik(2000)利用 1992 年—1996 年间有期权授予计划的 572 家公司 2 039 个 CEO 期权激励样本，分析研究了期权授予前后公司股价和分析师盈利预测的变化，发现 CEO 存在通过在期权授予日前后推迟好消息的披露、提前坏消息的披露来影响和操纵投资者预期的行为，其结果支持 CEO 确实存在利用机会主义的自愿披露方式来实现股票期权报酬的最大化的行为。Brockman 等(2010)分析研究了公司的自愿性披露和 CEO 股票期权行权之间的关系，他们用 1996 年—2006 年间 CEO 行权的数据发现，在 CEO 行权并卖出股票之前会更多地自愿披露一些好消息促使公司股价上涨，而如果 CEO 行权并持有股票的话坏消息的自愿性披露则会增多。

综上所述，本章提出如下待检验的研究假说：

在限制性股票解禁前，经理人会进行向下的盈余管理。

7.3 研究设计

7.3.1 本章研究样本

本章研究所需限制性股票的相关数据均由手工查阅各公司的股权激励计划公告所得，样本选取期间为 2006 年 1 月 1 日—2013 年 12 月 31 日。本章涉及的财务数据和股票市场数据均来自 CSMAR。

笔者收集了实施限制性股票股权激励方式的公司每期限制性股票的解禁日，共得到了 101 个样本数据，其中包含首期解禁样本量 69 个，第二期解禁数据样本量 20 个，第三期解禁数据样本量 8 个，第四期解禁数据样本量 2 个，第五期解禁数据样本量 1 个及第六期解禁数据样本量 1 个。

笔者把在2006年—2012年间上市公司推行的以限制性股票为激励方式的股权激励计划解禁的相关情况统计如下：

表7.1　上市公司限制性股票首期解禁情况统计

	2006	2007	2008	2009	2010	2011	2012	共计
限制性股票授予家次	1	3	3	1	10	25	48	91
其中获得首期解禁家次	1	2	1	0	9	19	38	70
限制性股票获得首期解禁比例	100.00%	66.67%	33.33%	0.00%	90.00%	76.00%	79.17%	76.92%

表7.2　2006年—2012年上市公司授予的限制性股票解禁的年份分布

	2006	2007	2008	2009	2010	2011	2012	2013
限制性股票授予家次	1	3	3	1	10	25	48	—
限制性股票首期解禁家次	0	1	2	0	1	8	18	39
限制性股票第二期解禁家次	0	0	1	2	0	1	5	11
限制性股票第三期解禁家次	0	0	0	1	2	0	1	4

续表

	2006	2007	2008	2009	2010	2011	2012	2013
限制性股票第四期解禁家次	0	0	0	0	0	2	0	0
限制性股票第五期解禁家次	0	0	0	0	0	0	1	0
限制性股票第六期解禁家次	0	0	0	0	0	0	0	1
限制性股票解禁家次	1	4	6	4	13	36	73	55

由以上统计可以看到，2006 年至 2009 年间每年只有 1—3 家公司授予经理人限制性股票，2010 年以后，授予限制性股票的家次逐渐增多，2012 年有 48 家次公司给自己的经理人授予了限制性股票。这些限制性股票股权激励计划中有 76.92％的限制性股票在首期满足了解禁条件并得以解禁，在 2006 年至 2013 年间以 2012 年和 2013 年为限制性股票解禁的高峰期。

7.3.2　本章研究设计

7.3.2.1　限制性股票解禁前的市场表现

笔者以限制性股票解禁日即上市流通日为事件日，然后统计其股票在事件日前后 10 个交易日的市场反应。笔者先观察事件日前后相关股票的回报率，并计算其累计回报率，继而进一步计算分析事件日前后相关股票的超额回报率（AR），具体定义为公司股票的回报率减去当天的市场回报率，而股票的累计超额回报（CAR）为窗口期间内的

AR 累加所得。

7.3.2.2 限制性股票解禁前的盈余管理

笔者将通过比较限制性股票解禁日前两个季度的可操纵性应计项之间的差别来观察经理人是否在限制性股票临解禁前对公司进行了盈余管理。如若临解禁的季度交更之前的季度可操纵性应计项显著降低，则本章的假说就将得到支持。

表 7.3 本章涉及变量定义

变量名称	符号	变量定义
日超额回报率	AR	公司股票的日回报率减去当天的市场回报率，其中，市场回报率选用综合市场考虑现金红利再投资的综合日市场回报率(流通市值加权平均法)
累计超额回报	CAR	窗口期间内的日超额回报率累加值
可操纵性应计项	DA	公司 t 季度可操控应计项，分别采用 Jones 模型、修正的 Jones 模型测算
季报日与解禁日之间的时间差	DDATE	公司限制性股票解禁日前一季度季报发布的日期和解禁日之间的时间差

7.4 检验结果与分析

7.4.1 限制性股票解禁前的市场表现

笔者收集了样本公司股票在解禁事件日前后的交易数据，其中有 3 个公司公告的解禁日由于没有交易数据而删除，最后共得到了 98 个样本数据，其中包含首期解禁样本量 67 个，第二期解禁数据样本量 19 个，第三期解禁数据样本量 8 个，第四期解禁数据样本量 2 个，第五期解禁数据样本量 1 个及第六期解禁数据样本量 1 个。

笔者考察了样本公司股票在其限制性股票解禁日前后 10 个交易日的日回报率，也计算了样本公司股票在其限制性股票解禁日前后 10

个交易日的日超额回报率。从表 7.4 及表 7.5 中可以看出，在限制性股票解禁的前两日，公司的股价有显著的变动，从均值来看，在公司限制性股票解禁的前两日，其日回报率和超额回报率的均值都显著小于 0(公司股票自身的日回报率在前一日的均值不显著小于 0)；从中位数来看，在公司限制性股票解禁的前两日，其日回报率和超额回报率的中位数都更为显著地小于 0。但同时也可观察到在公司限制性股票解禁后的两三日，公司的股价出现了一定程度的上涨。综合来说，可以认为限制性股票在解禁日前有负面的市场反应。这种负面的市场反应是投资者对限制性股票解禁的担忧带来的吗？还是经理人有意为之，意在降低其应纳税所得额的结果呢？如果是投资者对限制性股票解禁的担忧带来的，又如何解释在解禁后的两三日公司股价的上涨现象呢？所以笔者更偏向于认为这种现象的出现是经理人有意为之的结果。

表 7.4　解禁日前后股票日回报率的均值及中位数检验

窗口	N	均值	p-value	中值	p-value	窗口	均值	p-value	中值	p-value
—10	98	—0.001	0.852	0.000	0.440	1	0.003	0.249	0.004	0.180
—9	98	—0.001	0.838	—0.001	0.415	2	0.006	0.068	0.002	0.096
—8	98	—0.001	0.722	—0.001	0.220	3	0.007	0.024	0.004	0.013
—7	98	0.003	0.351	0.002	0.173	4	0.001	0.676	—0.002	0.431
—6	98	0.006	0.046	0.007	0.011	5	0.000	0.921	0.003	0.428
—5	98	0.003	0.278	0.002	0.177	6	0.000	0.861	—0.001	0.423
—4	98	0.002	0.568	0.001	0.353	7	—0.003	0.278	—0.005	0.082
—3	98	0.003	0.270	0.003	0.149	8	0.001	0.655	0.001	0.363
—2	98	—0.008	0.011	—0.006	0.003	9	0.000	0.933	0.002	0.465
—1	98	—0.004	0.133	—0.001	0.092	10	0.004	0.171	0.003	0.071
0	98	0.003	0.249	0.004	0.180					

表 7.5　解禁日前后股票日超额回报率的均值及中位数检验

窗口	N	均值	p-value	中值	p-value	窗口	均值	p-value	中值	p-value
－10	98	－0.002	0.274	－0.002	0.163	1	0.008	0.004	0.004	0.012
－9	98	0.002	0.423	0.001	0.353	2	0.003	0.206	0.001	0.184
－8	98	0.001	0.698	－0.005	0.134	3	－0.001	0.772	－0.004	0.091
－7	98	0.003	0.252	－0.001	0.333	4	－0.001	0.800	0.001	0.478
－6	98	0.004	0.082	0.000	0.104	5	－0.001	0.518	－0.001	0.311
－5	98	0.001	0.732	－0.005	0.332	6	－0.004	0.041	－0.006	0.009
－4	98	0.001	0.831	－0.003	0.275	7	0.001	0.667	0.000	0.436
－3	98	－0.001	0.832	－0.002	0.333	8	－0.001	0.807	－0.002	0.274
－2	98	－0.005	0.033	－0.006	0.011	9	0.003	0.162	0.001	0.197
－1	98	－0.005	0.069	－0.005	0.010	10	－0.004	0.102	－0.006	0.011
0	98	0.004	0.130	0.001	0.199					

在分析了样本公司股票在经理人限制性股票解禁日前后的日回报率和日超额回报率之后，笔者计算了解禁日前后 30 个交易日的累计超额回报率(CAR)，其趋势如图 7.2 所示，从图中可以看出，无论是均值还是中位数在限制性股票解禁日的前一天 CAR 都达到其解禁日前的最低点，并且在解禁日之后得到一定的提升。而 CAR 的中位数在解禁日前 20 多个交易日即呈现出下降的趋势。这说明经理人在解禁日前可能采取了机会主义的行动主动地影响了公司的股票价格，从而使之产生了负面的市场反应。那么经理人披露了什么样的公司信息影响了公司的股票价格呢?

7.4.2　限制性股票解禁前的盈余管理

笔者对解禁日前一季度季报发布的日期和解禁日之间的时间差作了统计(有的公司在前一季度没有发布季报，予以剔除)，结果参见表 7.6。

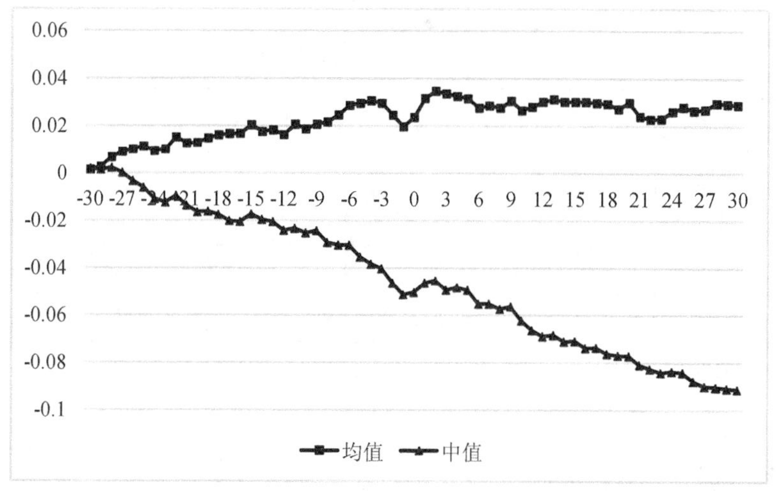

图 7.2　限制性股票解禁日前后的累计超额回报

表 7.6　季报发布的时间和解禁日之间的时间差统计

变量	N	均值	中值	最小值	最大值	标准差
DDATE	91	－38.076	－37.500	－91.000	0.000	27.748

表 7.6 显示，平均解禁日前 38 天有公司季报发布，解禁日前一季度季报发布的日期和解禁日之间的时间差的中值为 37.5 天，有的公司在解禁日当天发布季报，而有的公司解禁日距离上一季度的季报发布日期长达 91 天。38 天中即有 20 多个股票交易日，这与公司在解禁日前 20 多个交易日 CAR 的中值就呈现下降的趋势会是一种巧合吗？还是说公司在季报中向下的盈余管理行为给市场传递了负面的消息？

针对公司在解禁前对公司业绩的盈余管理行为，笔者还比较了公司限制性股票解禁日前两个季度的可操纵性应计项，发现临解禁的季度，从中值和均值上来看，较之前的季度公司降低了可操纵性应计项，但是不显著。本章的假说没有得到很好的支持。具体参见表 7.7。

表 7.7 解禁日前两个季度可操纵性应计项的比较检验

变量	(1) 解禁日前一季度			(2) 解禁日前两季度			(1)—(2)	
	N	均值	中位数	N	均值	中位数	均值	中位数
DA1	92	0.026	0.018	87	0.036	0.021	−0.010	−0.003
							(−0.50)	(−0.14)
DA2	92	0.027	0.018	87	0.036	0.021	−0.009	−0.003
							(−0.47)	(0.07)

注:均值检验使用 t 检验,中位数检验使用 wilcoxon 检验

7.5 本章小结

本章以限制性股票解禁过程中经理人节税的动机为出发点,研究公司限制性股票解禁对经理人行为的影响。本章首先对公司股票在限制性股票解禁日前的市场表现作了统计检验,发现公司股票在解禁日前存在股价下降的现象。本章进而再以经理人在解禁日前季度的盈余管理作为经理人机会主义行为的证据。

本章以 2006 年—2012 年授予经理人限制性股票并在 2006 年—2013 年间获得股票解禁的公司为样本,基于限制性股票解禁前后的市场表现分析认为,从经理人机会主义的角度出发,其在限制性股票解禁前存在降低公司股票的价格,从而降低其应纳税所得额的动机。通过对解禁前两个季度季报中可操纵性应计项的比较检验,笔者发现,公司在临解禁的季度相较于再之前的季度降低了可操纵性应计项,但是不显著。本章为经理人在限制性股票解禁前存在盈余管理的行为提供了一定的经验证据。

第 8 章　股权激励中的业绩达标对审计师的行为影响

本研究在对股权激励中的经理人机会主义行为进行了分阶段的研究之余，还进一步探究了第三方之于业绩型股权激励对公司行为的影响的看法，其中审计师在其审计过程中对公司在业绩型股权激励过程中的机会主义行为是否有所察觉让笔者很感兴趣。如果把这个问题放置于几年前，由于我们看到的审计师报告形式较为单一，这个研究的可行性不足，但近年来新审计报告准则的实施给了我们一个契机，可以针对审计报告本身的具体内容来探究审计师本身对于公司业绩型股权激励在实施过程中的经理人机会主义行为的意见。本章将对此问题进行较为深入的讨论。

8.1　引言

2016 年 12 月 23 日，财政部印发《在审计报告中沟通关键审计事项》等 12 项中国注册会计师审计准则(新审计报告准则)，新审计准则对于审计报告的编制内容和编制格式提出了新的要求。其中，《中国注册会计师审计准则第 1504 号——在审计报告中沟通关键审计事项》中明确要求，上市公司在审计报告中应当增加对于关键审计事项的披露。

根据上述文件中给出的定义,关键审计事项,是指注册会计师根据职业判断确定的对本期财务报表审计最为重要的事项。在实践过程中,关键审计事项主要包含以下三种情形:有较高的重大错报或存在特别风险的领域,涉及会计估计等重大管理层判断的领域以及涉及重大交易的情形。

关键审计事项的披露在一定程度上可以改变原有的审计报告中“非黑即白”的论述模式,为财务报表预期使用者提供更多的与上市公司经营情况相关的信息,从而能够帮助财务报表预期使用者更好地了解被审计单位。

具体而言,例如在天齐锂业 2017 年的审计报告中,其关键审计事项段提到“天齐锂业公司 2017 年度收入总额 54.70 亿元,较 2016 年度收入总额 39.04 亿,增长了 15.65 亿,增长率为 40.09%。且管理层股权激励与经营业绩相关联。收入事项可能存在重大错报风险。”再如,在高新兴 2017 年的审计报告中,其关键审计事项段中提到“营业收入为高新兴合并利润表重要组成项目,是高新兴的关键业绩指标,存在管理层为了达到特定目标或期望而操纵收入确认的固有风险”。可以看到,关键审计事项的披露对公司的股权激励行权业绩条件完成情况及盈余管理的可能可以作出一定的揭示,即关键审计事项可以作为财务报表预期使用者观察上市公司资质状况的一个窗口。

在这种情况下,新审计准则的公布为我们研究股权激励行权条件的达标情况以及股权激励下的盈余管理提供了新思路。

根据财政部《关于印发〈中国注册会计师审计准则第 1504 号——在审计报告中沟通关键审计事项〉等 12 项准则的通知》(财会[2016]24 号)的规定,A+H 股公司应于 2017 年 1 月 1 日起执行新审计准则,在审计报告中披露关键审计事项;而其他在沪深交易所交易的上市公司(包括主板公司、中小板公司、创业板公司),则于 2018 年 1 月 1 日起执行。也就是说,除少量同时在内地及香港上市的公司外,其余公司均是在 2017

年的审计报告当中第一次披露关键审计事项。在这种情况下，2017 年可谓是关键审计事项的“元年”，目前对于关键审计事项的研究仍处于起步阶段。虽然众多学者相信关键审计事项的披露改善了审计工作的透明度（路军和张金丹，2018），提高了审计报告的信息含量（唐建华，2015），但是目前来看其应用还不够广泛，现有的研究主要还是集中在关键审计事项本身，包括披露情况的分析（王丽等，2018；吴秋生和独正元，2018），新审计准则实施后对审计费用、公司股价的影响等（何欣桐，2018；温慧慧，2018；葛月，2018）。截止到 2018 年年底，还没有学者基于信息观的角度，在关键审计事项的披露与股权激励（特别是股权激励中的行权业绩条件）之间建立联系。因此，我认为这一研究必然将进一步挖掘关键审计事项中的内含信息，扩大关键审计事项的应用领域，并且为关键审计事项与公司治理、盈余管理等方向的交叉研究提供新思路。

我国证券监管部门在 2006 年出台了《上市公司股权激励计划管理办法》，这一办法的出台也代表着中国上市企业在股权激励之路上迈出了第一步。十多年过去了，目前学术界对于股权激励的研究已经比较完善。在股权激励与盈余管理方面，现有的研究包括第三方因素对股权激励和盈余管理的关系的影响、股权激励对于公司盈余管理程度的影响等方面，然而从外部视角切入这一问题的研究相对而言数量较少。目前常见的外部视角包括基于舆情分析、“爬虫”技术对公众投资者的情绪分析，基于研究报告对证券分析师的预期的评判，基于审计收费、审计意见类型对于审计师的行为分析等。而由于关键审计事项是近来新增的审计报告内容，与其相关的研究多集中在披露格式、市场股价反应等，尚未有学者以此为切入点对审计师的行为进行分析研究。因而这一研究可以扩大外部视角研究的外延，为财务报表预期使用者了解上市公司的股权激励行权条件及公司的盈余管理情况打开窗口。

在针对上市公司信息披露的文字部分的研究过程中，人工阅读的研究方式是相较于文本分析而言的。不同于文本分析可以对语言进行量化以实现对大样本管理层语调进行研究的特点(朱朝晖和许文瀚,2018),人工阅读主要针对特异性较强的小样本进行研究。本研究采用人工阅读的方式,选取含有"关键业绩指标"类主题的关键审计事项①,作为审计报告中与股权激励行权业绩条件相关风险的一种披露。目前针对审计师行为的研究所选用的指标主要包括审计意见、审计收费等(李东平等,2001;刘斌等,2003;徐玉霞和王冲,2012),这些指标多为定量数据,还很少采用人工阅读对文本进行量化这一研究方式。因此,本部分的研究方法拓宽了审计公告研读的思路,为审计风险的变量选取提供了新的实践范例。

经过修订的《证券交易所管理办法》于 2018 年 1 月 1 日起正式实施,其中交易所的一线主体监督地位得以凸显。而在两年之前,上交所已经提出了"刨根问底"式监督的方针。按照"依法、全面、从严"的监管要求,进一步强化一线监督功能,是交易所未来的工作方向和监管趋势。据统计,从 2016 年到 2018 年年初的两年时间里,上交所共发出了超过 2 000 份监管函件,另外,采取监管关注和各类纪律处分措施的共计 300 余次,涉及 530 多名董监高、110 多个股东及 17 家财务顾问②。可以看到,监管机构对于上市公司的监管已经从过去的抽查式监管转变为目前的"全面""从严"监管。监管局势转变的背后,无疑也是工作方式的转变和工作量的激增。根据新华网的报道,监管员的监管模式也从原来的以行政区域划分调整为以行业划分;仅 2017 年一年时间,经由上交所处理的上市公司公告就多达 9 万余份,从中不难看到监管的专业度及监管力度在逐步提升。在这种情况下,如果监管机构可以仅依靠上市公司的审计报告就获取到上市公司盈余管理情况的初步预判,则必然将使其工作更有

---

① 具体的分类标准可参见文献:王丽,田野,范明华.《中国注册会计师审计准则 1504 号——在审计报告中沟通关键审计事项》执行情况研究——基于 2016 年度 A+H 股上市公司审计报告的统计分析[J]. 中国注册会计师,2018(08):68-73.

② 陈剑. 上交所"刨根问底"式监管的台前幕后[EB/OL]. 2018,新华网. http://www.xinhuanet.com/fortune/2018—01/26/c_129799952.htm.[2018—01—26]

引导性，能够进一步提高其工作效率。

公众投资者专业投资知识不完善、投资观念不成熟、信息渠道单一，并且容易受到“羊群效应”的影响，因而很容易成为资本市场当中的弱势群体。同时，长期以来我国的股票市场相较于发达国家一直有较浓的投机主义之风。在这种情况下，关键审计事项的披露如果能带来上市公司股权激励下行权业绩条件达标状况以及盈余管理情况的相关信息，则将为个人投资者搭建高效率的投资途径，从而促使个人投资者更好地了解企业的经营状况，进而帮助他们树立正确的投资观点。这也有助于我国的资本市场投资趋于理性。

近年来，包括胜景山河、万福生科、绿大地等公司在内的一系列上市公司财务造假事件接连不断，极大地扰乱了资本市场的秩序，侵害了中小投资者的经济利益。随着监管的日趋严格，上市公司的操纵行为开始逐渐由虚构交易、伪造凭证等财务造假转向调节会计政策、构造真实交易的盈余管理。相较于财务造假而言，盈余管理手段更加隐蔽，更难被监管机构识别，也更难被认定，但其同样对投资者的利益构成了实质性的损害。在这种情况下，如果关键审计事项的字段中可以蕴含审计师对上市公司“看似合理实则侵害公司利益”的盈余管理行为的指控，那么关键审计事项的披露便可以促使上市公司进一步规范公司行为，规范其会计处理，进一步降低其盈余管理的可能。

8.2　文献综述

8.2.1　股权激励的行权条件

就国内研究而言，部分学者就股权激励方案的整体设计进行了相关研究。陈维政等(2014)采用独立样本 T 检验、多元回归等分析方法对股权激励方案中的哪些要素会对激励效果(反映为公司的绩效)产生显著影响进行研究，结果发现：在检验的 6 项要素中，股权激励的初始价差、激励标的物以及行权条件 3 项要素与公司的绩效有显著的相关关系。

部分学者就股权激励的行权条件提出了新的设计思路。针对现有的股权激励方案容易引起管理层投机行为的情况，蒲涛等(2009)提出了以浮动的行权价格取代现行的固定行权价格，将行权价格与净利润年平均增长率及公司股票平均收盘价挂钩的方法。另外，针对股票来源的问题，其提出了以虚拟股票作为股票来源的思路。

此外，部分学者针对股权激励的行权条件和经营绩效的关系进行了研究。杨春丽和赵莹(2016)将股权激励方案中的各项要素进行拆分，并重点研究了其中的行权条件及行权价格是否会对公司的经营绩效带来影响。结果发现行权条件及行权价格溢价水平对公司的经营绩效有显著的影响。基于此，其建议上市公司应该在考虑到科学性及系统性的基础之上合理地对行权条件进行设置。具体而言，在设置行权条件时，不仅要关注该项指标的基期值，还要考虑到同行业内其他可比公司的情况，并且还要将宏观经济的影响考虑在内。

此外，还有部分学者从行权条件的角度对我国的股权激励提出了批判。曹晓雪和杨阳(2012)以及祝建军(2011)认为我国股权激励行权条件指标单一；另外，企业的激励制度往往制定成相机进行的，按照这种方式，管理层获得的收益偏多，长此以往，激励的制度很难达到预期效果。宫玉松(2012)认为我国的股权激励制度存在一定的缺陷，因而在实践过程中出现了管理层调控业绩、操纵报表等种种不规范行为。雷灵玉(2013)认为虽然证监会就股权激励方案中的指标选取作出了规范，然而在实际执行过程中，目前实施的股权激励方案行权指标仍以财务指标为主，未能充分考虑到非财务指标；同时，有关指标的数值设定往往缺乏规范的标准。陈艳艳(2012)从行权条件的指标个数和其目标水平两个维度对不同产权结构的上市公司进行了研究。其结果表明，在行权条件的指标个数方面，大部分企业采用 2 个指标，而国有企业的指标个数要高于民营企业，主要是两类企业面临不同的法律监管要求所致；在行权条件的目标水平方面，上市公司设定的行权条件目标水平明显高于以前三年业绩均值，但同时明显低于分析师的预测值，表明选择以前三年业绩均值作为比较基准过于宽松，上市公司设定的行权条件目标水平整体偏低，管理层存在对行权条件进行操纵的可能。

就国外研究而言，部分学者针对股权激励计划中行权业绩条件的类型进行了统计分析。例如，Gerakos et al.(2005)统计了 1993 年—2002 年间美国 157 家实施业绩型股权激励的公司的数据，结果发现，在所有的样本当中，采用绝对会计业绩指标、只采用绝对股票回报指标以及只采用非财务业绩指标的公司占比分别 24.2%、48%及 19.5%，另外几乎没有公司采用相对业绩指标。类似地，Bettis et al.(2010)研究了 1995 年—2001 年美国实施业绩型股权激励计划的 1013 个样本，结果发现，同时采用了两种以上的业绩指标的样本数不足 6%。而剩余的公司要么没有披露具体指标，要么只采用了股价业绩指标、会计业绩指标或非财务业绩指标。由此可见，国外的业绩型股权激励计划与国内相比在行权业绩条件的设置上存在较大的差异。

8.2.2　股权激励的行权工具

就国内研究而言，部分学者对限制性股票及股票期权的优劣进行了比较分析。杨慧辉(2008)采用了委托代理模型，基于经理人风险厌恶的基本假设，对两种股权激励方式的成本和价值、激励效果等进行了比较，得出了股票期权优于限制性股票的结论。李曜(2008)先是从理论(包括权利义务、估值、会计处理等角度)上进行了对比分析；接着从实际执行情况的角度入手，发现上市公司有着对股票期权的偏好。其后，其又采用事件研究法分析了不同激励工具带来的累计异常收益率，结果发现证券市场对于股票期权的正面反应更为明显，其认为这是由于证券市场对股票期权较为熟悉。类似地，沈小燕(2013)则从理论分析(包括激励风险、激励能力、税收负担)、现状分析、公司绩效等角度对不同的股权激励方式进行比较,最终得出了限制性股票优于股票期权及股票增值权的结论。

部分学者研究了上市公司对于不同激励工具的偏好性。徐宁(2012)采用 Logistic 模型,发现从 2006 年至 2009 年,影响股权激励工具选择的主导因素发生了较为明显的转变。在早些时候,控制人性质是影响上市公司股权激励工具选择的主要因素。而后期这一因素转变为公司的成长性。类似地,肖淑芬等(2016)选择不同的时间阶段,就激励对象中高管比例对不同激励工具的选择偏好进行了研究,结果发现,随着激励对象中高级管理人员的占比逐步提升,企业逐渐偏好于采用限制性股票作为其首选的激励工具。

还有部分学者从不同的激励工具对公司治理的影响的角度进行了研究。赵玉洁(2016)研究了限制性股票、股票期权对高管离职率的影响,结果发现采用限制性股票的公司有更高的高管非正常离职率,相反地,采用股票期权的公司有更高的高管正常离职率。杨力和朱砚秋(2017)研究了不同的激励工具是否会对股权激励的效果产生影响,其结果发现相较于股票期权,限制性股票有更好的股权激励效果。而对于不同成长性、产权性质的公司而言,上述结论又会出现一定的变化。

就国外研究而言,部分学者从计量模型的角度出发比较了两种激励工具下的激励效果及相应成本。Feltham 和 Wu(2001)的研究发现,当经理人对公司的经营风险影响较小时,限制性股票的成本将低于股票期权;经理人对公司的经营风险影响较大时其结果则相反。Lambert 和 Larcker(2004)在 Feltham 和 Wu(2001)的研究基础上,考虑了激励方案中限制性股票与股票期权并存的情形。其结果发现,相较于限制性股票,股票期权存在激励效应并且更为有效。Oyer 和 Schaefer(2003)则分别研究了在只考虑会计因素和既考虑会计因素又考虑非会计因素两种情况下公司偏好股票期权的原因。

部分学者分析了限制性股票及股票期权是否会对管理层的风险偏好带来影响。Bryan et al.(1999)分析了不同的激励工具是否会影响管理层对于公司投资机会的偏好性，结果发现与限制性股票相比，股票期权能够更有效地激励风险厌恶的 CEO 接受高风险的但可以提高公司市值的投资机会。类似地，Low(2009)研究了不同的股权激励工具对管理层风险偏好的影响，其通过对比美国特拉华州反收购环境变更前后企业风险偏好的变化，发现在采用股票期权作为管理层的激励工具后，企业能够在一定程度上改变管理层的风险厌恶偏好。

8.2.3　股权激励与盈余管理

就国内研究而言，林大庞和苏冬蔚(2012)将实施股权激励计划与未实施的公司进行对比，研究了股权激励计划的实施是否可以“养廉”——对公司的盈余管理情况产生影响。其结果发现，在未对管理层实施股权激励计划时，CFO 的股权类薪资占比与盈余管理之间呈显著的负相关关系。但在实施股权激励计划后，这一关系不再那么显著。这表明对 CFO 的股权激励会产生消极的治理作用。

除此之外，部分学者就第三方因素对股权激励和盈余管理的关系的影响进行了研究。侯晓红和姜蕴芝(2015)研究了不同的公司治理强度对股权激励和盈余管理的关系的影响。在研究过程中，他们选择生产成本、经营活动现金流量、可操纵性费用的实际值和预期值之间的差额作为公司的真实盈余管理程度的衡量，并且用主成分分析法将董事会、股权结构、机构投资者、审计 4 项因素作为公司治理强度的评判标准，根据各公司对该评判标准的符合程度将公司划分为低、中、高 3 种治理强度，进行回归分析。其结果发现较高的公司治理强度能够明显抑制由股权激励带来的真实盈余管理。随着公司治理强度的降低，这一现象愈发不明显。许娟娟等(2016)研究了股权激励、盈余管理与公司绩效三者之间的关系。考虑到公司的绩效中可能有盈余管理的成分，其利用修正的琼斯模型对盈余管理的因素进行了剔除，然后构造了原始的公司绩效指标 ROA 以及剔除盈余管理因素后的公司绩效指标 DROA。在进行回归分析时，其发现股权激励的强度与公司绩效之间呈现显著的正相关关系，然而，在剔除盈余管理因素后，二者的关系不再显著。这表明股权激励虽然在一定程度上提升了公司业绩，但是这未必意味着公司真实业绩的提升，其背后也可能有管理层盈余管理的可能性。宋文阁和荣华旭(2012)研究了制度环境对股权激励带来的盈余管理的影响，结果发现国有企业以及市场化程度较低的企业有更高的盈余管理程度。

另外，部分学者研究了上市公司股权激励方案实施前后公司盈余管理程度的变化情况。一部分学者认为股权激励计划的实施有助于公司盈余管理状况的改善，而另一部分学者如苏冬蔚和林大庞(2010)，余慧和熊婷(2015)，杨玉娥(2016)则持相反的观点。例如，苏冬蔚和林大庞(2010)将提出股权激励方案的上市公司与未提出方案的公司进行比较，发现在未提出股权激励方案的上市公司当中，CEO 持股比例与盈余管理强度之间呈现负相关关系；而在已经提出股权激励方案的上市公司当中，二者的负相关关系不再显著。部分学者通过进一步研究，认为考虑到盈余管理存在多种类型，股权激励对于公司盈余管理情况的影响也应当具体情况具体分析，而不能够一概而论。路军伟等(2015)认为盈余管理可以分为操纵性应计盈余管理、真实盈余管理、非经常性损益盈余管理 3 类。其研究发现，管理层持股促进了其对操纵性应计盈余管理的偏好，减弱了其对真实盈余管理的偏好。然而，李莉(2016)从博弈模型的角度出发，发现投资者容易识别出应计盈余管理的操作，而较难发现真实盈余管理的存在，因而认为管理层从隐蔽性的角度出发会更偏好于采用真实盈余管理的手段。随后，其通过多元回归，发现已实施股权激励的公司会更多地采取真实盈余管理，且真实盈余管理与管理层持股比例之间呈正相关，但管理层持股的增多不会对公司的应计盈余管理情况带来较为明显的改变。肖淑芬等(2013)采用单一样本 T 检验，发现上市公司在股权激励计划中设置了明显低于业绩预测值的行权业绩考核标准，同时，其还发现这些公司的基期实际利润增长率显著低于预测值，因此其认为我国的股权激励计划存在利用盈余管理刻意压低行权门槛的嫌疑。接着，他们通过多元线性回归分析发现实施股权激励的公司更倾向于采用真实盈余管理而非应计盈余管理，且股权激励的强度越强，则上市公司采取真实盈余管理的程度越强，二者呈现出显著的正相关关系。王丽娟和朱霞(2016)的研究则考虑到了公司的生命周期，其基于处于不同生命周期的公司有着不同的现金流量的特点，将上市公司分为了成长期和成熟期两类。其进一步的研究发现，处于成长期的公司偏好运用应计盈余管理和真实盈余管理两种手段，而处于成熟期的公司则只偏好运用应计盈余管理一种手段。刘宝华等(2016)按照管理层持有权益的类型不同，将管理层持有的权益按照短期权益与长期权益加以区分。他们的研究发现：持有长期权益的管理层的偏好依次是分类转移、应计盈余管理、真实盈余管理；而持有短期权益的管理层的偏好依次是分类转移、真实盈余管理、应计盈余管理。

还有部分学者进一步研究了股权激励下盈余管理的操纵方向。杨慧辉等(2012)将实施股权激励计划与未实施股权激励计划的两组企业在股权激励披露日、行权日及出售日的盈余管理程度进行比较，发现实施股权激励的企业会在股权激励披露日前及行权日前进行向下的盈余管理，而在出售日前进行向上的盈余管理。

而针对国外相关研究，Cheng 和 Warfield(2005)研究了股权激励、盈余管理与分析师预测之间的关系。其研究发现，实施股权激励的公司倾向于进行盈余管理以迎合分析师的预期。类似地，Bergstresser 和 Philippon(2006)也发现了管理层通过可操纵应计项进行盈余管理的迹象。具体表现为，CEO 行权和出售其所持股票的数量与盈余管理幅度呈现明显的正相关关系。而 Guidry et al.(1999)则研究了 1994 年—1996 年间 131 个部门的观测数据,结果发现当公司的盈余超过规定目标的最高限额时,公司则会利用可操纵应计项调低盈余。

8.2.4 股权激励与公司的信息披露

国内学者与之有关的研究主要集中在股权激励计划能否改善公司信息披露的质量。余海宗和吴艳玲(2015)的研究发现公司内控的有效性程度随着股权激励计划的实施而提高。进一步而言,股权激励计划的激励强度同内部控制的有效性之间存在正 U 型的关系。陈效东(2017)认为股权激励计划的实施有助于公司内部控制状况的改善,而这则进一步起到了降低公司的审计费用的作用。此外,李强和冯波(2015)及倪小雅等(2017)均认为,股权激励计划的提出及实施能够提升公司的信息披露质量。

与国内的情况类似,国外学者对于这一领域的研究集中在股权激励方案的推出和实施是否会对公司的信息披露行为造成影响。其中,部分学者针对股权激励方案的推出是否会对公司信息披露的时间产生影响进行了研究。例如,Aboody 和 Kasznik(2000)研究了 1992 年—1996 年有授予期权计划的 2039 个期权激励样本。结果发现,CEO 存在控制公司不同类型的信息的披露时间从而操纵投资者预期的行为。也就是说,CEO 存在利用披露时间来实现期权收益最大化的行为。类似地,Brockman et al.(2010)研究发现,CEO 在行权之前通常会释放利好的消息以促使公司股价上涨,而 CEO 在持有股票时,则倾向于释放利空消息以降低个人所得税。再如,Bartov 和 Mohanram(2004)以 1992 年—2001 年 1200 多家美国上市公司为样本,研究发现,在高管行权之后部分公司的业绩出现了较大程度的异常滑坡,主要原因是高管基于其对公司私有信息的了解进行了业绩操纵。

还有部分国外学者研究了股权激励方案的推出是否会影响公司信

息披露的真实性。Johnson et al.(2003)的研究发现，高管行使股票期权的数量在公司发生财务欺诈的年份显著增加。Burns 和 Kedia(2006)研究了 1995 年—2002 年美国上市公司的财务报表更正现象，结果发现 CEO 的薪资构成中期权的占比越高，则公司的财务报表中出现错报的概率越大，二者呈现出明显的正相关关系。类似地，Jayarama 和 Milbourn(2014)的研究中也有此类发现。但其同时注意到，在存在经验丰富的审计师的情况下，期权占比与财务报表重述之间的正相关关系会明显减弱。

8.2.5　股权激励与公司的代理问题

国内一些学者的研究直接检验了股权激励方案和公司的代理成本之间的关系，考察股权激励方案的推出是否能够降低公司的代理成本。刘井建等(2017)研究了股权激励计划对公司现金持有情况的影响。其研究发现，超额的现金持有属于公司的一种代理成本，而股权激励计划能够显著地降低这一代理成本。其进一步对股权激励计划合约中的构成要素进行拆分研究，结果发现股权激励计划中设置的行权业绩条件能够有效地降低公司的现金持有。再如，梁上坤(2016)研究了股权激励计划与费用黏性之间的关系。费用黏性是指公司销售收入降低时，销售费用无法同比例下降的现象，属于公司代理的一种体现。其研究发现，股权激励计划降低了公司的费用黏性，且股权激励计划的有效期越长，其效果越明显。陈文强和贾生华(2015)具体研究了股权激励计划降低公司代理成本的作用路径。其将代理成本细分为第一类代理成本(股东与管理层之间的冲突)和第二类代理成本(控股股东与中小股东之间的冲突)，研究发现股权激励计划能够显著地抑制第一类代理成本，从而提升了企业的经营绩效。但是股权激励计划对第二类代理成本的作用并不显著。

此外，还有部分学者就股权激励计划的动机进行了研究。最早地，吕长江等(2009)依据激励有效期的长短以及激励条件的严格程度将股权激励计划划分为“激励型”和“福利型”两种。其进一步的研究发现,之所以会出现部分“福利型”的股权激励计划,是因为这部分公司缺乏完善的公司治理,使得高管权利在一定程度上成了其自谋福利的工具。陈效东等(2016)则研究了股权激励计划与公司的非效率投资之间的关系。与吕长江的做法类似,其首先根据动机的不同将股权激励计划划分为激励型动机和非激励型动机。其进一步研究发现,与激励型动机的股权激励不同,非激励型动机的股权激励促进了公司的非效率投资。

8.2.6 股权激励与公司业绩

国内学者的研究以谢德仁和陈运森(2010)为代表,二人研究了股权激励计划以及计划中的业绩行权条件对于股东财富的影响。其采用事件研究法,研究了股权激励计划草案公布日前后股票的累计超额回报率,发现股权激励计划的确可以带来超额收益。进一步地,其通过把样本公司的行权业绩条件与行业的相关业绩指标进行对比,定义了行权业绩条件的宽松程度。其经过实证分析发现,上市公司的行权业绩条件越严格,则其累计超额回报越高。

国外学者的研究则普遍支持股权激励计划有助于提升公司业绩表现的观点。

Morgan 和 Poulsen(2001)考察了业绩型股权激励对公司业绩的影响。其以 1990 年代标普 500 公司为研究对象,研究发现这些公司在披露股权激励方案前后其股价会有比较明显的上升,并且股权激励计划的推出能够有效地抑制公司的代理问题,从而增加股东的财富。

通过对 1991 年—1995 年五年共计 195 家实施了股权激励计划的公司进行研究,Core 和 Larcker(2002)发现在实施股权激励计划两年后,管理层持股比例与公司经营业绩之间存在明显的正相关关系。

此外，Kato et al.（2005）则专注于日本股票市场，研究了 1997 年—2001 年间股权激励计划的实施对日本上市公司的影响。其研究发现，股权激励计划的公布为上市公司带来了额外的收益，且股权激励对于公司董事会成员的激励程度越大，则公司的超额收益越高。整体而言，设计良好的股权激励计划能够在一定程度上提升股东价值。

通过对 1995 年—2001 年七年间实施业绩型股权激励与未实施股权激励的公司进行对比，Bettis et al.（2010）发现实施业绩型股权激励的公司有更好的业绩表现。

8.2.7　关键审计事项与审计师的行为

由于包括《在审计报告中沟通关键审计事项》在内的 12 项新审计准则发布时间不长，学界与此相关的研究还相对较少，主要集中在新审计准则对审计费用、市场反应、上市公司盈余管理的影响等方面。何欣桐（2018）将关键审计事项披露作为解释变量，研究了其与累计超额收益 CAR、审计费用 Fee、可操纵性应计利润 DA 之间的关系，研究发现关键审计事项的披露对市场反应有积极影响，导致了审计费用的增加，提升了审计质量。温慧慧（2018）采用事件研究法，将 20 家公司 2017 年年报披露日前后的累计非正常收益与 2016 年同一期间的数值进行对比，结果发现 2016 年和 2017 年两年的累积非正常收益存在显著差异，说明市场对于关键审计事项的披露做出了反应，新准则的实施为投资者提供了更多的信息。葛月（2018）利用问卷调查、事件研究法等方法对无保留审计意见的审计报告中关键审计事项的信息含量问题进行了研究，其认为披露关键审计事项能够在一定程度上起到丰富审计报告中信息含量的作用。

由于国内关键审计事项的披露尚处于起步阶段，部分学者从关键审计事项类型、企业行业类型、会计师事务所等角度对新审计准则发布后关键审计事项段的披露情况进行了分析，这些分析大部分是基于描述性统计展开的。王丽等(2018)对93家上市公司的关键审计事项披露情况进行分析,发现注册会计师确认的关键审计事项主要集中在各类资产减值、收入确认、结构化主体的合并、公允价值计量、合并及会计处理等方面,并且认为目前阶段披露的关键审计事项存在子标题使用不当、关键审计事项描述不详、未披露关键审计事项的选取理由、缺乏有针对性的审计程序、实施审计程序的结果表述尺度不一等问题。吴秋生和独正元(2018)从关键审计事项披露的合规性、充分性和相关性三方面,对关键审计事项确立标准、描述要求、构成要素的遵循情况,关键审计事项的数量及质量充分性等进行了具体的统计分析,并给出了相关建议。路军和张金丹(2018)将我国A+H股上市公司关键审计事项的披露情况与英国上市公司的披露情况进行对比,结果发现我国上市公司在进行关键审计事项披露时存在披露数量偏少,披露形式可能存在固定格式等问题。

针对国外的相关研究,在财政部发布新审计准则之前,英国财务报告理事会(FRC)、国际审计与鉴证理事会(IAASB)以及美国公众公司会计监督委员会(PCAOB)已经分别就注册会计师应当在审计报告中沟通重大错报风险及关键审计事项作出规定。

国外学者对关键审计事项的研究主要集中在关键审计事项的披露产生的影响等方面。Köhler et al.(2016)分别研究了关键审计事项披露对于专业投资者和非专业投资者的影响。其发现,关键审计事项的披露程度越严苛,则专业投资者认为该上市公司的财务状况越乐观,而关键审计事项的披露对于非专业投资者的影响则可以忽略不计。Lennox et al.(2018)选取了不同长度的窗口期,对强制要求披露重大错报风险后的英国股票市场进行了分析,结果发现在短期内重大错报风险的披露未能给投资者提供额外的信息,而长期来看重大错报风险的披露则减少了会计计量当中的不确定性。其后他们的进一步分析表明,重大错报风险的披露缺乏有价值的信息,主要是因为这些关于重大错报风险的信息基本已经在审计报告披露前以不同的形式传递给了投资者。Brasel et al.(2016)利用调查问卷的方式对不同程度的审计事项披露进行了注册会计师法律责任的测试,结果发现对关键审计事项进行披露可以降低注册会计师的法律责任。

8.3　背景介绍

8.3.1　股权激励的相关概念及行权过程

根据《上市公司股权激励管理办法》的规定,股权激励是指上市公司以本公司股票为标的,对其董事、高级管理人员及其他员工进行的长期性激励。

我国的股权激励制度最早可以追溯到 1984 年股份制改造时(卢雄鹰,2013),然而其真正有章可依还要到近 20 年后股权分置改革[①]拉开序幕之际。2005 年 12 月,《上市公司股权激励管理办法(试行)》的颁布使得上市公司在实施股权激励计划的过程中真正实现了“有法可依”。因此,2006 年可以称之为我国上市公司股权激励的元年。

以股权激励计划的预案公告日为基准,我们分年度统计了 2006 年 1 月 1 日至 2018 年 12 月 31 日之间上市公司股权激励计划实施状况,结果如图 8.1 所示。可以看到,我国上市公司历年来实施股权激励计划的数量呈现出稳步增长的势态。截止到 2018 年年底,共有 2286 份股权激励计划被我国上市公司推出(其中已实施的达到 1875 份)。除部分年份受宏观经济环境、资本市场状况影响,股权激励计划停止实施数量占比略高之外,绝大部分年份股权激励计划可以顺利实施。

① 在股权分置改革之前,股权激励所授股票的来源问题是我国上市公司实施股权激励的主要障碍之一。

图 8.1　2006 年—2018 年各年度上市公司股权激励计划实施状况

以下就股权激励计划的基本要素作简要说明。首先，一份股权激励计划中一般包含三段期限，分别为有效期、等待期（或锁定期）和行权期（或解锁期）。有效期即一份股权激励计划从授予日到计划失效的整个时间段。《上市公司股权激励管理办法》中规定股权激励计划的有效期从首次授予权益日起不得超过 10 年，而我们统计的从 2006 年 1 月 1 日至 2018 年 12 月 31 日 2286 份（剔除数据空缺的 29 份）股权激励计划的平均有效期为 4.52 年。等待期（或锁定期）是从股票期权（或限制性股票）的授予日到可行权日（或解除限售日）之间的时间段；在此期间，股票期权不得行权，限制性股票不得转让、用于担保或偿还债务。《上市公司股权激励管理办法》中规定股权激励计划的等待期（或锁定期）不得少于 12 个月。行权期（或解锁期）即为股票期权可以行权或限制性股票可以解除限售并上市流通的期间。国内的股权激励计划一般均为分期行权（或解除限售），每期只有完成相应业绩条件时才能将对应比例的股票期权（或限制性股票）行权（或解除限售）。

其次，一份股权激励计划中往往包含两个时点，即授权日和可行权日（或解除限售日）。授权日即为上市公司向激励对象授予限制性股票、股票期权的日期，可行权日（或解除限售日）则是激励对象可以开始行权

(或股票解除限售)的日期。授权日往往对应着授予条件，只有达成授予条件时，激励对象才可被授予股票期权(或限制性股票)；可行权日(或解除限售日)则对应着行权条件(或解除限售条件)，道理同上。本书中所研究对象如无特殊说明均指首次授予的行权条件(或解除限售条件)。

最后，股权激励计划中还应有相应的行权价格及行权条件，由于下文中有进一步的分析，此处不再赘述。

我国股权激励的实施流程在《上市公司股权激励管理办法》发布前后有着一定的差异，现归纳如图 8.2 及图 8.3 所示。可以发现，新旧办法之间的差异主要集中在是否需经由证监会备案。依照旧办法的规定，上市公司需要将与股权激励计划相关的材料报中国证监会备案。备案后只有证监会未提出异议的，才可进一步实施。而在新办法当中，则取消了证监会备案这一环节，直接由股东大会进行表决。新办法的推出意味着行政许可不再在上市公司股权激励方案的推出过程中扮演相关角色，这也标志着公司自主决定、市场有效约束的股权激励制度的基本形成。(李博，2017)

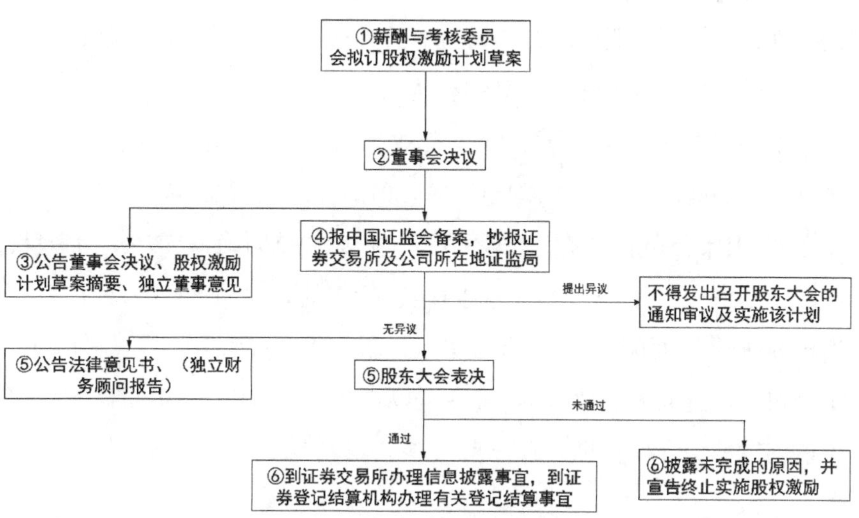

图 8.2　我国股权激励实施流程(旧制度)

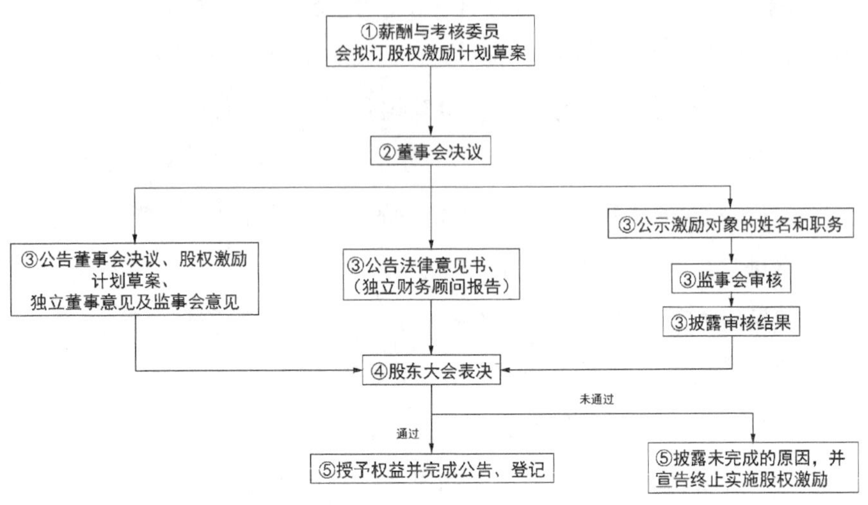

图 8.3 我国股权激励实施流程(新制度)

8.3.2 股权激励的行权条件

西方资本市场主要采取的是固定股票期权激励模式，而业绩型股票期权只是传统激励模式的“改进版”（申嫦娥，2003）。换句话说，行权业绩条件并不是西方股权激励计划当中的必选项，并且西方的业绩型股票期权主要选取经济附加值(EVA)作为行权业绩条件。

不同于国外资本市场的规定，我国股权激励计划均为业绩型股权激励（谢德仁和陈运森，2010；刘银国等，2018）。早在 2005 年 12 月证监会发布的《上市公司股权激励管理办法（试行）》中就明确，上市公司的股权激励计划中应包含“激励对象获授权益、行权的条件，如绩效考核体系和考核办法”①。而最新的《上市公司股权激励管理办法》中更进一步列示了公司可以选取的业绩指标，其中可以包含“能够反映股东回报和公司价值创造的综合性指标”及“能够反映公司盈利能力和市场价值的成长

① 《上市公司股权激励管理办法（试行）》第十一条（七）。

性指标"①。针对国有企业,《关于规范国有控股上市公司实施股权激励制度有关问题的通知》当中更是就业绩考核指标的选取及应当达到的业绩目标水平进行了强制要求。因此,行权业绩条件在我国的股权激励计划中有着举足轻重的地位。

通过对上市公司股权激励方案及草案的观察,我们发现净利润、营业收入、ROE 3 项是上市公司最常选用的股权激励计划行权条件;且最常见的情况是综合考虑净资产收益率与净利润增长率两项指标,有超过半数的企业选用这 2 项作为股权激励计划的业绩指标考核标准(党秀慧和杨文辉,2010)。本书在第 6 部分当中也对行权业绩条件进行了描述性统计,此处不再赘述。

行权业绩条件对上市公司的业绩完成情况作出了严格的要求,因此其有助于缓解我国资本市场中的投机氛围,降低上市公司委托代理成本,能够对管理层起到一定程度的约束作用。然而也要注意到目前的制度还存在着指标目标值设置过低、指标选取过于单一(吕长江等,2009)、相对绩效考核指标不足(吴育辉和吴世农,2010)等问题。

8.3.3　股权激励的工具比较

股权激励的工具包含股票期权、限制性股票、股票增值权等。以股权激励计划的预案公告日为基准,本书统计了 2006 年 1 月 1 日至 2018 年 12 月 31 日之间上市公司股权激励计划激励工具选择情况,结果如图 8.4 所示。可以看到,限制性股票是各公司在实施股权激励计划时的首选,共有 1 432 家次的上市公司选择了这一形式的激励工具,占比 62.64%;股票期权共计 828 家次,占比 36.22%;而股票增值权仅有 26 家次,占比 1.14%。②

---

①《上市公司股权激励管理办法》第十一条。

② 如果仅统计顺利实施的 1 875 件股权激励计划,结果也与此类似。

图8.4　2006年—2018年各年度上市公司股权激励计划激励工具选择情况

考虑到国内采用股票增值权的股权激励方案较少，因此我们主要就股票期权与限制性股票二者之间的差异进行对比。

根据《上市公司股权激励管理办法》的定义，限制性股票是指激励对象按照股权激励计划规定的条件，获得的转让等部分权利受到限制的本公司股票；而股票期权是指上市公司授予激励对象在未来一定期限内以预先确定的条件购买本公司一定数量股份的权利。

限制性股票和股票期权在权利义务、价值评估方式、会计核算、激励力度、税收规定等方面均有一定的差异(李曜，2008)。本书重点将就二者在激励力度、风险性、纳税时点上的差异进行比较，以佐证被授予对象面对两种激励工具可能采取的不同的操作方式。

在激励的力度上，一般认为限制性股票的激励力度要强于股票期权。根据证监会的规定，限制性股票的授予价格基本处于交易均价折半的状态①，

① 证监会《上市公司股权激励管理办法》规定，限制性股票的授予价格不得低于股票票面金额，且原则上不得低于下列价格较高者：(一) 股权激励计划草案公布前1个交易日的公司股票交易均价的50%；(二) 股权激励计划草案公布前20个交易日、60个交易日或者120个交易日的公司股票交易均价之一的50%。

而股票期权的行权价格则基本参照了交易均价①。另外，肖淑芳等(2016)的研究也表明，单位限制性股票行权成本相当于单位股票期权行权成本的 80%。因而从授予价格(或行权价格)的角度可以看出限制性股票的激励力度要强于股票期权。

在激励工具的风险性上，一般认为限制性股票高于股票期权。股票期权中期权的性质决定了其自身权利与义务的不对等性，被授予对象在行权期内如果交易均价低于股票的行权价，则可以放弃行权权，而不会对自身造成任何损失；然而对于限制性股票而言，由于授予时被授予对象付出了“真金白银”，因而一旦股票价格跌破授予价，被授予对象将会面临财产的损失(赵玉洁，2013)。考虑到限制性股票风险性较高的特点，持有这一类型的激励工具往往会使得管理层的风险厌恶程度进一步增加。

在纳税时点上，限制性股票要早于股票期权，也就是说在采用股票期权的情况下，被授予对象可以做到延迟交税。根据规定②，持有股票期权的被授予对象在授予日一般不进行纳税，而要等到真正行权时再进行纳税；而持有限制性股票的被授予对象则要在每次限制性股票解禁时进行纳税。因此，股票期权的被授予对象纳税与否的决定权掌握在自己手中；而限制性股票的被授予对象无论是否对限制性股票进行变现，其在股票解禁日均要面临纳税的义务。具体的情形如图 8.5 所示。

---

① 证监会《上市公司股权激励管理办法》规定，股票期权的授予价格不得低于股票票面金额，且原则上不得低于下列价格较高者：(一) 股权激励计划草案公布前 1 个交易日的公司股票交易均价；(二) 股权激励计划草案公布前 20 个交易日、60 个交易日或者 120 个交易日的公司股票交易均价之一。

②《关于个人股票期权所得征收个人所得税问题的通知》(财税〔2005〕35 号)中对股票期权的纳税问题进行了明确规定，而《关于股权激励有关个人所得税问题的通知》(国税函[2009]461 号)中又对限制性股票的纳税问题进行了补充说明。

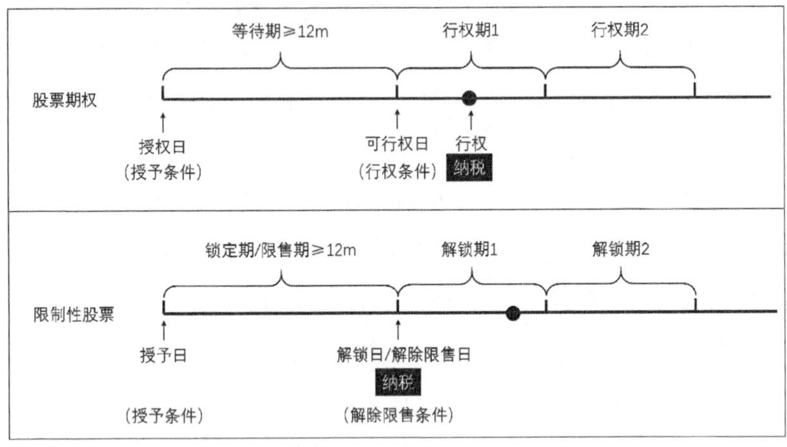

图 8.5　股票期权与限制性股票纳税时点比较

8.3.4　盈余管理理论分析

盈余管理是为了某些私人利益，在向外部披露财务报告过程中，有目的地进行干预的行为（Schipper，1989）。盈余管理的动机可以分为终极动机和中介动机，中介动机又可以分为筹资动机、避税动机、政治成本动机和债务契约动机等（顾振伟，2008）。虽然管理层进行盈余管理时背后的动机纷繁，然而管理层针对股权激励计划所采取的盈余管理主要是基于管理报酬契约和职业声誉的动机。股权激励制度的设计初衷是通过授予经理人股份，解决由所有权和经营权分离而产生的信息不对称及委托代理问题。然而，盈余管理问题的出现使得这一解决策略在一定程度上无法起到其最初设想的作用。

一般认为管理层进行盈余管理的方式包括应计盈余管理（Healy，1985；Jones，1991）、真实盈余管理（Roychowdhury，2006）和分类转移（McVay，2006）3 类。应计盈余管理是指通过调整会计政策或会计估计对盈余进行改变，真实盈余管理则是通过操纵真实的交易影响净利润，分类转移则是通过核心盈余和非经常性损益之间的错误分类来影响核心盈余。

进一步而言，考虑到应计盈余管理的做法属于对会计政策及会计估计变更的滥用，这一做法实际上违反了会计准则的相关规定。且由于会计政策、估计变更的手段较为明显，一般容易被监管机构发现。而真实盈余管理由于无论是扩大销售抑或是削减费用其交易均为真实发生的，因此并没有违反相应的会计准则规定，也很难被监管机构识别。

然而，应计盈余管理也好，真实盈余管理也罢，其本质上都是一种"朝三暮四"的利润挪腾行为。本期盈余的改善势必会带来未来盈余的下调，只不过真实盈余管理的反转期较长，而应计盈余管理的反转期较短。与以上两者不同，分类转移是对于本期盈余的操控，不会对未来期间的盈余情况产生影响。且由于采取分类转移后的净利润仍然是真实的，因此面临的监管风险较低。现将三类盈余管理方式在监管力度、对管理层影响等方面的差异归纳如表 8.1 所示。

表 8.1　三类盈余管理方式比较

	应计盈余管理	真实盈余管理	分类转移
监管力度	处罚成本高	处罚成本低	处罚成本低
对企业影响(短期)	有不利影响	影响较小	影响较小
对企业影响(短期)	影响较小	有不利影响	影响较小
管理层可操控的范围	较大	较大	较小

在三种盈余管理方式当中，一般而言，经理人倾向于采用真实盈余管理而非另外两项来进行盈余管理。将真实盈余管理与应计盈余管理比较后可以发现：应计盈余管理很难对扣非后的净利润产生影响，而真实盈余管理由于改变了企业的真实生产行为则会改变上市公司的扣非后净利润；应计盈余管理较易被外界察觉，管理层会面临更高的操纵风险，而真实盈余管理则更为隐蔽，很难被外界识破；应计盈余管理的反转期较短，容易使得企业无法达成股权激励计划中较为后期的行

权业绩条件等(谢德仁等,2018)。分类转移对于管理层而言虽然具有处罚成本低、操作隐蔽、对企业影响小的优势,但是其只能在核心盈余和非经常性损益之间进行调节,因而只能扭转扣除非经常性损益后的净利润这一项指标,无法产生更为广泛的影响。而上市公司股权激励计划中行权业绩条件往往含有多个指标;只有在多个指标同时满足的情况下,管理层的权益才可能得以兑现。基于上述分析,我们认为上市公司管理层最有可能采取真实盈余管理的手段对公司业绩进行操控。因此,本书采用真实盈余管理程度 REM 作为对上市公司盈余管理情况的考量。另在稳健性检验中对应计盈余管理及分类转移的情况也进行了回归分析。

具体而言,根据 Roychowdhury(2006)、Cohen 和 Zarowin(2010)的研究,上市公司的真实盈余管理可以通过异常经营活动现金流、异常操纵性费用和异常生产成本来衡量。其中的内涵在于,上市公司可以通过以下的三种方式进行真实盈余管理。首先是销售操纵(用异常经营活动现金流来衡量),即上市公司通过降低价格、扩大赊销额度等方式增加销售,从而提升企业的净利润水平;其次是费用操纵(用异常操纵性费用衡量),即上市公司通过削减财务费用、管理费用、销售费用等期间费用来提高利润;最后是生产操纵(用异常生产成本衡量),在机器、厂房等固定成本一定的情况下,上市公司通过扩大产量,降低单位产品所分摊的固定生产成本,从而对净利润进行操纵。

在具体的实证当中,我们将通过以下四个模型对上市公司的真实盈余管理程度进行衡量。

$$\frac{CFO_t}{A_{t-1}} = \alpha_0 \frac{1}{A_{t-1}} + \alpha_1 \frac{S_t}{A_{t-1}} + \alpha_2 \frac{\Delta S_t}{A_{t-1}} + \varepsilon_t \tag{8-1}$$

$$\frac{DISEXP_t}{A_{t-1}} = \alpha_0 \frac{1}{A_{t-1}} + \alpha_1 \frac{S_{t-1}}{A_{t-1}} + \varepsilon_t \tag{8-2}$$

$$\frac{PROD_t}{A_{t-1}} = \alpha_0 \frac{1}{A_{t-1}} + \alpha_1 \frac{S_t}{A_{t-1}} + \alpha_2 \frac{\Delta S_t}{A_{t-1}} + \alpha_3 \frac{\Delta S_{t-1}}{A_{t-1}} + \varepsilon_t \tag{8-3}$$

$$REM = - ACFO - ADISEXP + APROD \tag{8-4}$$

其中,CFO 代表公司经营活动现金流量,A 代表公司年末总资产,S 代表营业收入,ΔS 代表营业收入的变动,DISEXP 代表公司的操纵性费用(等于管理费用与销售费用之和),PROD 代表公司的生产成本(等于主营业务成本与存货变动额之和)。我们将分行业对模型 8-1 至模型 8-3 进行回归,并将得到的残差分别命名为 ACFO、ADISEXP、APROD,分别代表异常经营活动现金流、异常操纵性费用和异常生产成本①。由于进行销售操纵、费用操纵及生产操纵后分别将使得经营活动现金流异常减少、企业各项费用异常降低、企业生产成本异常增加,因此经过回归得到的残差 ACFO 及 ADISEXP 应当取值为负而 APROD 应取值为正。之后我们对 ACFO、ADISEXP、APROD 的绝对值进行求和汇总,得到新的变量 REM,作为对于企业真实盈余管理程度的衡量。REM 的取值越高,代表企业的真实盈余管理程度越强。

8.4　研究假说

作为国内第一份从立法层面对上市公司股权激励计划进行规范的文件,《上市公司股权激励管理办法(试行)》中明确规定,上市公司的股权激励计划中应包含“激励对象获授权益、行权的条件,如绩效考核体系和考核办法”②。这表明,不同于西方资本市场的固定股票期权激励模式,我国股权激励计划自一开始即为业绩型股权激励(谢德仁和陈运森,

① 在具体操作过程中,我们将分行业对模型 1—模型 3 进行回归,得到回归后各项参数 α0、α1 等的取值,然后代入各个公司的财务数据,倒挤出各自的残差作为对于各公司异常经营活动现金流、异常操纵性费用和异常生产成本的衡量。

②《上市公司股权激励管理办法(试行)》第十一条(七)。

2010;刘银国等,2018)。

业绩型股权激励的一大特点,即只有在上市公司达到了特定的业绩指标时,激励对象才可以获授权益或行使权益①。根据《上市公司股权激励管理办法》的规定,在进行指标选取时,上市公司可以选择反映股东回报和公司价值创造的综合性指标(包括净资产收益率、每股收益、每股分红等)以及能够反映公司盈利能力和市场价值的成长性指标(包括净利润增长率、主营业务收入增长率等)两类②。在实践当中,上市公司主要选用净利润增长率、加权平均净资产收益率、营业收入增长率三项作为其行权业绩指标(陈艳艳,2012;谢德仁和汤晓燕,2014)。虽然目前上市公司的行权业绩指标存在考核标准明显偏低(肖淑芳等,2013)、考核指标较少(吴育辉和吴世农,2010)等问题,然而其基本上可以反映上市公司的财务经营状况。换句话说,行权业绩指标达标的公司相较于未达标公司而言,有着更为理想的财务经营状况。

虽然审计意见仅仅是对财务报表是否按照相应的会计准则编制、在所有重大方面是否公允的反映,其类型与上市公司的财务状况和经营业绩无直接关系;然而在实际情况中,被审计单位的财务状况和经营业绩对审计意见类型有显著影响(蔡春等,2005)。具体而言,公司的财务状况与注册会计师出具无保留意见审计报告的可能性之间呈现出明显的正相关关系(朱小平和余谦,2003)。因此我们也可以进一步推断,公司的行权业绩指标达标时,其获得无保留意见的审计报告的可能性更高。这也就是说,行权业绩指标达标的上市公司,对应着更低的风险和更为理想的审计报告。

在过去,审计报告作为一种第三方鉴证往往呈现出"非黑即白"的标

① 《上市公司股权激励管理办法》第十条:上市公司应当设立激励对象获授权益、行使权益的条件。拟分次授出权益的,应当就每次激励对象获授权益分别设立条件;分期行权的,应当就每次激励对象行使权益分别设立条件。

② 《上市公司股权激励管理办法》第十一条。

准化格式的特点，其中最核心的内容无疑就是注册会计师出具的审计意见（唐建华，2015）；只有审计意见可以作为上市公司财务报告信息质量的鉴证（李增泉，1999）。而随着新审计准则的发布，关键审计事项部分成为上市公司审计报告中的必选项。关键审计事项旨在披露对本期财务报表审计最为重要的事项，帮助财务报表预期使用者更好地了解被审计单位。关键审计事项与重大错报风险有关，对财务报表有重大影响（路军和张金丹，2018）。在审计报告中增加关键审计事项部分，能够起到丰富审计报告中相关信息含量及提高审计透明度的作用，进而可以提高审计质量及信息使用者对审计价值的认同，有助于信息使用者更好地理解财务报表（唐建华，2015）。

因而，我们认为，关键审计事项的内容必然是有信息含量的，其中必然也将对上市公司的资质（我们将其反映为行权业绩指标的达标情况）进行揭示。基于此，我们提出如下假说：

假说 1　股权激励计划中行权业绩条件达标的公司其关键审计事项的相应风险更低。

针对股权激励计划中行权业绩条件达标的公司，之前有学者如 Burgstahler 和 Dichev（1997）、Degeorge et al.（1999）、Beatty et al.（2002）将其分为“踩线”达标组和显著达标组进行研究。谢德仁等（2018）的研究也发现，股权激励公司的财务业绩指标报告值在其行权业绩条件目标值附近存在明显的不连续现象（Discontinuity）。上述研究均表明将行权业绩指标达标的公司进一步分为“踩线”达标组和显著达标组进行研究是有意义的。基于此，我们认为，行权业绩条件显著达标的上市公司，有着更为理想的财务经营状况，其本身往往具有较为优质的公司资质；而行权业绩条件“踩线”达标的公司，可能在一定程度上奉行了“及格万岁”的原则，其公司资质相对而言则会较差，可能存在为了达标而进行业绩管理的情况。

因此，我们在假说 1 的基础上对行权业绩条件达标的公司进行进一步细分，并认为行权业绩条件显著达标的公司相较于“踩线”达标的公司对应着更低的审计风险。此即本部分的研究假说：

假说 2　股权激励计划中显著达标的公司其关键审计事项的风险比其他公司更低。

我们进一步分析行权业绩条件“踩线”达标公司关键审计事项相关风险更高的内在成因。

在西方资本市场中，上市公司实施股权激励之后，管理层为了达到行权业绩条件，有进行盈余管理的动机（具体表现为对会计应计项的操纵或超额生产行为等）（Jayaraman 和 Milbourn，2014）；而在国内资本市场中，实施股权激励计划的上市公司则存在明显的行权业绩条件“踩线”达标现象，并且行权业绩条件“踩线”达标的公司的真实盈余管理程度显著高于其他公司（谢德仁等，2018）。这说明上市公司实施股权激励计划后，为了满足相应的行权业绩指标的要求，极有可能对公司业绩进行盈余管理。尤其对于公司业绩接近股权激励计划中相关考核要求的公司，由于其管理层只需要稍微“加把劲”就可以使公司的相关业绩指标达标，进而实现股权激励计划的解锁及管理层股权激励收益的达成，因此其很有可能为了个人利益的实现而采取盈余管理的操作手段。

根据 Kim et al.（2015）的研究，上市公司在推出股权激励计划后，由于公司的审计风险上升，因而其审计收费会相应提升。这也就是说，实施股权激励计划这一公司行为会引起外部审计师的行为反应。类比审计师调整审计收费这一举措，我们认为审计师如果观察到上市公司的管理层进行盈余管理的相关操作，理应在审计报告中予以反映。管理层盈余管理行为往往是以真实盈余管理的方式展开的（具体原因在上文中已有论述，这里不再赘述），其往往确实会带来审计风险的提升。但是由于这一做法本身是合规、公允的，因此注册会计师无法直接在审计报告中出具非无保留意见，所以注册会计师可能会利用审计准则改革的契机在关键审计事项中予以反映,从而降低其审计过程中的法律风险。此可能即为行权业绩条件"踩线"达标公司关键审计事项相关风险更高的内在成因。

简而言之,审计师可能已经了解到公司管理层为了实现股权激励的行权业绩条件而进行的盈余管理行为,进而为了控制审计风险,在关键审计事项中对此予以说明,因此我们提出假说:

假说 3　股权激励计划"踩线"达标的公司存在更高的盈余管理程度,而审计师有可能关注此类风险。

8.5　研究设计

8.5.1　样本选取与数据来源

自证监会《上市公司股权激励计划管理办法》颁布至今,已经有 2 000 多家上市公司公布了股权激励计划。然而,由于本次研究中的被解释变量关键审计事项于 2017 年审计报告中才为大多数上市公司所披露,因而我们的数据只能局限于对 2017 年的行权业绩条件提出要求的股权激励计划。

本书按照以下的步骤对股权激励计划进行筛选:(1) 剔除了股权激励计划中没有提出行权业绩条件的样本;(2) 剔除了股权激励计划中行权业绩条件难以衡量或者数据难以获取的样本;(3) 剔除了金融行业样本;(4) 剔除了股权激励计划已被停止实施或者未被股东大会通过的样本;(5) 剔除了激励标的物为股票增值权的样本;(6) 剔除了重要变量缺失的样本;(7) 剔除了 ST 和 * ST 的样本。经过上述条件的筛选,本书最终样本包含 715 家次的股权激励计划。

本书所需的数据来源主要来自 Wind 金融终端,其中与股权激励计划行权业绩条件达标情况相关的数据由手工整理获得。另外,为了防止极端值的影响,本书对所有连续变量进行了前后 1%的 Winsorize 处理。

8.5.2 变量定义

本书将使用两阶段的回归对上市公司股权激励的行权业绩条件、审计师的行为及上市公司盈余管理程度三者之间的关系进行实证分析。

在第一阶段的模型当中，本书选择上市公司审计报告的关键审计事项中披露的风险点（RISKPOINT）为被解释变量，选择业绩达到股权激励方案中要求的业绩指标的业绩达标（QUALIFIED）、业绩刚刚“踩线”达到股权激励方案中要求的业绩指标的业绩踩线达标（MEET）、业绩远远超出股权激励方案中要求的业绩指标的业绩优异（BEAT）、净利润刚刚“踩线”达到股权激励方案中要求的净利润指标的净利润踩线达标（MEET_NI）、净利润远远超出股权激励方案中要求的净利润指标的净利润业绩优异（BEAT_NI）为解释变量；选择公司资产负债率（LEV）、公司的总资产规模（SIZE）、公司的资产收益率（ROA）、上一年度是否亏损（LOSS）、公司的高管薪酬（COMP）、公司的市净率（MTB）、公司控股股东类别（STATE）、公司上市年数（AGE）、第一大股东持股比例（LARGEST）、董事会人数（BOARD）、独立董事比例（STRUCTURE）、两职合一（DUAL）、财务报告的审计意见（OPINION）、公司是否属于首次发行股票（IPO）、公司是否增发新股（SEO）作为控制变量。

在第二阶段的模型中，本书选择上市公司的真实盈余管理程度（REM）作为被解释变量，选择业绩刚刚“踩线”达到股权激励方案中要求的业绩指标的业绩踩线达标（MEET）为解释变量。选择公司的总资产规模（SIZE）、公司的资产收益率（ROA）、公司资产负债率（LEV）、公司的市净率（MTB）、上一年度是否亏损（LOSS）、公司的高管薪酬（COMP）作为控制变量。

就被解释变量的选取而言，本书选择的样本为对 2017 年的行权业绩条件提出要求的股权激励计划，解释变量 MEET、BEAT 本身也是对上市公司股权激励计划行权业绩指标达标情况的反映，因而在被解释变量中也应反映审计师对于关键业绩指标相关风险的指控。具体来说，关键审计事项的披露可能存在某些固定模式（路军和张金丹，2018；Brasel et al.，2016）。即如果审计师发现上市公司存在某一类问题，则倾向于用相似的语言进行描述。王丽等（2018）曾对关键审计事项涉及的主题分布进行了归纳，其中包含“关键业绩指标”一类。其中指出，如果审计师发现上市公司因设立了关键业绩指标而存在较高的重大错报风险，则倾向于采用包含“由于收入是公司的关键业绩指标，存在管理层为了达到特定经营目标而操纵收入的固有风险”的字段进行描述。因此我们将上述字段作为审计报告的关键审计事项中对于关键业绩指标相关风险的一种披露。

主要变量的具体定义如表 8.2 所示：

表 8.2　主要变量定义

变量属性	变量符号	变量定义及表示方法
被解释变量	RISKPOINT1	上市公司审计报告的关键审计事项中披露的与关键业绩指标相关的风险点。对上市公司的关键审计事项段进行人工阅读，如果其中包含类似“由于收入是公司的关键业绩指标，存在管理层为了达到特定经营目标而操纵收入的固有风险”的描述，则作为审计师对于审计报告中相关风险点的披露，其取值为 1；否则，取值为 0
	RISKPOINT2	上市公司审计报告的关键审计事项中披露的与关键业绩指标相关的风险点。对上市公司的关键审计事项段进行人工阅读，如果其中包含“操纵”一词，则作为审计师对于审计报告中风险点的披露，其取值为 1；否则，取值为 0
	REM	真实盈余管理程度。REM＝－ACFO－ADISEXP＋APROD，上文已对 REM 的计算过程进行了具体介绍，此处不再赘述

续表

变量属性	变量符号	变量定义及表示方法
解释变量	QUALIFIED	业绩达标。指上市公司实际达成的业绩指标达到股权激励方案中要求的业绩指标，对于某项具体的行权业绩指标，设 n=上市公司实际达成的业绩指标/股权激励方案中要求的业绩指标－1，如果 n>0，则作为业绩达标，取值为 1；否则，取值为 0。 如果上市公司股权激励计划中存在多项行权业绩条件考核指标，在每项指标都达标的情况下，视该上市公司为业绩达标，取值为 1；否则，取值为 0
	MEET	业绩踩线达标。指上市公司实际达成的业绩指标刚刚"踩线"达到股权激励方案中要求的业绩指标，对于某项具体的行权业绩指标，设 n=上市公司实际达成的业绩指标/股权激励方案中要求的业绩指标－1，如果 0<n≤X(X=0.05)，则作为业绩踩线达标，取值为 1；否则，取值为 0。 如果上市公司股权激励计划中存在多项行权业绩条件考核指标，在每项指标都达标的情况下，只要其中有一项指标处于业绩踩线达标的状态，则视该上市公司为业绩踩线达标，取值为 1；否则，取值为 0
	BEAT	业绩优异。指上市公司实际达成的业绩指标远远超出股权激励方案中要求的业绩指标，对于某项具体的行权业绩指标，设 n=上市公司实际达成的业绩指标/股权激励方案中要求的业绩指标－1，如果 n>X(X=0.05)，则作为业绩优异，取值为 1；否则，取值为 0。 如果上市公司股权激励计划中存在多项行权业绩条件考核指标，在每项指标都达标的情况下，如果所有指标处于业绩优异的状态，则视该上市公司为业绩优异，取值为 1；否则，取值为 0
	MEET_NI	净利润踩线达标。指上市公司实际达成的净利润指标刚刚"踩线"达到股权激励方案中要求的净利润指标。设 n=上市公司实际达成的净利润指标/股权激励方案中要求的净利润指标－1，如果 0<n≤X(X=0.05)，则作为净利润踩线达标，取值为 1；否则，取值为 0
	BEAT_NI	净利润业绩优异。指上市公司实际达成的净利润指标远远超出股权激励方案中要求的净利润指标。设 n=上市公司实际达成的净利润指标/股权激励方案中要求的净利润指标－1，如果 n>X(X=0.05)，则作为净利润业绩优异，取值为 1；否则，取值为 0

续表

变量属性	变量符号	变量定义及表示方法
控制变量①	LEV	公司资产负债率
	SIZE	公司的总资产规模的自然对数
	ROA	公司的资产收益率
	LOSS	公司上一年度是否亏损。如果上一年度亏损，则其取值为 1；否则，取值为 0
	COMP	公司排名前三的高管现金薪酬的自然对数
	MTB	公司的市净率
	STATE	控股股东类别。若上市公司为国有控股企业，则其取值为 1；否则，取值为 0
	AGE	公司上市年数的自然对数
	LARGEST	第一大股东持股比例
	BOARD	董事会人数的自然对数
	STRUCTURE	独立董事比例。独立董事比例＝独立董事人数/董事会人数
	DUAL	两职合一。如果公司的董事长和总经理由一人兼任，则其取值为 1；否则，取值为 0
	OPINION	财务报告的审计意见。若公司财务报告的审计意见为标准无保留意见，则其取值为 1；否则，取值为 0
	IPO	公司是否属于首次发行股票。若公司在该年度首次发行股票，则其取值为 1；否则，取值为 0
	SEO	公司是否增发新股。若公司在该年度增发新股，则其取值为 1；否则，取值为 0
	INDUSTRY	上市公司所在的行业。按照证监会行业分类标准（公司所属的门类行业及次类行业）进行分类

① 控制变量在数据选取时均选择 2017 年或 2017 年 12 月 31 日的数据。

8.5.3 建立模型

本书拟采用多元线性回归的方法，对上市公司股权激励的行权业绩条件、审计师的行为及上市公司盈余管理程度三者之间的关系进行实证分析。具体而言，本书将使用两阶段的回归使论述及逻辑更加清晰。首先，本书将通过模型 1 及模型 2 来验证上市公司股权激励的行权业绩条件同关键审计事项相应风险之间的关系；接着本书将通过模型 3 来验证上市公司股权激励的行权业绩条件同盈余管理之间的关系。本书建立的模型如下所示：

模型 1：$RISKPOINT_i = \alpha_0 + \beta_1 QUALIFIED_i + \beta_2 LEV_i + \beta_3 SIZE_i + \beta_4 ROA_i + \beta_5 LOSS_i + \beta_6 COMP_i + \beta_7 MTB_i + \beta_8 STATE_i + \beta_9 AGE_i + \beta_{10} LARGEST_i + \beta_{11} BOARD_i + \beta_{12} STRUCTURE_i + \beta_{13} DUAL_i + \beta_{14} OPINION_i + \beta_{15} IPO_i + \beta_{16} SEO_i + \varepsilon$

模型 2：$RISKPOINT_i = \alpha_0 + \beta_1 MEET_i + \beta_2 BEAT_i + \beta_3 LEV_i + \beta_4 SIZE_i + \beta_5 ROA_i + \beta_6 LOSS_i + \beta_7 COMP_i + \beta_8 MTB_i + \beta_9 STATE_i + \beta_{10} AGE_i + \beta_{11} LARGEST_i + \beta_{12} BOARD_i + \beta_{13} STRUCTURE_i + \beta_{14} DUAL_i + \beta_{15} OPINION_i + \beta_{16} IPO_i + \beta_{17} SEO_i + \varepsilon$

模型 3：$TRM_i = \alpha_0 + \beta_1 MEET_i + \beta_2 SIZE_i + \beta_3 ROA_i + \beta_4 LEV_i + \beta_5 MTB_i + \beta_6 LOSS_i + \beta_7 COMP_i + \varepsilon$

8.6 实证结果及分析

8.6.1 描述性统计

表 8.3 主要变量的描述性统计

VARIABLES	N	mean	sd	min	max
RISKPOINT1	715	0.201	0.401	0	1

续表

VARIABLES	N	mean	sd	min	max
RISKPOINT2	715	0. 229	0. 421	0	1
REM	715	−0. 0435	0. 259	−0. 888	0. 639
ACFO	715	−0. 00976	0. 0953	−0. 324	0. 252
APROD	715	−0. 0356	0. 134	−0. 425	0. 328
AEXP	715	0. 0163	0. 0857	−0. 136	0. 376
DA1	715	−0. 0185	0. 157	−0. 530	0. 615
DA2	715	−0. 0125	0. 160	−0. 530	0. 637
DA3	715	−0. 0161	0. 154	−0. 544	0. 542
DA4	715	−0. 0139	0. 157	−0. 529	0. 594
DA5	715	−0. 0130	0. 153	−0. 467	0. 601
CE1	715	−0. 00177	0. 0363	−0. 134	0. 104
CE2	715	−0. 00108	0. 0368	−0. 134	0. 116
QUALIFIED	715	0. 629	0. 483	0	1
MEET	715	0. 145	0. 353	0	1
BEAT	715	0. 484	0. 500	0	1
MEET_ROE	67	0. 0746	0. 265	0	1
BEAT_ROE	67	0. 493	0. 504	0	1
MEET_NI	589	0. 127	0. 334	0	1
BEAT_NI	589	0. 477	0. 500	0	1
MEET_REV	193	0. 176	0. 382	0	1
BEAT_REV	193	0. 601	0. 491	0	1
STATE	715	0. 040 6	0. 197	0	1
AGE	715	1. 748	0. 832	0	3. 219
LARGEST	715	0. 308	0. 133	0. 078 4	0. 648

续表

VARIABLES	N	mean	sd	min	max
BOARD	715	2.090	0.189	1.609	2.485
STRUCTURE	715	0.379	0.056 6	0.333	0.571
DUAL	715	0.359	0.480	0	1
OPINION	715	0.989	0.105	0	1
LEV	715	0.392	0.180	0.073 5	0.800
SIZE	715	22.18	1.149	20.17	25.78
ROA	715	0.079 1	0.057 8	−0.111	0.277
ST	715	0	0	0	0
IPO	715	0.069 9	0.255	0	1
SEO	715	0.152	0.360	0	1
LOSS	715	0.026 6	0.161	0	1
COMP	715	14.62	0.675	13.23	16.57
MTB	715	3.919	2.259	1.030	12.63

表 8.3 为本书主要变量的描述性统计结果。从中可以看到，RISKPOINT1 及 RISKPOINT2 的平均数分别为 0.201 和 0.229，表明分别有 20.1%及 22.9%的上市公司被认定为在关键审计事项中存在相应的风险点。QUALIFIED 的平均数为 0.629，表明样本中 62.9%的样本行权业绩条件达标；而 MEET 及 BEAT 的平均数分别为 0.145 和 0.484，表明分别有 14.5%和 48.4%的样本属于行权业绩条件"踩线"达标及行权业绩条件显著达标。MEET_ROE 及 BEAT_ROE 的平均数分别为 0.074 6 和 0.493，表明分别有 7.46%及 49.3%的样本属于 ROE "踩线达标"及 ROE 显著达标。MEET_NI 及 BEAT_NI 的平均数分别为 0.127 和 0.477，表明分别有 12.7%及 47.7%的样本属于净利润"踩线达标"及净利润显著达标。MEET_REV 及 BEAT_REV 的平均数分

别为 0.176 和 0.601，表明分别有 17.6%及 60.1%的样本属于营业收入"踩线达标"及营业收入显著达标。STATE 的平均数为 0.040 6，表明有 4.06%的样本为国有控股企业。LARGEST 的平均数为 0.308，表明所有样本当中第一大股东持股比例的平均值为 30.8%。STRUCTURE 的平均数为 0.379，表明所有样本当中独立董事占比的平均值为 37.9%。DUAL 的平均数为 0.359，表明有 35.9%的样本为两职合一。OPINION 的平均数为 0.989，表明有 98.9%的样本被出具了标准无保留意见的审计报告。LEV 的平均数为 0.392，表明所有样本的资产负债率的平均值为 39.2%。ROA 的平均数为 0.079 1，表明所有样本的 ROA 的平均值为 7.91%。IPO 和 SEO 的平均数分别为 0.069 9 和 0.152，表明本年度首次发行股票及本年度增发新股的样本占比分别为 6.99%和 15.2%。LOSS 的平均数为 0.026 6，表明上年度亏损的样本占比为 2.66%。MTB 的平均数为 3.919，表明所有样本的市净率的平均值为 3.919①。

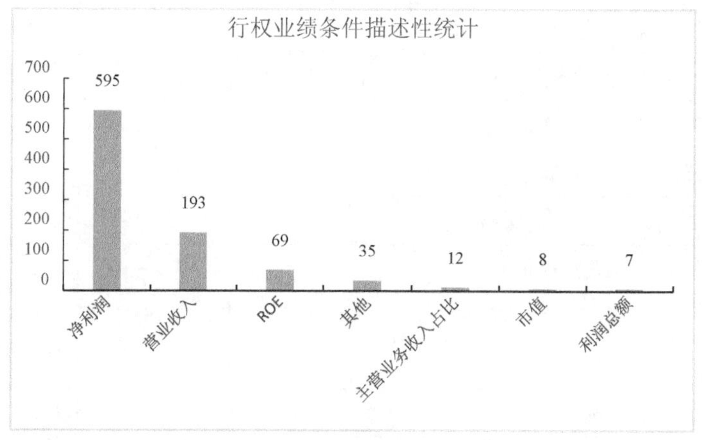

图 8.6　行权业绩条件描述性统计

① 以上数据已经过前后 1%的 Winsorize 处理。

图 8.6 为行权业绩条件的描述性统计。715 家次的上市公司股权激励计划当中共提出了 919 项行权业绩条件,平均每个股权激励计划中包含 1.29 项行权业绩条件。其中,净利润是使用最多的行权业绩条件,共计 595 家次,占比 83.22%;其次是营业收入,共计 193 家次,占比 26.99%;再次是 ROE,共计 69 家次,占比 9.65%。

表 8.4　关键审计事项分类统计

	关键审计事项数量(项)	大类占比	总体占比
资产减值事项	612	100.00%	47.37%
其中:应收项目减值	262	42.81%	20.28%
商誉减值	218	35.62%	16.87%
存货减值	86	14.05%	6.66%
其他类资产减值	12	1.96%	0.93%
固定资产类减值	10	1.63%	0.77%
股权投资减值	6	0.98%	0.46%
金融资产减值	4	0.65%	0.31%
其他非流动资产减值	4	0.65%	0.31%
无形资产减值	3	0.49%	0.23%
在建工程减值	3	0.49%	0.23%
收购资产事项及商誉减值	1	0.16%	0.08%
生物资产减值	1	0.16%	0.08%
企业合并及商誉减值	1	0.16%	0.08%
矿权减值	1	0.16%	0.08%
收入确认事项	459	100.00%	35.53%
其中:收入确认	441	96.08%	34.13%
建造合同收入	17	3.70%	1.32%
营业外收入确认	1	0.22%	0.08%
资产确认和计量事项	40	100.00%	3.10%

续表

	关键审计事项数量(项)	大类占比	总体占比
其中:递延所得税资产确认	10	25.00%	0.77%
固定资产	6	15.00%	0.46%
存货	4	10.00%	0.31%
固定资产和在建工程	2	5.00%	0.15%
在建工程	2	5.00%	0.15%
发出商品	2	5.00%	0.15%
投资性房地产	2	5.00%	0.15%
消耗性生物资产	2	5.00%	0.15%
可转换债券	2	5.00%	0.15%
投资性房地产	2	5.00%	0.15%
商誉及使用寿命不确定的无形资产	1	2.50%	0.08%
持有待售资产	1	2.50%	0.08%
其他流动资产	1	2.50%	0.08%
商誉的确认及计量	1	2.50%	0.08%
在产品	1	2.50%	0.08%
货币资金	1	2.50%	0.08%
公允价值计量事项	6	100.00%	0.46%
其中:投资性房地产公允价值计量	4	66.67%	0.31%
或有对价公允价值计量	1	16.67%	0.08%
公允价值计量	1	16.67%	0.08%
股权处置	24	100.00%	1.86%
开发支出事项	19	100.00%	1.47%
企业合并	16	100.00%	1.24%
存货可变现净值	12	100.00%	0.93%
政府补助	11	100.00%	0.85%
股份支付	9	100.00%	0.70%

续表

	关键审计事项数量(项)	大类占比	总体占比
股权投资	8	100.00%	0.62%
关联交易	7	100.00%	0.54%
投资损益	5	100.00%	0.39%
收购事项	5	100.00%	0.39%
会计估计变更	3	100.00%	0.23%
产品质量保证金	3	100.00%	0.23%
土地增值税的计提	2	100.00%	0.15%
汇率变动	2	100.00%	0.15%
结构化主体	2	100.00%	0.15%
特许经营权	2	100.00%	0.15%
套期保值	1	100.00%	0.08%
会计差错更正	1	100.00%	0.08%
信息系统事项	1	100.00%	0.08%
其他事项	42	100.00%	3.25%
总计	1292	100.00%	100.00%

本书按照路军和张金丹(2018)的分类标准,对关键审计事项进行了分类统计,结果如表8.4所示。对样本数据进行去重后①,在我们研究的628家上市公司的2017年的审计报告中共有619家对关键审计事项进行了相应的披露。披露的关键审计事项总条数共计1 292项,平均每家公司披露2.09项。其中,资产减值事项是各家公司提及最多的关键审计事项,共计612项,占比47.37%;其次是收入确认事项,共计459项,占比35.53%;再次是资产确认和计量事项,共计40项,占比3.10%。

① 考虑到部分上市公司实施了多次行权业绩条件不同的股权激励方案,在对重复的上市公司进行剔除后,715家次的股权激励方案实际上由628家上市公司提出。

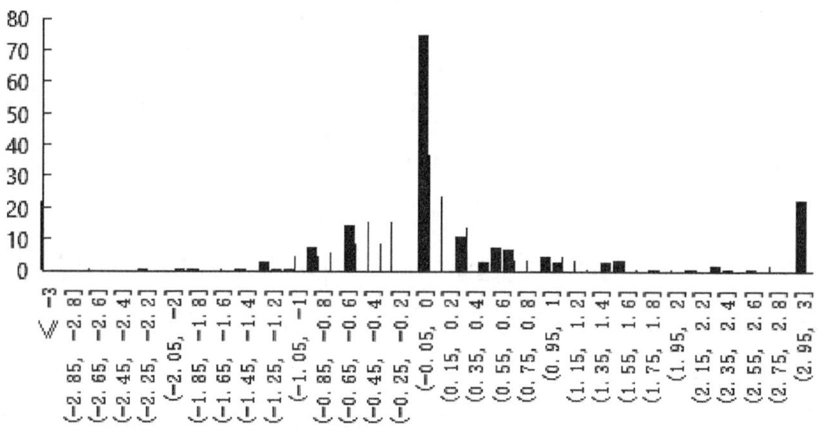

图 8.7　股权激励计划净利润指标达标情况

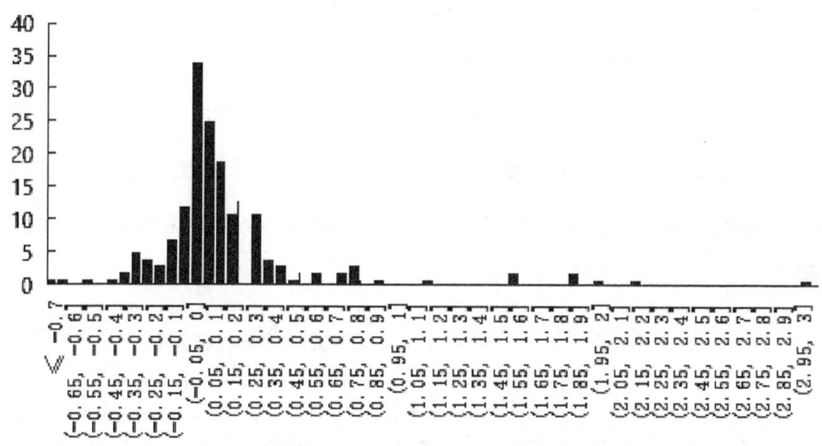

图 8.8　股权激励计划营业收入指标达标情况

本书选择了上市公司股权激励计划中采用最广泛的净利润、营业收入两项指标，对其达标情况（即行权业绩条件的要求值与实际达成的真实值对比）进行统计，结果如图 8.7 及图 8.8 所示。

行权业绩条件的达标情况根据以下公式计算得到：

$$行权业绩条件达标情况=\frac{上市公司\ 2017\ 年实际达成的业绩指标}{股权激励方案中要求的业绩指标}-1$$

可以看到，在589家次选择净利润作为行权业绩指标的股权激励计划当中，有75家次的净利润达标情况落在(0,0.05]之间，占比12.73%，明显超过其两侧区间；在193家次选择营业收入作为行权业绩指标的股权激励计划当中，有34家次的营业收入达标情况落在(0,0.05]之间，占比17.61%，明显超过其两侧区间。根据上述分布情况，我们选择(0,0.05]作为行权业绩“踩线”达标(MEET)的区间。另外可以看到，行权业绩指标达标情况落在(0.05,0.1]这一区间的数据仅次于(0,0.05]这一区间，而从较为宽松的定义上讲，这一部分的上市公司也可以理解为行权业绩条件“踩线”达标的公司，因此在稳健性检验中，我们也对在这一口径下定义的行权业绩条件“踩线”达标进行了验证。

同时，设计合理的行权业绩条件达标情况理应以0为中心呈现出正态分布的态势，然而从图8.7及图8.8中却可以发现，(0,0.05]这一条形格的高度要显著高于(−0.05,0]这一条形格的高度，即在(0,0.05]处净利润、营业收入的达标情况呈现一个非常明显的断点，因而我们推测有一部分原本行权业绩条件处于这一区间的上市公司通过盈余管理的手段实现了行权业绩条件达标的目的。

表8.5　不同条件下关键审计事项相关风险情况分组统计

Variable		Obs	Mean	Std. Dev.	Min	Max
RISKPOINT1	BEAT=1	347	.1729107	.3787161	0	1
RISKPOINT1	MEET=1	105	.1809524	.3868252	0	1
RISKPOINT1	QUALIFIED=0	266	.2518797	.4349108	0	1
RISKPOINT2	BEAT=1	347	.1959654	.3975152	0	1
RISKPOINT2	MEET=1	105	.2190476	.4155847	0	1
RISKPOINT2	QUALIFIED=0	266	.2781955	.4489549	0	1

本书对行权业绩条件显著达标、“踩线”达标及不达标情况下关键审计事项相关风险(RISKPOINT)的情况进行了分组统计，结果如表8.5

所示。从中可以看到，在行权业绩条件显著达标时，RISKPOINT 的均值分别为 0.17 和 0.20；在行权业绩条件"踩线"达标时，RISKPOINT 的均值分别为 0.18 和 0.22；而行权业绩条件不达标时，RISKPOINT 的均值分别为 0.25 和 0.28。即随着股权激励计划行权业绩条件的完成情况逐渐递减，审计师在关键审计事项中披露出相应风险点的可能性逐渐递增。这表明审计师的确通过关键审计事项的描述对行权业绩条件的达标情况进行了披露。

8.6.2　相关性检验

本书采用 Pearson 相关系数检验法对各变量进行相关性分析，结果如表 8.6 所示。

可以看到，关键审计事项中披露的风险点 RISKPOINT1 及 RISKPOINT2 同业绩达标 QUALIFIED 的相关系数分别为－0.091 及－0.084，二者之间均为负相关，并且在 5%的水平上显著，可以初步判断股权激励计划中业绩达标的公司其关键审计事项的风险更低。可以进行进一步回归分析其中的具体线性关系。

关键审计事项中披露的风险点 RISKPOINT1 及 RISKPOINT2 同业绩显著达标 BEAT 的相关系数分别为－0.069 及－0.076，二者之间均为负相关，分别在 10%及 5%的水平上显著；关键审计事项中披露的风险点 RISKPOINT1 及 RISKPOINT2 同净利润业绩优异 BEAT_NI 的相关系数分别为－0.110 及－0.113，二者之间均为负相关，并且在 1%的水平上显著，可以初步判断股权激励计划中显著达标的公司其关键审计事项的风险比"踩线"达标的公司更低，因此可以进行进一步回归分析其中的具体线性关系。

此外，各解释变量之间的相关系数均小于 0.6，或者是不存在显著性，系数均在可接受的范围内，因此各变量间不存在严重的多重共线性问题。

表 8.6 各变量相关系数矩阵

	RISKPOINT1	RISKPOINT2	REM	ACFO	APROD	AEXP	QUALIFIED	MEET	BEAT	MEET NI	BEAT NI	LEV	SIZE	ROA	LOSS	COMP	MTB	STATE	AGE	LARGEST	BOARD	STRUCTURE	DUAL	OPINION	IPO	SEO
RISKPOINT1	1																									
RISKPOINT2	0.854***	1																								
REM	0.007	0.06	1																							
ACFO	0.028	−0.019	−0.679***	1																						
APROD	0.034	0.080**	0.923***	−0.473***	1																					
AEXP	0.005	−0.027	−0.759***	0.192***	−0.654***	1																				
QUALIFIED	−0.091**	−0.084**	−0.132***	0.074**	−0.158***	0.06	1																			
MEET	−0.027	−0.007	−0.049	0.04	−0.051	0.027	0.324***	1																		
BEAT	−0.069*	−0.076**	−0.092**	0.043	−0.116***	0.039	0.735***	−0.404***	1																	
MEET NI	−0.021	−0.001	−0.088**	0.076*	−0.091**	0.037	0.311***	0.922***	−0.341***	1																
BEAT NI	−0.110***	−0.113***	−0.090**	0.024	−0.113***	0.055	0.734***	−0.292***	0.934***	−0.365***	1															
LEV	−0.097***	−0.086**	0.268***	−0.329***	0.248***	−0.065*	−0.045	−0.096***	0.025	−0.097**	0.024	1														
SIZE	−0.173***	−0.191***	0.056	−0.061	0.033	−0.057	0.04	−0.082**	0.097***	−0.061	0.104**	0.571***	1													
ROA	−0.05	−0.045	−0.434***	0.379***	−0.435***	0.182***	0.355***	0.148***	0.237***	0.181***	0.259***	−0.267***	−0.013	1												
LOSS	0.004	−0.007	0.023	−0.032	0.027	0.01	−0.125***	−0.070*	−0.071*	−0.06	−0.104**	0.126***	0.043	−0.205***	1											
COMP	−0.046	−0.081**	−0.174***	0.110***	−0.157***	0.158***	0.109***	0.048	0.071*	0.043	0.094**	0.237***	0.538***	0.138***	0.022	1										
MTB	0.081**	0.078**	−0.288***	0.176***	−0.248***	0.272***	0.091**	0.085**	0.027	0.097**	0.016	−0.117***	−0.331***	0.409***	−0.015	0.016	1									
STATE	−0.033	−0.045	0.074**	0.023	0.110***	−0.073*	−0.018	0.032	−0.041	0.036	−0.019	0.179***	0.261***	−0.06	−0.034	0.202***	−0.100***	1								
AGE	−0.107***	−0.142***	0.157***	−0.105***	0.117***	−0.165***	−0.076**	−0.083**	−0.014	−0.089**	0.019	0.223***	0.556***	−0.218***	0.070*	0.217***	−0.441***	0.190***	1							
LARGEST	−0.043	−0.063*	−0.02	0.070*	−0.004	−0.025	0.036	0.006	0.03	0.032	0.028	0.110***	0.078**	0.204***	−0.046	0.089**	0.118***	0.082**	−0.193***	1						
BOARD	−0.033	−0.041	−0.031	0.012	−0.039	0.02	−0.012	0.026	−0.03	0.042	−0.015	0.126***	0.227***	0.001	−0.044	0.181***	−0.063*	0.162***	0.122***	−0.059	1					
STRUCTURE	−0.048	−0.06	−0.025	0.047	−0.02	−0.003	0.053	0.039	0.023	0.026	0.014	−0.067*	−0.019	0.042	0.052	−0.022	0.006	−0.011	0.007	0.132***	−0.607***	1				
DUAL	0.096**	0.056	−0.029	0.017	−0.032	0.018	0.02	0.05	−0.017	0.023	0.002	−0.097***	−0.087**	0.056	−0.033	0.048	0.131***	−0.065*	−0.125***	0.108***	−0.140***	0.135***	1			
OPINION	−0.013	−0.005	−0.06	0.045	−0.056	0.04	0.139***	0.045	0.102***	0.045	0.112***	−0.039	−0.005	0.132***	−0.230***	0.007	0.054	0.022	−0.051	0.065*	0.017	−0.003	0.024	1		
IPO	0.013	0.046	−0.135***	0.047	−0.108***	0.185***	0.051	0.114***	−0.032	0.160***	−0.082**	−0.100***	−0.249***	0.278***	−0.045	−0.035	0.290***	−0.056	−0.576***	0.093**	−0.047	−0.018	0.069*	0.029	1	
SEO	−0.019	0.028	0.015	−0.067*	−0.02	0.02	0.035	−0.038	0.061	−0.04	0.080*	−0.090**	0.051	−0.047	−0.046	−0.054	−0.137***	0.011	0.068*	−0.120***	−0.008	0.005	−0.001	0.045	−0.116***	1

8.6.3　回归分析

本书采用 PROBIT 模型对关键审计事项中披露的风险点和行权业绩条件达标情况进行了回归分析，结果如表 8.7 所示。业绩达标 QUALIFIED 对关键审计事项中披露的风险点的回归系数分别为－0.226 及－0.216，在 10%的水平上显著，表明股权激励计划中业绩达标的公司其关键审计事项的风险更低，这证实了本书提出的假说 1。这也意味着审计师对行权业绩条件达标的公司的评价更为正面，行权业绩条件达标的公司有着更好的公司资质。此外，回归(1)(2)的结果均显示，SIZE 的回归系数为负且在 5%水平上显著，表明规模较大的公司关键审计事项的风险更低；STRUCTURE 的回归系数为负且分别在 10%及 5%的水平上显著，表明独立董事占比较高的公司关键审计事项的风险更低。

表 8.7　回归结果 1

因变量	RISKPOINT1	RISKPOINT2
	(1)	(2)
QUALIFIED	－0.226*	－0.216*
	(0.064)	(0.071)
LEV	－0.167	0.157
	(0.694)	(0.705)
SIZE	－0.223**	－0.230**
	(0.021)	(0.015)
ROA	－0.984	－0.506
	(0.453)	(0.695)
LOSS	0.019	－0.049
	(0.956)	(0.888)
COMP	0.134	0.071
	(0.206)	(0.491)

续表

因变量	RISKPOINT1	RISKPOINT2
	(1)	(2)
MTB	0.017	0.005
	(0.593)	(0.862)
STATE	0.115	0.085
	(0.727)	(0.796)
AGE	−0.094	−0.158
	(0.382)	(0.130)
LARGEST	−0.457	−0.741
	(0.322)	(0.102)
BOARD	−0.425	−0.585
	(0.286)	(0.128)
STRUCTURE	−2.651 *	−3.096**
	(0.060)	(0.026)
DUAL	0.267**	0.142
	(0.022)	(0.216)
OPINION	−0.035	0.005
	(0.946)	(0.992)
IPO	−0.315	−0.199
	(0.236)	(0.432)
SEO	−0.004	0.191
	(0.981)	(0.203)
Constant	4.469**	6.180***
	(0.037)	(0.003)
Observations	715	715
Pseudo R2	0.060	0.062

进一步地，是否所有行权业绩条件达标的公司均对应着相对更好的公司资质呢？考虑到行权业绩条件达标的公司当中可能有部分公司属

于踩线达标的情况，而这部分踩线达标的公司可能未必真正达成了其业绩要求，而是在背后采用了盈余管理等手段。并且审计师有可能关注到这类公司的操作，因而行权业绩条件"踩线"达标的公司的关键审计事项可能有着较高的风险。

基于此，我们将行权业绩条件达标(QUALIFIED)的公司划分为行权业绩条件"踩线"达标的公司(MEET)以及行权业绩条件显著达标的公司(BEAT)，从而更进一步地将此三者之间的情况进行对比。我们分别采用 PROBIT 模型进行回归，结果如表 8.8 所示。其中，回归(1)(2)选取业绩"踩线"达标(MEET)、业绩优异(BEAT)作为解释变量；而回归(3)(4)则选取净利润踩线达标(MEET_NI)、净利润业绩优异(BEAT_NI)为解释变量，可以作为回归(1)(2)的稳健性检验。

回归(2)显示，BEAT 对关键审计事项中披露的风险点的回归系数为－0.228，在 10％的水平上显著。回归(1)中 BEAT 对关键审计事项中披露的风险点的回归系数也接近通过 10％水平的检验。针对净利润这一项行权业绩指标来看，回归(3)(4)中 BEAT_NI 的回归系数分别为－0.343 和－0.315，均在 5％的水平上显著。这表明审计师有显著更低的概率对行权业绩条件显著达标的公司出具有风险点的关键审计事项。而在回归(1)—(4)中，MEET(或 MEET_NI)对关键审计事项中披露的风险点的回归系数虽然为负，但结果并不显著。这也就表明股权激励计划中显著达标的公司其关键审计事项的风险比其他公司更低，证实了本书提出的假说 2。

表 8.8　回归结果 2

因变量	RISKPOINT1	RISKPOINT2	RISKPOINT1	RISKPOINT2
	(1)	(2)	(3)	(4)
MEET	－0.276	－0.182		
	(0.122)	(0.286)		

续表

因变量	RISKPOINT1	RISKPOINT2	RISKPOINT1	RISKPOINT2
	(1)	(2)	(3)	(4)
BEAT	−0.210	−0.228*		
	(0.104)	(0.072)		
MEET_NI			−0.306	−0.198
			(0.146)	(0.321)
BEAT_NI			−0.343**	−0.315**
			(0.017)	(0.025)
LEV	−0.175	0.163	−0.130	0.276
	(0.681)	(0.696)	(0.781)	(0.544)
SIZE	−0.225**	−0.228**	−0.201*	−0.234**
	(0.020)	(0.015)	(0.054)	(0.021)
ROA	−0.991	−0.500	−1.058	−0.658
	(0.450)	(0.698)	(0.472)	(0.647)
LOSS	0.016	−0.048	−0.278	−0.052
	(0.963)	(0.892)	(0.529)	(0.897)
COMP	0.136	0.070	0.203*	0.132
	(0.201)	(0.496)	(0.094)	(0.256)
MTB	0.017	0.005	0.024	0.005
	(0.590)	(0.863)	(0.499)	(0.872)
STATE	0.126	0.078	0.049	−0.006
	(0.705)	(0.814)	(0.898)	(0.987)
AGE	−0.093	−0.159	−0.083	−0.115
	(0.383)	(0.129)	(0.486)	(0.320)
LARGEST	−0.456	−0.742	−0.184	−0.472
	(0.324)	(0.101)	(0.722)	(0.346)
BOARD	−0.409	−0.594	−0.241	−0.220
	(0.307)	(0.123)	(0.593)	(0.611)

续表

因变量	RISKPOINT1	RISKPOINT2	RISKPOINT1	RISKPOINT2
	(1)	(2)	(3)	(4)
STRUCTURE	−2.610 *	−3.120**	−2.480	−2.274
	(0.065)	(0.025)	(0.135)	(0.156)
DUAL	0.269**	0.141	0.200	0.122
	(0.021)	(0.219)	(0.124)	(0.334)
OPINION	−0.037	0.007	−0.124	0.047
	(0.942)	(0.990)	(0.812)	(0.928)
IPO	−0.306	−0.205	−0.241	−0.039
	(0.250)	(0.420)	(0.426)	(0.893)
SEO	−0.007	0.193	0.044	0.228
	(0.965)	(0.200)	(0.799)	(0.161)
Constant	4.440**	6.193***	2.539	4.130 *
	(0.038)	(0.003)	(0.279)	(0.071)
Observations	715	715	589	589
Pseudo R2	0.061	0.062	0.058	0.056

为了使样本的分类更加严谨，我们将行权业绩条件显著达标的公司、行权业绩条件“踩线”达标的公司以及行权业绩条件不达标的公司两两之间进行对比，结果如表 8.9 所示。其中，回归(1)(2)选取了行权业绩条件“踩线”达标的公司与不达标的公司进行比较，而回归(3)(4)则选取了行权业绩条件显著达标的公司与不达标的公司进行比较。

回归(1)(2)当中，MEET_NI 对关键审计事项中披露的风险点的回归系数结果并不显著，表明股权激励计划中“踩线”达标的公司其关键审计事项的风险与不达标的公司对比没有明显的差别。回归(3)(4)当中，BEAT_NI 对关键审计事项中披露的风险点的回归系数分别为−0.346及−0.302，均在 5%的水平上显著，表明股权激励计划中显著达标的公司其关键审计事项的风险比不达标的公司更低。综合以上，更进一步佐证了假说2"股权激励计划中显著达标的公司其关键审计事项的风险比其他公司更低"的内容。

表 8.9 回归结果 3

因变量	RISKPOINT1	RISKPOINT2	RISKPOINT1	RISKPOINT2
	(1)	(2)	(3)	(4)
MEET_NI	−0.317	−0.175		
	(0.145)	(0.400)		
BEAT_NI			−0.346**	−0.302**
			(0.020)	(0.036)
LEV	−0.199	−0.141	0.219	0.549
	(0.737)	(0.807)	(0.662)	(0.262)
SIZE	−0.223	−0.167	−0.269**	−0.306***
	(0.118)	(0.229)	(0.020)	(0.007)
ROA	−1.516	−1.842	−0.773	−0.640
	(0.381)	(0.282)	(0.619)	(0.673)
LOSS	−0.767	−0.201	−0.333	−0.108
	(0.225)	(0.678)	(0.454)	(0.787)
COMP	0.235	0.001	0.217	0.180
	(0.133)	(0.996)	(0.101)	(0.157)
MTB	0.024	0.024	0.018	0.000
	(0.561)	(0.571)	(0.646)	(0.998)
STATE	0.191	0.239	−0.611	−0.638
	(0.656)	(0.579)	(0.292)	(0.264)
AGE	−0.267	−0.333**	−0.030	−0.038
	(0.102)	(0.040)	(0.812)	(0.762)
LARGEST	−0.531	−0.717	−0.420	−0.708
	(0.449)	(0.292)	(0.462)	(0.200)

续表

因变量	RISKPOINT1	RISKPOINT2	RISKPOINT1	RISKPOINT2
	(1)	(2)	(3)	(4)
BOARD	0.726	0.373	−0.252	−0.258
	(0.245)	(0.526)	(0.604)	(0.581)
STRUCTURE	−0.663	−1.930	−2.752	−2.026
	(0.762)	(0.379)	(0.131)	(0.247)
DUAL	0.174	0.115	0.205	0.110
	(0.310)	(0.495)	(0.146)	(0.424)
OPINION	−0.347	−0.119	−0.078	0.100
	(0.528)	(0.825)	(0.881)	(0.846)
IPO	−0.306	−0.075	−0.410	0.072
	(0.400)	(0.832)	(0.266)	(0.830)
SEO	−0.195	0.302	0.069	0.204
	(0.461)	(0.196)	(0.707)	(0.243)
Constant	0.541	3.881	3.781	4.805 *
	(0.859)	(0.202)	(0.152)	(0.060)
Observations	328	328	505	505
Pseudo R2	0.091	0.092	0.068	0.065

由此我们不由得思考，为何同样是行权业绩条件达标的公司，审计师在其关键审计事项中披露出风险点的概率却截然不同。根据谢德仁等(2018)的研究，行权业绩条件“踩线”达标的公司进行真实盈余管理的程度显著高于其他公司。因而我们猜测，行权业绩条件“踩线”达标的公司很有可能进行了盈余管理从而使得其业绩达标，而这影响了审计师对其关键审计事项的描述。

我们采用 OLS 模型对真实盈余管理和行权业绩条件达标情况进行了回归分析，并且对该结果进行了异方差修正。结果如表 8.10 所示。经检验，回归(1)—(4)均不存在明显的多重共线性。回归(1)—(4)表明,MEET 的回归系数的符号虽然与我们的预期一致,但其结果并不显著,这似乎与之前学者的研究结论相左。然而事实上,上市公司在设定股权激励计划时往往会采用股票期权及限制性股票两种不同的激励工具,并且如前文所述,两种工具在激励力度、风险性、纳税时点等方面均有不同,因而管理层针对两种激励工具可能会采取不同的处理措施及盈余管理行为。

表 8.10 回归结果 4

因变量	ACFO	AEXP	APROD	REM
	(1)	(2)	(3)	(4)
MEET	−0.008	−0.004	0.009	0.023
	(0.337)	(0.633)	(0.447)	(0.327)
SIZE	0.008 *	−0.005	−0.007	−0.010
	(0.080)	(0.274)	(0.317)	(0.433)
ROA	0.440***	0.098	−0.770***	−1.356***
	(0.000)	(0.142)	(0.000)	(0.000)
LEV	−0.180***	−0.015	0.164***	0.351***
	(0.000)	(0.521)	(0.000)	(0.000)
MTB	0.003	0.008***	−0.006**	−0.017***
	(0.163)	(0.000)	(0.012)	(0.001)
LOSS	0.034**	0.015	−0.053***	−0.104**
	(0.032)	(0.306)	(0.008)	(0.013)
COMP	0.014**	0.024***	−0.026***	−0.063***
	(0.019)	(0.000)	(0.004)	(0.000)
Constant	−0.371***	−0.252***	0.513***	1.132***
	(0.000)	(0.001)	(0.000)	(0.000)
Observations	715	715	715	715
R-squared	0.225	0.107	0.241	0.263

基于上述考虑，我们将股权激励方案按照股票期权及限制性股票两种激励工具分别进行 OLS 回归，并且对该结果进行了异方差修正。结果如表 8.11 所示。经检验，回归(1)—(4)均不存在明显的多重共线性。回归(4)显示，MEET 对真实盈余管理的回归系数为 0.119，在 10%的水平上显著。这表明在激励工具为股票期权时，对于行权业绩条件“踩线”达标的公司而言，其上市公司管理层进行真实盈余管理的程度更高，证实了本书提出的假说 3。回归(1)—(3)当中 MEET 的回归系数虽然与我们的预期相符，但是结果并不显著。最后，对比回归(5)—回归(8)可以发现，其中 MEET 的回归系数虽然与我们的预期相符，但是结果并不显著。这表明在激励工具为限制性股票时，行权业绩条件“踩线”达标的公司没有明显的进行真实盈余管理的操作。这也就证明确实有部分行权业绩条件“踩线”达标的公司有显著更高的真实盈余管理程度。

也就是说，至少有一部分行权业绩条件“踩线”达标的公司有显著更高的真实盈余管理程度，这在一定程度上也可以解释为何审计师对于行权业绩条件显著达标和“踩线”达标的公司给出了倾向性截然不同的关键审计事项。

最后，我们想知道为何只有在激励工具为股票期权时，行权业绩“踩线”达标的企业才倾向于进行真实盈余管理。如前文所述，首先，限制性股票在解禁日便需要进行纳税，而股票期权只有在管理层真正行权时才需要进行纳税，即限制性股票面临着更早的纳税时点。由于限制性股票纳税时会给被授予对象带来较大的资金压力(此时被授予对象只有纳税的义务，而并不一定会对限制性股票进行资金变现)，因而同样在行权业绩接近达标的状态下，管理层往往更倾向于针对资金压力较小的股票期权采取真实盈余管理的操作。其次，管理层对于两种激励工具往往有着不同的未来预期，而这种预期会影响管理层对于真实盈余管理的选择。具体来说，当激励工具为股票期权时，考虑到期权权利与义务不对等的特点，如果管理层通过真实盈余管理使得公司业绩满足了既定条件，则

表 8.11 回归结果 5

因变量	股票期权				限制性股票			
	ACFO	AEXP	APROD	REM	ACFO	AEXP	APROD	REM
	(1)	(2)	(3)	(4)	(5)	(6)	(7)	(8)
MEET	−0.024	−0.024	0.066	0.119*	−0.004	−0.002	0.001	0.008
	(0.432)	(0.260)	(0.108)	(0.099)	(0.582)	(0.855)	(0.928)	(0.741)
SIZE	0.011	−0.004	−0.003	−0.017	0.007	−0.006	−0.006	−0.006
	(0.333)	(0.695)	(0.838)	(0.531)	(0.190)	(0.290)	(0.410)	(0.668)
ROA	0.028	0.240*	−0.937***	−1.238***	0.524***	0.091	−0.789***	−1.466***
	(0.862)	(0.093)	(0.000)	(0.002)	(0.000)	(0.261)	(0.000)	(0.000)
LEV	−0.171***	−0.011	0.213***	0.417***	−0.174***	−0.017	0.150***	0.326***
	(0.002)	(0.753)	(0.001)	(0.000)	(0.000)	(0.562)	(0.000)	(0.000)
MTB	0.003	0.016***	−0.014**	−0.037**	0.002	0.007***	−0.005*	−0.014**
	(0.576)	(0.008)	(0.043)	(0.013)	(0.331)	(0.001)	(0.055)	(0.012)
LOSS	0.023*	−0.008	−0.046*	−0.066	0.032	0.031	−0.062**	−0.127**
	(0.083)	(0.623)	(0.064)	(0.118)	(0.176)	(0.122)	(0.029)	(0.039)
COMP	0.014	0.023	−0.039*	−0.065	0.015**	0.024***	−0.023**	−0.062***
	(0.339)	(0.180)	(0.073)	(0.134)	(0.018)	(0.000)	(0.019)	(0.001)
Constant	−0.396**	−0.288**	0.612***	1.326***	−0.366***	−0.238***	0.465***	1.059***
	(0.022)	(0.044)	(0.007)	(0.001)	(0.000)	(0.008)	(0.001)	(0.000)
Observations	141	141	141	141	574	574	574	574
R-squared	0.096	0.177	0.271	0.240	0.265	0.101	0.243	0.275

其不会承担任何的经济损失(此时管理层只存在行权获利或不行权两种选择)。因此,管理层有更强烈的动机进行盈余管理。而激励工具为限制性股票时,由于管理层在一开始即付出了“真金白银”,即使其后来通过真实盈余管理使得业绩达标、股票解锁,也仍然存在未来股价波动的风险。因此,管理层在进行真实盈余管理时可能更为慎重。

8.6.4　稳健性检验

为使研究结论更为稳健,本书还采取了多种形式的稳健性检验,具体如下。

第一,选择了不同的行权业绩条件考核指标的统计口径。上市公司股权激励计划中往往存在多项行权业绩条件考核指标,本书在数据收集时共统计了 14 项不同的行权业绩条件考核指标(包含净利润、营业收入、ROE、EBIT、分红情况等)。但实际上上市公司选取的行权业绩条件主要集中在净利润、营业收入及 ROE 三项,因此在稳健性检验部分,我们仅就这三项考核指标进行统计并进行回归分析,结果如表 8.12、表 8.13、表 8.14 所示。可以看到,在统计的考核指标减少后,主要变量回归系数的显著性有所上升,这一结果支持了本书的结论。

表 8.12　稳健性检验结果 1

因变量	RISKPOINT1	RISKPOINT2
	(1)	(2)
QUALIFIED_3	−0.246**	−0.235**
	(0.044)	(0.049)
LEV	−0.161	0.163
	(0.704)	(0.695)
SIZE	−0.225**	−0.231**
	(0.020)	(0.014)

续表

因变量	RISKPOINT1	RISKPOINT2
	(1)	(2)
ROA	−0.937	−0.458
	(0.474)	(0.722)
LOSS	0.016	−0.053
	(0.964)	(0.879)
COMP	0.138	0.075
	(0.193)	(0.468)
MTB	0.017	0.005
	(0.590)	(0.859)
STATE	0.112	0.082
	(0.736)	(0.805)
AGE	−0.092	−0.157
	(0.391)	(0.133)
LARGEST	−0.463	−0.747*
	(0.316)	(0.099)
BOARD	−0.426	−0.585
	(0.286)	(0.127)
STRUCTURE	−2.658*	−3.103**
	(0.060)	(0.026)
DUAL	0.267**	0.141
	(0.022)	(0.217)
OPINION	−0.025	0.014
	(0.961)	(0.978)
IPO	−0.316	−0.201
	(0.234)	(0.429)
SEO	−0.003	0.192
	(0.984)	(0.201)

续表

因变量	RISKPOINT1	RISKPOINT2
	(1)	(2)
Constant	4.450**	6.164***
	(0.038)	(0.004)
Observations	715	715
Pseudo R2	0.061	0.063

表 8.13　稳健性检验结果 2

因变量	RISKPOINT1	RISKPOINT2	RISKPOINT1	RISKPOINT2
	(1)	(2)	(3)	(4)
MEET_3	−0.267	−0.172		
	(0.138)	(0.318)		
BEAT_3	−0.240 *	−0.255**		
	(0.061)	(0.043)		
MEET_NI_3			−0.306	−0.198
			(0.146)	(0.321)
BEAT_NI_3			−0.343**	−0.315**
			(0.017)	(0.025)
LEV	−0.165	0.174	−0.130	0.276
	(0.699)	(0.676)	(0.781)	(0.544)
SIZE	−0.226**	−0.230**	−0.201 *	−0.234**
	(0.020)	(0.015)	(0.054)	(0.021)
ROA	−0.936	−0.458	−1.058	−0.658
	(0.474)	(0.722)	(0.472)	(0.647)
LOSS	0.015	−0.051	−0.278	−0.052
	(0.966)	(0.884)	(0.529)	(0.897)
COMP	0.139	0.074	0.203 *	0.132
	(0.192)	(0.474)	(0.094)	(0.256)

续表

因变量	RISKPOINT1	RISKPOINT2	RISKPOINT1	RISKPOINT2
	(1)	(2)	(3)	(4)
MTB	0.017	0.005	0.024	0.005
	(0.590)	(0.858)	(0.499)	(0.872)
STATE	0.115	0.070	0.049	−0.006
	(0.728)	(0.833)	(0.898)	(0.987)
AGE	−0.092	−0.157	−0.083	−0.115
	(0.390)	(0.133)	(0.486)	(0.320)
LARGEST	−0.462	−0.752*	−0.184	−0.472
	(0.318)	(0.097)	(0.722)	(0.346)
BOARD	−0.419	−0.602	−0.241	−0.220
	(0.295)	(0.118)	(0.593)	(0.611)
STRUCTURE	−2.644*	−3.139**	−2.480	−2.274
	(0.062)	(0.025)	(0.135)	(0.156)
DUAL	0.268**	0.140	0.200	0.122
	(0.022)	(0.222)	(0.124)	(0.334)
OPINION	−0.026	0.017	−0.124	0.047
	(0.959)	(0.974)	(0.812)	(0.928)
IPO	−0.312	−0.211	−0.241	−0.039
	(0.241)	(0.408)	(0.426)	(0.893)
SEO	−0.005	0.194	0.044	0.228
	(0.977)	(0.195)	(0.799)	(0.161)
Constant	4.439**	6.185***	2.539	4.130*
	(0.039)	(0.003)	(0.279)	(0.071)
Observations	715	715	589	589
Pseudo R2	0.061	0.063	0.058	0.056

表 8.14　稳健性检验结果 3

因变量	股票期权				限制性股票			
	ACFO	AEXP	APROD	REM	ACFO	AEXP	APROD	REM
	(1)	(2)	(3)	(4)	(5)	(6)	(7)	(8)
MEET_3	−0.024	−0.024	0.066	0.119*	−0.006	0.000	−0.002	0.004
	(0.432)	(0.260)	(0.108)	(0.099)	(0.489)	(0.982)	(0.889)	(0.855)
SIZE	0.011	−0.004	−0.003	−0.017	0.007	−0.006	−0.006	−0.007
	(0.333)	(0.695)	(0.838)	(0.531)	(0.193)	(0.298)	(0.401)	(0.660)
ROA	0.028	0.240*	−0.937***	−1.238***	0.525***	0.090	−0.787***	−1.464***
	(0.862)	(0.093)	(0.000)	(0.002)	(0.000)	(0.271)	(0.000)	(0.000)
LEV	−0.171***	−0.011	0.213***	0.417***	−0.174***	−0.017	0.150***	0.326***
	(0.002)	(0.753)	(0.001)	(0.000)	(0.000)	(0.562)	(0.000)	(0.000)
MTB	0.003	0.016***	−0.014**	−0.037**	0.002	0.007***	−0.005*	−0.014**
	(0.576)	(0.008)	(0.043)	(0.013)	(0.334)	(0.001)	(0.055)	(0.012)
LOSS	0.023*	−0.008	−0.046*	−0.066	0.032	0.031	−0.062**	−0.127**
	(0.083)	(0.623)	(0.064)	(0.118)	(0.176)	(0.120)	(0.028)	(0.038)
COMP	0.014	0.023	−0.039*	−0.065	0.015**	0.024***	−0.023**	−0.062***
	(0.339)	(0.180)	(0.073)	(0.134)	(0.018)	(0.000)	(0.019)	(0.001)
Constant	−0.396**	−0.288**	0.612***	1.326***	−0.365***	−0.238***	0.467***	1.060***
	(0.022)	(0.044)	(0.007)	(0.001)	(0.000)	(0.008)	(0.001)	(0.000)
Observations	141	141	141	141	574	574	574	574
R-squared	0.096	0.177	0.271	0.240	0.265	0.101	0.243	0.275

第二，根据前文的论述，上市公司除了可以采取真实盈余管理进行业绩指标操控外，还有可能采取应计盈余管理、分类转移等手段。具体而言，在考虑应计盈余管理时，我们参考了苏冬蔚和林大庞(2010)的做法，按五种①不同的方法对可操纵应计利润 DA 进行了估计；在考虑应计转移时，我们参考了刘宝华等(2016)的做法，以非预期的核心盈余水平(CE1)以及非预期的核心盈余变化(CE2)衡量分类转移。结果显示，无论是对样本总体进行回归还是按股票期权、限制性股票分组进行回归，其结果均不显著，且回归结果的 R-squared 均小于 0.10，模型的解释力度不强。这证实了我们前面的分析，即管理层的确是采用真实盈余管理而非应计盈余管理或分类转移进行业绩操控的。

8.7 小结与反思

《在审计报告中沟通关键审计事项》等 12 项新审计准则的公布为我们研究股权激励的行权条件以及股权激励下的盈余管理提供了新思路。本书基于信息观的角度，分析了上市公司股权激励的行权业绩条件、审计师在审计报告中的相应行为及上市公司背后可能存在的盈余管理三者之间的关系。研究发现，关键审计事项是对股权激励计划中行权业绩条件达标情况的良好反映。具体而言，股权激励计划中业绩达标的公司其关键审计事项的风险更低，股权激励计划中显著达标的公司其关键审计事项的风险比“踩线”达标的公司更低。我们进一步探究发现，股权激励计划“踩线”达标的公司存在更高的盈余管理程度，而审计师有可能关注此类风险。此外，本书的研究还有以下的发现。

首先，由于上市公司在采用真实盈余管理时其业务均为真实发生的，其操作往往较为隐蔽、不易察觉，注册会计师很难形成对于管理层的

① 原文中采用了六种不同的方法对 DA 进行估计。由于第四种方法中公司成长性指标 BM 不易获取，因此我们只采用了其他五种方法。

有效指控；而本书的研究则为财务报表预期使用者尤其是外部投资者洞悉上市公司的业绩达标、盈余管理情况提供了全新的窗口。审计报告中关键审计事项的披露，可以使投资者更好地了解上市公司财务报表中需重点关注的领域，增加上市公司信息披露的透明度。

第二，本书以对 2017 年业绩提出要求的股权激励方案为样本进行研究，与谢德仁等(2018)的研究相对比可以发现①，行权业绩条件"踩线"达标的上市公司的管理层进行真实盈余管理的倾向性明显减弱，表明我国资本市场正逐步进入长期良性发展阶段。

第三，本书对股票期权及限制性股票两种激励工具进行对比及实证分析。两种工具背后盈余管理程度的不同反映了管理层在行权过程中复杂而又微妙的心态。真实盈余管理的行为必然最终将对公司的经营带来不利影响，因而实施与否中往往隐含着管理层短期利益与长期规划之间的搏斗。这也就要求监管机构必须要由原来的粗放式管理向精细化转变，深入分析盈余管理背后的真实成因，从而设计出更为合理的股权激励方案制度。

第四，我国的股权激励方案往往涉及多个解锁期(或行权期)，在制定激励方案的初期即需要对若干年后的解锁条件(或行权条件)进行设定。虽然《上市公司股权激励管理办法》中明确规定，"同时实行多期股权激励计划的，各期激励计划设立的公司业绩指标应当保持可比性"②。然而我们发现在实际实施过程当中其结果往往要么形同虚设，要么差之千里，使得股权激励难以发挥激励效果。这就要求监管机构对现有的股权激励制度进行完善，改变目前过早确定未来业绩指标的现状；同时要求上市公司董事会及其薪酬委员会更加审慎地选用行权业绩指标，设定更为合理的业绩条件达标值。

---

① 其研究对象为我国上市公司 2006 年—2014 年实施股权激励的数据。

②《上市公司股权激励管理办法》第十四条。

本研究也存在一定的局限。首先，绝大部分上市公司在2017年的审计报告当中第一次披露关键审计事项，这导致本书的样本数据相对受限。其次，由于审计报告中关键审计事项段的数据全部来自手工摘录，本书并没有统计未实施股权激励计划的公司其关键审计事项风险点的分布情况，这使得本书的研究缺少对照组。最后，结合金融经济领域的投资者情绪词典进行文本分析的方法一般而言比较适合于网络评论、用户留言等类型的文本，考虑到本书选用的关键审计事项段文本数量较少，且关键审计事项可能存在某些固定模式，使得其用语比较固定，我们认为文本分析的方法对本书的研究适用度不高。因此本书并未采取Loughran和McDonald(2010)、林乐和谢德仁(2017)的做法，而是结合文献研究对关键审计事项进行了人工阅读，这使得关键审计事项中风险点的定义及选取存在一定的主观性成分。这些方面有待于未来进一步研究解决。

第 9 章　研究结论

9.1　本书的主要工作和结论

代理问题是现代企业的一个最核心的问题。股权激励机制的产生是为了缓解这个问题，但是在股权激励实践的过程中，本书发现股权激励合约本身有可能因为经理人的机会主义动机和行为而成为代理问题的一部分。本研究以中国 2006 年开始的规范型股权激励为始，梳理了我国股权激励的特点、要素和相关流程，再以股权激励的各个阶段为研究样本，从经理人在股权激励各个阶段中机会主义行为的目的出发，从理论分析和实证检验两方面了研究我国股权激励在制定、实施待权阶段和限制性股票解禁前的经理人机会主义行为。本书研究的主要内容和结论如下：

在回顾了相关文献和制度背景之后，本书首先对股权激励过程经理人的机会主义行为进行了理论分析。这部分内容首先梳理了我国各监管部门有关股权激励发布的相关规定，介绍了股权激励的定义和相关要素，并系统地梳理了我国股权激励计划制定和实施的流程。继而根据股权激励的流程分析了经理人机会主义行为的出发点，并对经理人在其中的动机和能力作了探讨，构建股权激励各阶段中经理人机会主义行为的分析框架。

接着介绍了本研究的样本选择，统计了我国股权激励的现状，包括草案发布情况、实施情况等，也分国有和非国有对股权激励机制的推行作了分别的统计。本书也对股权激励计划中的相关要素进行了简单的描述性统计，其中对股权激励计划中的行权业绩条件作了较为详细的介绍说明和检验。

在股权激励、激励对象兼任薪酬委员会委员与行权业绩条件部分，站在股权激励流程的上游，研究了激励对象兼任薪酬委员会委员对股权激励计划中业绩条件的影响作用。具体来说，检验了股权激励对象兼任公司薪酬委员会委员对股权激励计划中的业绩条件要求严格程度之间的关系，发现激励对象兼任公司薪酬委员会委员与净利润增长率指标的严格程度之间存在负相关关系，而且兼任薪酬委员会委员的激励对象受到的股权激励力度显著影响了上市公司股权激励方案中行权业绩条件之净利润增长率指标的严格程度，激励力度越大则净利润增长率指标的要求越不严格。这为经理人在股权激励计划制定的过程中存在机会主义行为提供了经验证据。

在股权激励、行权业绩条件和盈余管理部分，本研究先以股权激励股利保护政策下的现金股利政策为切入点，探究了不同激励工具下现金股利的发放倾向和发放力度；并进一步地着眼于现金股利，以股权激励计划中业绩条件能否达标为出发点，研究了在业绩条件达标过程中经理人的机会主义行为。除了进行盈余管理的传统方式——可操纵性应计项，立足于业绩条件中的净资产收益率，还考虑了新颖的业绩指标管理方式——现金股利政策——来观察对经理人管理公司业绩的影响。这部分的发现又一次说明了在股权激励计划的业绩条件达标过程中存在经理人机会主义行为。

在限制性股票解禁前的盈余管理章节中，本研究以限制性股票解禁为切入点，以限制性股票所产生的个人所得税为出发点，研究公司限制性股票解禁对经理人行为的影响。这部分研究的发现也为在限制性股票解禁的过程中经理人存在机会主义行为提供了初步的经验证据，

在对股权激励中的经理人机会主义行为进行了分阶段的研究之后，本研究还进一步补充探究了第三方之于业绩型股权激励对公司行为的影响的看法，以审计师在其审计过程中对公司在业绩型股权激励过程中的机会主义行为是否有所察觉为兴趣点，以新审计报告准则的实施为契机，针对审计报告本身的具体内容探究了审计师本身对于公司业绩型股权激励在实施过程中的经理人机会主义行为的意见。

综上所述，本研究分析和研究了我国股权激励各个阶段中经理人的机会主义动机和行为决策。本研究以股权激励各个阶段作为研究切入点，从理论分析和实证检验两个方面探讨了经理人在股权激励过程中机会主义行为的作用机理。并进一步补充探究了第三方——审计师对股权激励中公司业绩的看法。

9.2　本书的主要贡献

首先，目前对于国内股权激励进行系统性研究的文献尚为数不多，本书在系统地梳理了我国股权激励计划制定和实施的流程后，较为系统全面地在股权激励流程中研究经理人机会主义行为，充实了股权激励的相关文献，对我国尚不太全面的股权激励相关研究是一个有力的补充。

其次，目前国内从股权激励角度研究经理人机会主义行为的文献也为数不多，本研究以股权激励为切入点，对股权激励流程中的经理人机会主义行为进行了较为系统和全面的梳理，并从理论和实证上检验了股权激励各流程中经理人机会主义的动机和表现，从而也为经理人机会主义行为的研究提供了新的角度。

再次，在本研究展开过程中引入了现金股利政策作为上市公司盈余

指标管理的一种手段,并认为其在我国近年来倡导上市公司提高现金分红的形势下是一种更为隐蔽的管理手段,从而为上市公司业绩指标管理的相关研究提供了新的分析视角,也为资本市场的投资者们更加辩证地看待公司现金股利这一政策提供了有益的参考。

最后,在我国上市公司纷纷推出股权激励计划的今天,分析研究股权激励对现代企业代理问题的意义也是一个重要的课题。只有监督和约束好股权激励计划制定和实施的各个流程中利益相关者的行为,才能使股权激励真正成为公司委托代理问题的缓和剂,而不是公司委托代理问题的另一个载体。

9.3 研究不足与后续研究方向

9.3.1 研究不足

一方面,股权激励与公司行为之间存在内生性问题。不能否认,公司推出股权激励的行为与其自己其他方面的表现存在内生性的问题,在研究的过程中如何理清和处理好这种内生性是一个问题。

另一方面,作为理性人,股东和经理人之间的博弈是一个动态的过程;股权激励实施过程对经理人本身也是一个动态博弈的过程。对于如何刻画出在这些动态过程中经理人的机会主义行为,本研究没有能够对经理人的动态的博弈作出分析讨论从而建立起一个行之有效的博弈模型。

再者,本研究缺乏对于股权激励中股票期权行权阶段的研究。由于现今市场行权的样本还较少,不能以此很好地来剖析经理人的行为。

9.3.2 后续研究方向

正是因为上述研究的局陷性,可能存在的未来研究方向是:

首先,虽然基于数据可得性和研究主题的原因,本书只研究了限制性股票解禁前经理人的盈余管理行为，其他股权激励方式如股票期权因为涉及其行权时间的不确定性，本书没有能够作进一步研究，但是对于股票期权激励，不管从税收的角度还是信息披露亦或其他经理人行为都非常具有研究价值，值得逐步收集并作为后续的研究。

其次，针对经理人动态博弈的问题，在公司股权激励过程中，经理人对于首期达标或者解禁/行权的心理状态和行为与其后续其他的激励所表现出来的心理状态和行为是不一样的，或者首个完整的股权激励过程和非首个股权激励过程其个人状态是不一样的，如何用一个经济学的动态博弈模型来展示出这种区别也是值得探究的。

再次，本书没有考虑经理人之间的区别，同样职位的经理人由于其经历和社会地位等的区别其对待事物的方式不一样，区别对待不同的人，并提炼出适合的激励方式有利于缓解公司的代理问题。

最后，本书认为，积极地寻找更适合于我国环境、能够有效缓解我国上市公司代理问题的股权激励机制是让企业健康持续发展的一个重要课题。

附录　股权激励主要相关规定

上市公司股权激励管理办法(试行)

(证监公司字[2005]151号)

第一章　总则

第一条　为进一步促进上市公司建立、健全激励与约束机制,依据《中华人民共和国公司法》、《中华人民共和国证券法》及其他有关法律、行政法规的规定,制定本办法。

第二条　本办法所称股权激励是指上市公司以本公司股票为标的,对其董事、监事、高级管理人员及其他员工进行的长期性激励。

上市公司以限制性股票、股票期权及法律、行政法规允许的其他方式实行股权激励计划的,适用本办法的规定。

第三条　上市公司实行的股权激励计划,应当符合法律、行政法规、本办法和公司章程的规定,有利于上市公司的持续发展,不得损害上市公司利益。

上市公司的董事、监事和高级管理人员在实行股权激励计划中应当诚实守信，勤勉尽责，维护公司和全体股东的利益。

第四条　上市公司实行股权激励计划，应当严格按照有关规定和本办法的要求履行信息披露义务。

第五条　为上市公司股权激励计划出具意见的专业机构，应当诚实守信、勤勉尽责，保证所出具的文件真实、准确、完整。

第六条　任何人不得利用股权激励计划进行内幕交易、操纵证券交易价格和进行证券欺诈活动。

第二章　一般规定

第七条　上市公司具有下列情形之一的，不得实行股权激励计划：

（一）最近一个会计年度财务会计报告被注册会计师出具否定意见或者无法表示意见的审计报告；

（二）最近一年内因重大违法违规行为被中国证监会予以行政处罚；

（三）中国证监会认定的其他情形。

第八条　股权激励计划的激励对象可以包括上市公司的董事、监事、高级管理人员、核心技术（业务）人员，以及公司认为应当激励的其他员工，但不应当包括独立董事。

下列人员不得成为激励对象：

（一）最近3年内被证券交易所公开谴责或宣布为不适当人选的；

（二）最近3年内因重大违法违规行为被中国证监会予以行政处罚的；

（三）具有《中华人民共和国公司法》规定的不得担任公司董事、监事、高级管理人员情形的。

股权激励计划经董事会审议通过后，上市公司监事会应当对激励对象名单予以核实，并将核实情况在股东大会上予以说明。

第九条　激励对象为董事、监事、高级管理人员的，上市公司应当建立绩效考核体系和考核办法，以绩效考核指标为实施股权激励计划的条件。

第十条 上市公司不得为激励对象依股权激励计划获取有关权益提供贷款以及其他任何形式的财务资助,包括为其贷款提供担保。

第十一条 拟实行股权激励计划的上市公司,可以根据本公司实际情况,通过以下方式解决标的股票来源:

(一) 向激励对象发行股份;

(二) 回购本公司股份;

(三) 法律、行政法规允许的其他方式。

第十二条 上市公司全部有效的股权激励计划所涉及的标的股票总数累计不得超过公司股本总额的10%。

非经股东大会特别决议批准,任何一名激励对象通过全部有效的股权激励计划获授的本公司股票累计不得超过公司股本总额的1%。

本条第一款、第二款所称股本总额是指股东大会批准最近一次股权激励计划时公司已发行的股本总额。

第十三条 上市公司应当在股权激励计划中对下列事项做出明确规定或说明:

(一) 股权激励计划的目的;

(二) 激励对象的确定依据和范围;

(三) 股权激励计划拟授予的权益数量、所涉及的标的股票种类、来源、数量及占上市公司股本总额的百分比;若分次实施的,每次拟授予的权益数量、所涉及的标的股票种类、来源、数量及占上市公司股本总额的百分比;

(四) 激励对象为董事、监事、高级管理人员的,其各自可获授的权益数量、占股权激励计划拟授予权益总量的百分比;其他激励对象(各自或按适当分类)可获授的权益数量及占股权激励计划拟授予权益总量的百分比;

(五) 股权激励计划的有效期、授权日、可行权日、标的股票的禁售期；

（六）限制性股票的授予价格或授予价格的确定方法，股票期权的行权价格或行权价格的确定方法；

（七）激励对象获授权益、行权的条件，如绩效考核体系和考核办法，以绩效考核指标为实施股权激励计划的条件；

（八）股权激励计划所涉及的权益数量、标的股票数量、授予价格或行权价格的调整方法和程序；

（九）公司授予权益及激励对象行权的程序；

（十）公司与激励对象各自的权利义务；

（十一）公司发生控制权变更、合并、分立、激励对象发生职务变更、离职、死亡等事项时如何实施股权激励计划；

（十二）股权激励计划的变更、终止；

（十三）其他重要事项。

第十四条　上市公司发生本办法第七条规定的情形之一时，应当终止实施股权激励计划，不得向激励对象继续授予新的权益，激励对象根据股权激励计划已获授但尚未行使的权益应当终止行使。

在股权激励计划实施过程中，激励对象出现本办法第八条规定的不得成为激励对象的情形的，上市公司不得继续授予其权益，其已获授但尚未行使的权益应当终止行使。

第十五条　激励对象转让其通过股权激励计划所得股票的，应当符合有关法律、行政法规及本办法的规定。

第三章　限制性股票

第十六条　本办法所称限制性股票是指激励对象按照股权激励计划规定的条件，从上市公司获得的一定数量的本公司股票。

第十七条　上市公司授予激励对象限制性股票，应当在股权激励计划中规定激励对象获授股票的业绩条件、禁售期限。

第十八条 上市公司以股票市价为基准确定限制性股票授予价格的，在下列期间内不得向激励对象授予股票：

（一）定期报告公布前 30 日；

（二）重大交易或重大事项决定过程中至该事项公告后 2 个交易日；

（三）其他可能影响股价的重大事件发生之日起至公告后 2 个交易日。

第四章 股票期权

第十九条 本办法所称股票期权是指上市公司授予激励对象在未来一定期限内以预先确定的价格和条件购买本公司一定数量股份的权利。

激励对象可以其获授的股票期权在规定的期间内以预先确定的价格和条件购买上市公司一定数量的股份，也可以放弃该种权利。

第二十条 激励对象获授的股票期权不得转让、用于担保或偿还债务。

第二十一条 上市公司董事会可以根据股东大会审议批准的股票期权计划，决定一次性授出或分次授出股票期权，但累计授出的股票期权涉及的标的股票总额不得超过股票期权计划所涉及的标的股票总额。

第二十二条 股票期权授权日与获授股票期权首次可以行权日之间的间隔不得少于 1 年。

股票期权的有效期从授权日计算不得超过 10 年。

第二十三条 在股票期权有效期内，上市公司应当规定激励对象分期行权。

股票期权有效期过后，已授出但尚未行权的股票期权不得行权。

第二十四条 上市公司在授予激励对象股票期权时，应当确定行权价格或行权价格的确定方法。行权价格不应低于下列价格较高者：

（一）股权激励计划草案摘要公布前一个交易日的公司标的股票收

盘价；

（二）股权激励计划草案摘要公布前 30 个交易日内的公司标的股票平均收盘价。

第二十五条　上市公司因标的股票除权、除息或其他原因需要调整行权价格或股票期权数量的，可以按照股票期权计划规定的原则和方式进行调整。

上市公司依据前款调整行权价格或股票期权数量的，应当由董事会做出决议并经股东大会审议批准，或者由股东大会授权董事会决定。

律师应当就上述调整是否符合本办法、公司章程和股票期权计划的规定向董事会出具专业意见。

第二十六条　上市公司在下列期间内不得向激励对象授予股票期权：

（一）定期报告公布前 30 日；

（二）重大交易或重大事项决定过程中至该事项公告后 2 个交易日；

（三）其他可能影响股价的重大事件发生之日起至公告后 2 个交易日。

第二十七条　激励对象应当在上市公司定期报告公布后第 2 个交易日，至下一次定期报告公布前 10 个交易日内行权，但不得在下列期间内行权：

（一）重大交易或重大事项决定过程中至该事项公告后 2 个交易日；

（二）其他可能影响股价的重大事件发生之日起至公告后 2 个交易日。

第五章　实施程序和信息披露

第二十八条　上市公司董事会下设的薪酬与考核委员会负责拟定股权激励计划草案。薪酬与考核委员会应当建立完善的议事规则，其拟订的股权激励计划草案应当提交董事会审议。

第二十九条 独立董事应当就股权激励计划是否有利于上市公司的持续发展，是否存在明显损害上市公司及全体股东利益发表独立意见。

第三十条 上市公司应当在董事会审议通过股权激励计划草案后的2个交易日内，公告董事会决议、股权激励计划草案摘要、独立董事意见。

股权激励计划草案摘要至少应当包括本办法第十三条第（一）至（八）项、第（十二）项的内容。

第三十一条 上市公司应当聘请律师对股权激励计划出具法律意见书，至少对以下事项发表专业意见：

（一）股权激励计划是否符合本办法的规定；

（二）股权激励计划是否已经履行了法定程序；

（三）上市公司是否已经履行了信息披露义务；

（四）股权激励计划是否存在明显损害上市公司及全体股东利益和违反有关法律、行政法规的情形；

（五）其他应当说明的事项。

第三十二条 上市公司董事会下设的薪酬与考核委员会认为必要时，可以要求上市公司聘请独立财务顾问，对股权激励计划的可行性、是否有利于上市公司的持续发展、是否损害上市公司利益以及对股东利益的影响发表专业意见。

独立财务顾问应当出具独立财务顾问报告，至少对以下事项发表专业意见：

（一）股权激励计划是否符合本办法的规定；

（二）公司实行股权激励计划的可行性；

（三）对激励对象范围和资格的核查意见；

（四）对股权激励计划权益授出额度的核查意见；

（五）公司实施股权激励计划的财务测算；

（六）公司实施股权激励计划对上市公司持续经营能力、股东权益的影响；

（七）对上市公司是否为激励对象提供任何形式的财务资助的核查意见；

（八）股权激励计划是否存在明显损害上市公司及全体股东利益的情形；

（九）上市公司绩效考核体系和考核办法的合理性；

（十）其他应当说明的事项。

第三十三条　董事会审议通过股权激励计划后，上市公司应将有关材料报中国证监会备案，同时抄报证券交易所及公司所在地证监局。

上市公司股权激励计划备案材料应当包括以下文件：

（一）董事会决议；

（二）股权激励计划；

（三）法律意见书；

（四）聘请独立财务顾问的，独立财务顾问报告；

（五）上市公司实行股权激励计划依照规定需要取得有关部门批准的，有关批复文件；

（六）中国证监会要求报送的其他文件。

第三十四条　中国证监会自收到完整的股权激励计划备案申请材料之日起20个工作日内未提出异议的，上市公司可以发出召开股东大会的通知，审议并实施股权激励计划。在上述期限内，中国证监会提出异议的，上市公司不得发出召开股东大会的通知审议及实施该计划。

第三十五条　上市公司在发出召开股东大会通知时，应当同时公告法律意见书；聘请独立财务顾问的，还应当同时公告独立财务顾问报告。

第三十六条　独立董事应当就股权激励计划向所有的股东征集委托投票权。

第三十七条　股东大会应当对股权激励计划中的如下内容进行

表决：

（一）股权激励计划所涉及的权益数量、所涉及的标的股票种类、来源和数量；

（二）激励对象的确定依据和范围；

（三）股权激励计划中董事、监事各自被授予的权益数额或权益数额的确定方法；高级管理人员和其他激励对象（各自或按适当分类）被授予的权益数额或权益数额的确定方法；

（四）股权激励计划的有效期、标的股票禁售期；

（五）激励对象获授权益、行权的条件；

（六）限制性股票的授予价格或授予价格的确定方法，股票期权的行权价格或行权价格的确定方法；

（七）股权激励计划涉及的权益数量、标的股票数量、授予价格及行权价格的调整方法和程序；

（八）股权激励计划的变更、终止；

（九）对董事会办理有关股权激励计划相关事宜的授权；

（十）其他需要股东大会表决的事项。

股东大会就上述事项作出决议，必须经出席会议的股东所持表决权的2/3以上通过。

第三十八条 股权激励计划经股东大会审议通过后，上市公司应当持相关文件到证券交易所办理信息披露事宜，到证券登记结算机构办理有关登记结算事宜。

第三十九条 上市公司应当按照证券登记结算机构的业务规则，在证券登记结算机构开设证券账户，用于股权激励计划的实施。

尚未行权的股票期权，以及不得转让的标的股票，应当予以锁定。

第四十条 激励对象的股票期权的行权申请以及限制性股票的锁定和解锁，经董事会或董事会授权的机构确认后，上市公司应当向证券交易所提出行权申请，经证券交易所确认后，由证券登记结算机构办理登记结算事宜。

已行权的股票期权应当及时注销。

第四十一条　除非得到股东大会明确授权，上市公司变更股权激励计划中本办法第三十七条所列事项的，应当提交股东大会审议批准。

第四十二条　上市公司应在定期报告中披露报告期内股权激励计划的实施情况，包括：

（一）报告期内激励对象的范围；

（二）报告期内授出、行使和失效的权益总额；

（三）至报告期末累计已授出但尚未行使的权益总额；

（四）报告期内授予价格与行权价格历次调整的情况以及经调整后的最新授予价格与行权价格；

（五）董事、监事、高级管理人员各自的姓名、职务以及在报告期内历次获授和行使权益的情况；

（六）因激励对象行权所引起的股本变动情况；

（七）股权激励的会计处理方法。

第四十三条　上市公司应当按照有关规定在财务报告中披露股权激励的会计处理。

第四十四条　证券交易所应当在其业务规则中明确股权激励计划所涉及的信息披露要求。

第四十五条　证券登记结算机构应当在其业务规则中明确股权激励计划所涉及的登记结算业务的办理要求。

第六章　监管和处罚

第四十六条　上市公司的财务会计文件有虚假记载的，负有责任的激励对象自该财务会计文件公告之日起 12 个月内由股权激励计划所获得的全部利益应当返还给公司。

第四十七条　上市公司不符合本办法的规定实行股权激励计划的，

中国证监会责令其改正，对公司及相关责任人依法予以处罚；在责令改正期间，中国证监会不受理该公司的申请文件。

第四十八条 上市公司未按照本办法及其他相关规定披露股权激励计划相关信息或者所披露的信息有虚假记载、误导性陈述或者重大遗漏的，中国证监会责令其改正，对公司及相关责任人依法予以处罚。

第四十九条 利用股权激励计划虚构业绩、操纵市场或者进行内幕交易，获取不正当利益的，中国证监会依法没收违法所得，对相关责任人员采取市场禁入等措施；构成犯罪的，移交司法机关依法查处。

第五十条 为上市公司股权激励计划出具意见的相关专业机构未履行勤勉尽责义务，所发表的专业意见存在虚假记载、误导性陈述或者重大遗漏的，中国证监会对相关专业机构及签字人员采取监管谈话、出具警示函、责令整改等措施，并移交相关专业机构主管部门处理；情节严重的，处以警告、罚款等处罚；构成证券违法行为的，依法追究法律责任。

第七章 附则

第五十一条 本办法下列用语具有如下含义：

高级管理人员：指上市公司经理、副经理、财务负责人、董事会秘书和公司章程规定的其他人员。

标的股票：指根据股权激励计划，激励对象有权获授或购买的上市公司股票。

权益：指激励对象根据股权激励计划获得的上市公司股票、股票期权。

授权日：指上市公司向激励对象授予股票期权的日期。授权日必须为交易日。

行权：指激励对象根据股票期权激励计划，在规定的期间内以预先确定的价格和条件购买上市公司股份的行为。

可行权日：指激励对象可以开始行权的日期。可行权日必须为交易日。

行权价格：上市公司向激励对象授予股票期权时所确定的、激励对象购买上市公司股份的价格。

授予价格：上市公司向激励对象授予限制性股票时所确定的、激励对象获得上市公司股份的价格。

本办法所称的“超过”、“少于”不含本数。

第五十二条　本办法适用于股票在上海、深圳证券交易所上市的公司。

第五十三条　本办法自2006年1月1日起施行。

股权激励有关事项备忘录1号

一、提取激励基金问题

1. 如果标的股票的来源是存量，即从二级市场购入股票，则按照《公司法》关于回购股票的相关规定执行；

2. 如果标的股票的来源是增量，即定向增发方式取得股票，则

(1) 提取激励基金应符合现行法律法规、会计准则，并遵守公司章程及相关议事规程。

(2) 提取的激励基金不得用于资助激励对象购买限制性股票或者行使股票期权。

二、主要股东、实际控制人成为激励对象问题

持股5%以上的主要股东或实际控制人原则上不得成为激励对象。除非经股东大会表决通过，且股东大会对该事项进行投票表决时，关联股东须回避表决。

持股5%以上的主要股东或实际控制人的配偶及直系近亲属若符合成为激励对象的条件，可以成为激励对象，但其所获授权益应关注是否与其所任职务相匹配。同时股东大会对该事项进行投票表决时，关联股东须回避表决。

三、限制性股票授予价格的折扣问题

1. 如果标的股票的来源是存量，即从二级市场购入股票，则按照《公司法》关于回购股票的相关规定执行；

2. 如果标的股票的来源是增量，即通过定向增发方式取得股票，其实质属于定向发行，则参照现行《上市公司证券发行管理办法》中有关定向增发的定价原则和锁定期要求确定价格和锁定期，同时考虑股权激励的激励效应。

(1) 发行价格不低于定价基准日前20个交易日公司股票均价的50%；

(2) 自股票授予日起十二个月内不得转让，激励对象为控股股东、实

际控制人的，自股票授予日起三十六个月内不得转让。

若低于上述标准，则需由公司在股权激励草案中充分分析和披露其对股东权益的摊薄影响，我部提交重组审核委员会讨论决定。

四、分期授予问题

若股权激励计划的授予方式为一次授予，则授予数量应与其股本规模、激励对象人数等因素相匹配，不宜一次性授予太多，以充分体现长期激励的效应。

若股权激励计划的授予方式为分期授予，则须在每次授权前召开董事会，确定本次授权的权益数量、激励对象名单、授予价格等相关事宜，并披露本次授权情况的摘要。授予价格的定价基础以该次召开董事会并披露摘要情况前的市价为基准。其中，区分不同的股权激励计划方式按以下原则确定：

1. 如股权激励计划的方式是股票期权，授予价格按照《上市公司股权激励管理办法(试行)》第 24 条规定确定。

2. 如股权激励计划的方式是限制性股票，授予价格定价原则遵循首次授予价格原则，若以后各期的授予价格定价原则与首次不一致的，则应重新履行申报程序。

预留股份的处理办法参照上述要求。

五、行权指标设定问题

公司设定的行权指标须考虑公司的业绩情况，原则上实行股权激励后的业绩指标(如：每股收益、加权净资产收益率和净利润增长率等)不低于历史水平。此外，鼓励公司同时采用下列指标：

(1) 市值指标：如公司各考核期内的平均市值水平不低于同期市场综合指数或成份股指数；

(2) 行业比较指标：如公司业绩指标不低于同行业平均水平。

六、授予日问题

公司的股权激励计划中须明确股票期权或者限制性股票的具体授

予日期或授予日的确定方式、等待期或锁定期的起止日。若激励计划有授予条件，则授予日须确定在授权条件成就之后。

七、激励对象资格问题

激励对象不能同时参加两个或以上上市公司的股权激励计划。

八、股东大会投票方式问题

公司股东大会在对股权激励计划进行投票表决时，须在提供现场投票方式的同时，提供网络投票方式。

股权激励有关事项备忘录2号

一、激励对象问题

1. 上市公司监事会应当对激励对象名单予以核实，并将核实情况在股东大会上予以说明。为确保上市公司监事独立性，充分发挥其监督作用，上市公司监事不得成为股权激励对象。

2. 为充分发挥市场和社会监督作用，公司对外披露股权激励计划草案时，除预留部分外，激励对象为董事、高管人员的，须披露其姓名、职务、获授数量。除董事、高管人员外的其他激励对象，须通过证券交易所网站披露其姓名、职务。同时，公司须发布公告，提示投资者关注证券交易所网站披露内容。预留股份激励对象经董事会确认后，须参照上述要求进行披露。

二、股权激励与重大事件间隔期问题

1. 上市公司发生《上市公司信息披露管理办法》第三十条规定的重大事件，应当履行信息披露义务，在履行信息披露义务期间及履行信息披露义务完毕后30日内，不得推出股权激励计划草案。

2. 上市公司提出增发新股、资产注入、发行可转债等重大事项动议至上述事项实施完毕后30日内，上市公司不得提出股权激励计划草案。增发新股、发行可转债实施完毕指所募集资金已经到位；资产注入实施完毕指相关产权过户手续办理完毕。

3. 公司披露股权激励计划草案至股权激励计划经股东大会审议通过后30日内，上市公司不得进行增发新股、资产注入、发行可转债等重大事项。

三、股份来源问题

股东不得直接向激励对象赠予（或转让）股份。股东拟提供股份的，应当先将股份赠予（或转让）上市公司，并视为上市公司以零价格（或特定价格）向这部分股东定向回购股份。然后，按照经我会备案无异议的股权激励计划，由上市公司将股份授予激励对象。上市公司对回购股份的授予应符合《公司法》第一百四十三条规定，即必须在一年内将回购股份授予激励对象。

四、其他问题

1. 公司根据自身情况，可设定适合于本公司的绩效考核指标。绩效考核指标应包含财务指标和非财务指标。绩效考核指标如涉及会计利润，应采用按新会计准则计算、扣除非经常性损益后的净利润。同时，期权成本应在经常性损益中列支。

2. 董事会表决股权激励计划草案时，关联董事应予回避。

3. 公司如无特殊原因，原则上不得预留股份。确有需要预留股份的，预留比例不得超过本次股权激励计划拟授予权益数量的百分之十。

4. 上市公司应当在股权激励计划中明确规定，自公司股东大会审议通过股权激励计划之日起 30 日内，公司应当按相关规定召开董事会对激励对象进行授权，并完成登记、公告等相关程序。

股权激励有关事项备忘录3号

一、股权激励计划的变更与撤销

1. 为确保股权激励计划备案工作的严肃性，股权激励计划备案过程中，上市公司不可随意提出修改权益价格或激励方式。上市公司如拟修改权益价格或激励方式，应由董事会审议通过并公告撤销原股权激励计划的决议，同时上市公司应向中国证监会提交终止原股权激励计划备案的申请。

2. 上市公司董事会审议通过撤销实施股权激励计划决议或股东大会审议未通过股权激励计划的，自决议公告之日起6个月内，上市公司董事会不得再次审议和披露股权激励计划草案。

二、股权激励会计处理

上市公司应根据股权激励计划设定的条件，采用恰当的估值技术，分别计算各期期权的单位公允价值；在每个资产负债表日，根据最新取得的可行权人数变动、业绩指标完成情况等后续信息，修正预计可行权的股票期权数量，并以此为依据确认各期应分摊的费用。

上市公司应在股权激励计划中明确说明股权激励会计处理方法，测算并列明实施股权激励计划对各期业绩的影响。

三、行权或解锁条件问题

上市公司股权激励计划应明确，股票期权等待期或限制性股票锁定期内，各年度归属于上市公司股东的净利润及归属于上市公司股东的扣除非经常性损益的净利润均不得低于授予日前最近三个会计年度的平均水平且不得为负。

四、行权安排问题

股权激励计划中不得设置上市公司发生控制权变更、合并、分立等情况下激励对象可以加速行权或提前解锁的条款。

五、同时采用两种激励方式问题

同时采用股票期权和限制性股票两种激励方式的上市公司，应当聘请独立财务顾问对其方案发表意见。

六、附条件授予权益问题

股权激励计划中明确规定授予权益条件的，上市公司应当在授予条件成就后30日内完成权益授权、登记、公告等相关程序。

七、激励对象范围合理性问题

董事、高级管理人员、核心技术（业务）人员以外人员成为激励对象的，上市公司应在股权激励计划备案材料中逐一分析其与上市公司业务或业绩的关联程度，说明其作为激励对象的合理性。

上市公司股权激励管理办法(2016)

（2016年5月4日中国证券监督管理委员会2016年第6次主席办公会议审议通过）

第一章　总　则

第一条　为进一步促进上市公司建立健全激励与约束机制，依据《中华人民共和国公司法》(以下简称《公司法》)、《中华人民共和国证券法》(以下简称《证券法》)及其他法律、行政法规的规定，制定本办法。

第二条　本办法所称股权激励是指上市公司以本公司股票为标的，对其董事、高级管理人员及其他员工进行的长期性激励。

上市公司以限制性股票、股票期权实行股权激励的，适用本办法；以法律、行政法规允许的其他方式实行股权激励的，参照本办法有关规定执行。

第三条　上市公司实行股权激励，应当符合法律、行政法规、本办法和公司章程的规定，有利于上市公司的持续发展，不得损害上市公司利益。

上市公司的董事、监事和高级管理人员在实行股权激励中应当诚实守信，勤勉尽责，维护公司和全体股东的利益。

第四条　上市公司实行股权激励，应当严格按照本办法和其他相关规定的要求履行信息披露义务。

第五条　为上市公司股权激励计划出具意见的证券中介机构和人员，应当诚实守信、勤勉尽责，保证所出具的文件真实、准确、完整。

第六条　任何人不得利用股权激励进行内幕交易、操纵证券市场等违法活动。

第二章　一般规定

第七条　上市公司具有下列情形之一的，不得实行股权激励：

（一）最近一个会计年度财务会计报告被注册会计师出具否定意见或者无法表示意见的审计报告；

（二）最近一个会计年度财务报告内部控制被注册会计师出具否定意见或无法表示意见的审计报告；

（三）上市后最近36个月内出现过未按法律法规、公司章程、公开承诺进行利润分配的情形；

（四）法律法规规定不得实行股权激励的；

（五）中国证监会认定的其他情形。

第八条　激励对象可以包括上市公司的董事、高级管理人员、核心技术人员或者核心业务人员，以及公司认为应当激励的对公司经营业绩和未来发展有直接影响的其他员工，但不应当包括独立董事和监事。在境内工作的外籍员工任职上市公司董事、高级管理人员、核心技术人员或者核心业务人员的，可以成为激励对象。

单独或合计持有上市公司5%以上股份的股东或实际控制人及其配偶、父母、子女，不得成为激励对象。下列人员也不得成为激励对象：

（一）最近12个月内被证券交易所认定为不适当人选；

（二）最近12个月内被中国证监会及其派出机构认定为不适当人选；

（三）最近12个月内因重大违法违规行为被中国证监会及其派出机构行政处罚或者采取市场禁入措施；

（四）具有《公司法》规定的不得担任公司董事、高级管理人员情形的；

（五）法律法规规定不得参与上市公司股权激励的；

（六）中国证监会认定的其他情形。

第九条 上市公司依照本办法制定股权激励计划的，应当在股权激励计划中载明下列事项：

（一）股权激励的目的；

（二）激励对象的确定依据和范围；

（三）拟授出的权益数量，拟授出权益涉及的标的股票种类、来源、数量及占上市公司股本总额的百分比；分次授出的，每次拟授出的权益数量、涉及的标的股票数量及占股权激励计划涉及的标的股票总额的百分比、占上市公司股本总额的百分比；设置预留权益的，拟预留权益的数量、涉及标的股票数量及占股权激励计划的标的股票总额的百分比；

（四）激励对象为董事、高级管理人员的，其各自可获授的权益数量、占股权激励计划拟授出权益总量的百分比；其他激励对象（各自或者按适当分类）的姓名、职务、可获授的权益数量及占股权激励计划拟授出权益总量的百分比；

（五）股权激励计划的有效期，限制性股票的授予日、限售期和解除限售安排，股票期权的授权日、可行权日、行权有效期和行权安排；

（六）限制性股票的授予价格或者授予价格的确定方法，股票期权的行权价格或者行权价格的确定方法；

（七）激励对象获授权益、行使权益的条件；

（八）上市公司授出权益、激励对象行使权益的程序；

（九）调整权益数量、标的股票数量、授予价格或者行权价格的方法和程序；

（十）股权激励会计处理方法、限制性股票或股票期权公允价值的确定方法、涉及估值模型重要参数取值合理性、实施股权激励应当计提费用及对上市公司经营业绩的影响；

（十一）股权激励计划的变更、终止；

（十二）上市公司发生控制权变更、合并、分立以及激励对象发生职务变更、离职、死亡等事项时股权激励计划的执行；

（十三）上市公司与激励对象之间相关纠纷或争端解决机制；

（十四）上市公司与激励对象的其他权利义务。

第十条 上市公司应当设立激励对象获授权益、行使权益的条件。拟分次授出权益的，应当就每次激励对象获授权益分别设立条件；分期行权的，应当就每次激励对象行使权益分别设立条件。

激励对象为董事、高级管理人员的，上市公司应当设立绩效考核指标作为激励对象行使权益的条件。

第十一条 绩效考核指标应当包括公司业绩指标和激励对象个人绩效指标。相关指标应当客观公开、清晰透明，符合公司的实际情况，有利于促进公司竞争力的提升。

上市公司可以公司历史业绩或同行业可比公司相关指标作为公司业绩指标对照依据，公司选取的业绩指标可以包括净资产收益率、每股收益、每股分红等能够反映股东回报和公司价值创造的综合性指标，以及净利润增长率、主营业务收入增长率等能够反映公司盈利能力和市场价值的成长性指标。以同行业可比公司相关指标作为对照依据的，选取的对照公司不少于 3 家。

激励对象个人绩效指标由上市公司自行确定。

上市公司应当在公告股权激励计划草案的同时披露所设定指标的科学性和合理性。

第十二条 拟实行股权激励的上市公司，可以下列方式作为标的股票来源：

（一）向激励对象发行股份；

（二）回购本公司股份；

（三）法律、行政法规允许的其他方式。

第十三条 股权激励计划的有效期从首次授予权益日起不得超过 10 年。

第十四条 上市公司可以同时实行多期股权激励计划。同时实行多期股权激励计划的，各期激励计划设立的公司业绩指标应当保持可比性，后期激励计划的公司业绩指标低于前期激励计划的，上市公司应当充分说明其原因与合理性。

上市公司全部在有效期内的股权激励计划所涉及的标的股票总数累计不得超过公司股本总额的10％。非经股东大会特别决议批准，任何一名激励对象通过全部在有效期内的股权激励计划获授的本公司股票，累计不得超过公司股本总额的1％。

本条第二款所称股本总额是指股东大会批准最近一次股权激励计划时公司已发行的股本总额。

第十五条　上市公司在推出股权激励计划时，可以设置预留权益，预留比例不得超过本次股权激励计划拟授予权益数量的20％。

上市公司应当在股权激励计划经股东大会审议通过后12个月内明确预留权益的授予对象；超过12个月未明确激励对象的，预留权益失效。

第十六条　相关法律、行政法规、部门规章对上市公司董事、高级管理人员买卖本公司股票的期间有限制的，上市公司不得在相关限制期间内向激励对象授出限制性股票，激励对象也不得行使权益。

第十七条　上市公司启动及实施增发新股、并购重组、资产注入、发行可转债、发行公司债券等重大事项期间，可以实行股权激励计划。

第十八条　上市公司发生本办法第七条规定的情形之一的，应当终止实施股权激励计划，不得向激励对象继续授予新的权益，激励对象根据股权激励计划已获授但尚未行使的权益应当终止行使。

在股权激励计划实施过程中，出现本办法第八条规定的不得成为激励对象情形的，上市公司不得继续授予其权益，其已获授但尚未行使的权益应当终止行使。

第十九条　激励对象在获授限制性股票或者对获授的股票期权行使权益前后买卖股票的行为，应当遵守《证券法》、《公司法》等相关规定。

上市公司应当在本办法第二十条规定的协议中，就前述义务向激励对象作出特别提示。

第二十条 上市公司应当与激励对象签订协议，确认股权激励计划的内容，并依照本办法约定双方的其他权利义务。

上市公司应当承诺，股权激励计划相关信息披露文件不存在虚假记载、误导性陈述或者重大遗漏。

所有激励对象应当承诺，上市公司因信息披露文件中有虚假记载、误导性陈述或者重大遗漏，导致不符合授予权益或行使权益安排的，激励对象应当自相关信息披露文件被确认存在虚假记载、误导性陈述或者重大遗漏后，将由股权激励计划所获得的全部利益返还公司。

第二十一条 激励对象参与股权激励计划的资金来源应当合法合规，不得违反法律、行政法规及中国证监会的相关规定。

上市公司不得为激励对象依股权激励计划获取有关权益提供贷款以及其他任何形式的财务资助，包括为其贷款提供担保。

第三章 限制性股票

第二十二条 本办法所称限制性股票是指激励对象按照股权激励计划规定的条件，获得的转让等部分权利受到限制的本公司股票。

限制性股票在解除限售前不得转让、用于担保或偿还债务。

第二十三条 上市公司在授予激励对象限制性股票时，应当确定授予价格或授予价格的确定方法。授予价格不得低于股票票面金额，且原则上不得低于下列价格较高者：

（一）股权激励计划草案公布前1个交易日的公司股票交易均价的50％；

（二）股权激励计划草案公布前20个交易日、60个交易日或者120个交易日的公司股票交易均价之一的50％。

上市公司采用其他方法确定限制性股票授予价格的，应当在股权激励计划中对定价依据及定价方式作出说明。

第二十四条　限制性股票授予日与首次解除限售日之间的间隔不得少于12个月。

第二十五条　在限制性股票有效期内，上市公司应当规定分期解除限售，每期时限不得少于12个月，各期解除限售的比例不得超过激励对象获授限制性股票总额的50%。

当期解除限售的条件未成就的，限制性股票不得解除限售或递延至下期解除限售，应当按照本办法第二十六条规定处理。

第二十六条　出现本办法第十八条、第二十五条规定情形，或者其他终止实施股权激励计划的情形或激励对象未达到解除限售条件的，上市公司应当回购尚未解除限售的限制性股票，并按照《公司法》的规定进行处理。

对出现本办法第十八条第一款情形负有个人责任的，或出现本办法第十八条第二款情形的，回购价格不得高于授予价格；出现其他情形的，回购价格不得高于授予价格加上银行同期存款利息之和。

第二十七条　上市公司应当在本办法第二十六条规定的情形出现后及时召开董事会审议回购股份方案，并依法将回购股份方案提交股东大会批准。回购股份方案包括但不限于以下内容：

（一）回购股份的原因；

（二）回购股份的价格及定价依据；

（三）拟回购股份的种类、数量及占股权激励计划所涉及的标的股票的比例、占总股本的比例；

（四）拟用于回购的资金总额及资金来源；

（五）回购后公司股本结构的变动情况及对公司业绩的影响。

律师事务所应当就回购股份方案是否符合法律、行政法规、本办法的规定和股权激励计划的安排出具专业意见。

第四章　股票期权

第二十八条　本办法所称股票期权是指上市公司授予激励对象在未来一定期限内以预先确定的条件购买本公司一定数量股份的权利。

激励对象获授的股票期权不得转让、用于担保或偿还债务。

第二十九条　上市公司在授予激励对象股票期权时，应当确定行权价格或者行权价格的确定方法。行权价格不得低于股票票面金额，且原则上不得低于下列价格较高者：

（一）股权激励计划草案公布前 1 个交易日的公司股票交易均价；

（二）股权激励计划草案公布前 20 个交易日、60 个交易日或者 120 个交易日的公司股票交易均价之一。

上市公司采用其他方法确定行权价格的，应当在股权激励计划中对定价依据及定价方式作出说明。

第三十条　股票期权授权日与获授股票期权首次可行权日之间的间隔不得少于 12 个月。

第三十一条　在股票期权有效期内，上市公司应当规定激励对象分期行权，每期时限不得少于 12 个月，后一行权期的起算日不得早于前一行权期的届满日。

每期可行权的股票期权比例不得超过激励对象获授股票期权总额的 50％。

当期行权条件未成就的，股票期权不得行权或递延至下期行权，并应当按照本办法第三十二条第二款规定处理。

第三十二条　股票期权各行权期结束后，激励对象未行权的当期股票期权应当终止行权，上市公司应当及时注销。

出现本办法第十八条、第三十一条规定情形，或者其他终止实施股权激励计划的情形或激励对象不符合行权条件的，上市公司应当注销对应的股票期权。

第五章　实施程序

第三十三条　上市公司董事会下设的薪酬与考核委员会负责拟订股权激励计划草案。

第三十四条　上市公司实行股权激励，董事会应当依法对股权激励计划草案作出决议，拟作为激励对象的董事或与其存在关联关系的董事应当回避表决。

董事会审议本办法第四十六条、第四十七条、第四十八条、第四十九条、第五十条、第五十一条规定中有关股权激励计划实施的事项时，拟作为激励对象的董事或与其存在关联关系的董事应当回避表决。

董事会应当在依照本办法第三十七条、第五十四条的规定履行公示、公告程序后，将股权激励计划提交股东大会审议。

第三十五条　独立董事及监事会应当就股权激励计划草案是否有利于上市公司的持续发展，是否存在明显损害上市公司及全体股东利益的情形发表意见。

独立董事或监事会认为有必要的，可以建议上市公司聘请独立财务顾问，对股权激励计划的可行性、是否有利于上市公司的持续发展、是否损害上市公司利益以及对股东利益的影响发表专业意见。上市公司未按照建议聘请独立财务顾问的，应当就此事项作特别说明。

第三十六条　上市公司未按照本办法第二十三条、第二十九条定价原则，而采用其他方法确定限制性股票授予价格或股票期权行权价格的，应当聘请独立财务顾问，对股权激励计划的可行性、是否有利于上市公司的持续发展、相关定价依据和定价方法的合理性、是否损害上市公司利益以及对股东利益的影响发表专业意见。

第三十七条　上市公司应当在召开股东大会前，通过公司网站或者其他途径，在公司内部公示激励对象的姓名和职务，公示期不少于10天。

监事会应当对股权激励名单进行审核,充分听取公示意见。上市公司应当在股东大会审议股权激励计划前 5 日披露监事会对激励名单审核及公示情况的说明。

第三十八条 上市公司应当对内幕信息知情人在股权激励计划草案公告前 6 个月内买卖本公司股票及其衍生品种的情况进行自查,说明是否存在内幕交易行为。

知悉内幕信息而买卖本公司股票的,不得成为激励对象,法律、行政法规及相关司法解释规定不属于内幕交易的情形除外。

泄露内幕信息而导致内幕交易发生的,不得成为激励对象。

第三十九条 上市公司应当聘请律师事务所对股权激励计划出具法律意见书,至少对以下事项发表专业意见:

(一) 上市公司是否符合本办法规定的实行股权激励的条件;

(二) 股权激励计划的内容是否符合本办法的规定;

(三) 股权激励计划的拟订、审议、公示等程序是否符合本办法的规定;

(四) 股权激励对象的确定是否符合本办法及相关法律法规的规定;

(五) 上市公司是否已按照中国证监会的相关要求履行信息披露义务;

(六) 上市公司是否为激励对象提供财务资助;

(七) 股权激励计划是否存在明显损害上市公司及全体股东利益和违反有关法律、行政法规的情形;

(八) 拟作为激励对象的董事或与其存在关联关系的董事是否根据本办法的规定进行了回避;

(九) 其他应当说明的事项。

第四十条 上市公司召开股东大会审议股权激励计划时,独立董事应当就股权激励计划向所有的股东征集委托投票权。

第四十一条 股东大会应当对本办法第九条规定的股权激励计划

内容进行表决，并经出席会议的股东所持表决权的 2/3 以上通过。除上市公司董事、监事、高级管理人员、单独或合计持有上市公司 5%以上股份的股东以外，其他股东的投票情况应当单独统计并予以披露。

上市公司股东大会审议股权激励计划时，拟为激励对象的股东或者与激励对象存在关联关系的股东，应当回避表决。

第四十二条　上市公司董事会应当根据股东大会决议，负责实施限制性股票的授予、解除限售和回购以及股票期权的授权、行权和注销。

上市公司监事会应当对限制性股票授予日及期权授予日激励对象名单进行核实并发表意见。

第四十三条　上市公司授予权益与回购限制性股票、激励对象行使权益前，上市公司应当向证券交易所提出申请，经证券交易所确认后，由证券登记结算机构办理登记结算事宜。

第四十四条　股权激励计划经股东大会审议通过后，上市公司应当在 60 日内授予权益并完成公告、登记；有获授权益条件的，应当在条件成就后 60 日内授出权益并完成公告、登记。

上市公司未能在 60 日内完成上述工作的，应当及时披露未完成的原因，并宣告终止实施股权激励，自公告之日起 3 个月内不得再次审议股权激励计划。

根据本办法规定上市公司不得授出权益的期间不计算在 60 日内。

第四十五条　上市公司应当按照证券登记结算机构的业务规则，在证券登记结算机构开设证券账户，用于股权激励的实施。

激励对象为境内工作的外籍员工的，可以向证券登记结算机构申请开立证券账户，用于持有或卖出因股权激励获得的权益，但不得使用该证券账户从事其他证券交易活动。

尚未行权的股票期权，以及不得转让的标的股票，应当予以锁定。

第四十六条　上市公司在向激励对象授出权益前，董事会应当就股权激励计划设定的激励对象获授权益的条件是否成就进行审议，独立董事及监事会应当同时发表明确意见。

律师事务所应当对激励对象获授权益的条件是否成就出具法律意见。

上市公司向激励对象授出权益与股权激励计划的安排存在差异时，独立董事、监事会(当激励对象发生变化时)、律师事务所、独立财务顾问(如有)应当同时发表明确意见。

第四十七条 激励对象在行使权益前，董事会应当就股权激励计划设定的激励对象行使权益的条件是否成就进行审议，独立董事及监事会应当同时发表明确意见。律师事务所应当对激励对象行使权益的条件是否成就出具法律意见。

第四十八条 因标的股票除权、除息或者其他原因需要调整权益价格或者数量的，上市公司董事会应当按照股权激励计划规定的原则、方式和程序进行调整。

律师事务所应当就上述调整是否符合本办法、公司章程的规定和股权激励计划的安排出具专业意见。

第四十九条 分次授出权益的，在每次授出权益前，上市公司应当召开董事会，按照股权激励计划的内容及首次授出权益时确定的原则，决定授出的权益价格、行使权益安排等内容。

当次授予权益的条件未成就时，上市公司不得向激励对象授予权益，未授予的权益也不得递延下期授予。

第五十条 上市公司在股东大会审议通过股权激励方案之前可对其进行变更。变更需经董事会审议通过。

上市公司对已通过股东大会审议的股权激励方案进行变更的，应当及时公告并提交股东大会审议，且不得包括下列情形：

(一) 导致加速行权或提前解除限售的情形；

(二) 降低行权价格或授予价格的情形。

独立董事、监事会应当就变更后的方案是否有利于上市公司的持续发展,是否存在明显损害上市公司及全体股东利益的情形发表独立意见。

律师事务所应当就变更后的方案是否符合本办法及相关法律法规的规定、是否存在明显损害上市公司及全体股东利益的情形发表专业意见。

第五十一条 上市公司在股东大会审议股权激励计划之前拟终止实施股权激励的,需经董事会审议通过。

上市公司在股东大会审议通过股权激励计划之后终止实施股权激励的,应当由股东大会审议决定。

律师事务所应当就上市公司终止实施激励是否符合本办法及相关法律法规的规定、是否存在明显损害上市公司及全体股东利益的情形发表专业意见。

第五十二条 上市公司股东大会或董事会审议通过终止实施股权激励计划决议,或者股东大会审议未通过股权激励计划的,自决议公告之日起 3 个月内,上市公司不得再次审议股权激励计划。

第六章 信息披露

第五十三条 上市公司实行股权激励,应当真实、准确、完整、及时、公平地披露或者提供信息,不得有虚假记载、误导性陈述或者重大遗漏。

第五十四条 上市公司应当在董事会审议通过股权激励计划草案后,及时公告董事会决议、股权激励计划草案、独立董事意见及监事会意见。

上市公司实行股权激励计划依照规定需要取得有关部门批准的,应当在取得有关批复文件后的 2 个交易日内进行公告。

第五十五条 股东大会审议股权激励计划前,上市公司拟对股权激励方案进行变更的,变更议案经董事会审议通过后,上市公司应当及时披露董事会决议公告,同时披露变更原因、变更内容及独立董事、监事会、律师事务所意见。

第五十六条 上市公司在发出召开股东大会审议股权激励计划的通知时，应当同时公告法律意见书；聘请独立财务顾问的，还应当同时公告独立财务顾问报告。

第五十七条 股东大会审议通过股权激励计划及相关议案后，上市公司应当及时披露股东大会决议公告、经股东大会审议通过的股权激励计划、以及内幕信息知情人买卖本公司股票情况的自查报告。股东大会决议公告中应当包括中小投资者单独计票结果。

第五十八条 上市公司分次授出权益的，分次授出权益的议案经董事会审议通过后，上市公司应当及时披露董事会决议公告，对拟授出的权益价格、行使权益安排、是否符合股权激励计划的安排等内容进行说明。

第五十九条 因标的股票除权、除息或者其他原因调整权益价格或者数量的，调整议案经董事会审议通过后，上市公司应当及时披露董事会决议公告，同时公告律师事务所意见。

第六十条 上市公司董事会应当在授予权益及股票期权行权登记完成后、限制性股票解除限售前，及时披露相关实施情况的公告。

第六十一条 上市公司向激励对象授出权益时，应当按照本办法第四十四条规定履行信息披露义务，并再次披露股权激励会计处理方法、公允价值确定方法、涉及估值模型重要参数取值的合理性、实施股权激励应当计提的费用及对上市公司业绩的影响。

第六十二条 上市公司董事会按照本办法第四十六条、第四十七条规定对激励对象获授权益、行使权益的条件是否成就进行审议的，上市公司应当及时披露董事会决议公告，同时公告独立董事、监事会、律师事务所意见以及独立财务顾问意见(如有)。

第六十三条 上市公司董事会按照本办法第二十七条规定审议限制性股票回购方案的，应当及时公告回购股份方案及律师事务所意见。

回购股份方案经股东大会批准后，上市公司应当及时公告股东大会决议。

第六十四条 上市公司终止实施股权激励的，终止实施议案经股东大会或董事会审议通过后，上市公司应当及时披露股东大会决议公告或董事会决议公告，并对终止实施股权激励的原因、股权激励已筹划及实施进展、终止实施股权激励对上市公司的可能影响等作出说明，并披露律师事务所意见。

第六十五条 上市公司应当在定期报告中披露报告期内股权激励的实施情况，包括：

（一）报告期内激励对象的范围；

（二）报告期内授出、行使和失效的权益总额；

（三）至报告期末累计已授出但尚未行使的权益总额；

（四）报告期内权益价格、权益数量历次调整的情况以及经调整后的最新权益价格与权益数量；

（五）董事、高级管理人员各自的姓名、职务以及在报告期内历次获授、行使权益的情况和失效的权益数量；

（六）因激励对象行使权益所引起的股本变动情况；

（七）股权激励的会计处理方法及股权激励费用对公司业绩的影响；

（八）报告期内激励对象获授权益、行使权益的条件是否成就的说明；

（九）报告期内终止实施股权激励的情况及原因。

第七章 监督管理

第六十六条 上市公司股权激励不符合法律、行政法规和本办法规定，或者上市公司未按照本办法、股权激励计划的规定实施股权激励的，上市公司应当终止实施股权激励，中国证监会及其派出机构责令改正，并书面通报证券交易所和证券登记结算机构。

第六十七条 上市公司未按照本办法及其他相关规定披露股权激励相关信息或者所披露的信息有虚假记载、误导性陈述或者重大遗漏的，中国证监会及其派出机构对公司及相关责任人员采取责令改正、监管谈话、出具警示函等监管措施；情节严重的，依照《证券法》予以处罚；涉嫌犯罪的，依法移交司法机关追究刑事责任。

第六十八条 上市公司因信息披露文件有虚假记载、误导性陈述或者重大遗漏，导致不符合授予权益或行使权益安排的，未行使权益应当统一回购注销，已经行使权益的，所有激励对象应当返还已获授权益。对上述事宜不负有责任的激励对象因返还已获授权益而遭受损失的，可按照股权激励计划相关安排，向上市公司或负有责任的对象进行追偿。

董事会应当按照前款规定和股权激励计划相关安排收回激励对象所得收益。

第六十九条 上市公司实施股权激励过程中，上市公司独立董事及监事未按照本办法及相关规定履行勤勉尽责义务的，中国证监会及其派出机构采取责令改正、监管谈话、出具警示函、认定为不适当人选等措施；情节严重的，依照《证券法》予以处罚；涉嫌犯罪的，依法移交司法机关追究刑事责任。

第七十条 利用股权激励进行内幕交易或者操纵证券市场的，中国证监会及其派出机构依照《证券法》予以处罚；情节严重的，对相关责任人员实施市场禁入等措施；涉嫌犯罪的，依法移交司法机关追究刑事责任。

第七十一条 为上市公司股权激励计划出具专业意见的证券服务机构和人员未履行勤勉尽责义务，所发表的专业意见存在虚假记载、误导性陈述或者重大遗漏的，中国证监会及其派出机构对相关机构及签字人员采取责令改正、监管谈话、出具警示函等措施；情节严重的，依照《证券法》予以处罚；涉嫌犯罪的，依法移交司法机关追究刑事责任。

第八章　附则

第七十二条　本办法下列用语具有如下含义：

标的股票：指根据股权激励计划，激励对象有权获授或者购买的上市公司股票。

权益：指激励对象根据股权激励计划获得的上市公司股票、股票期权。

授出权益（授予权益、授权）：指上市公司根据股权激励计划的安排，授予激励对象限制性股票、股票期权的行为。

行使权益（行权）：指激励对象根据股权激励计划的规定，解除限制性股票的限售、行使股票期权购买上市公司股份的行为。

分次授出权益（分次授权）：指上市公司根据股权激励计划的安排，向已确定的激励对象分次授予限制性股票、股票期权的行为。

分期行使权益（分期行权）：指根据股权激励计划的安排，激励对象已获授的限制性股票分期解除限售、已获授的股票期权分期行权的行为。

预留权益：指股权激励计划推出时未明确激励对象、股权激励计划实施过程中确定激励对象的权益。

授予日或者授权日：指上市公司向激励对象授予限制性股票、股票期权的日期。授予日、授权日必须为交易日。

限售期：指股权激励计划设定的激励对象行使权益的条件尚未成就，限制性股票不得转让、用于担保或偿还债务的期间，自激励对象获授限制性股票完成登记之日起算。

可行权日：指激励对象可以开始行权的日期。可行权日必须为交易日。

授予价格：上市公司向激励对象授予限制性股票时所确定的、激励对象获得上市公司股份的价格。

行权价格:上市公司向激励对象授予股票期权时所确定的、激励对象购买上市公司股份的价格。

标的股票交易均价:标的股票交易总额/标的股票交易总量。

本办法所称的“以上”、“以下”含本数,“超过”、“低于”、“少于”不含本数。

第七十三条 国有控股上市公司实施股权激励,国家有关部门对其有特别规定的,应当同时遵守其规定。

第七十四条 本办法适用于股票在上海、深圳证券交易所上市的公司。

第七十五条 本办法自 2016 年 8 月 13 日起施行。原《上市公司股权激励管理办法(试行)》(证监公司字〔2005〕151 号)及相关配套制度同时废止。

关于修改《上市公司股权激励管理办法》的决定

2018年8月15日中国证券监督管理委员会

一、第八条第一款修改为："激励对象可以包括上市公司的董事、高级管理人员、核心技术人员或者核心业务人员，以及公司认为应当激励的对公司经营业绩和未来发展有直接影响的其他员工，但不应当包括独立董事和监事。外籍员工任职上市公司董事、高级管理人员、核心技术人员或者核心业务人员的，可以成为激励对象。"二、第四十五条第二款修改为："激励对象为外籍员工的，可以向证券登记结算机构申请开立证券账户。"本决定自2018年9月15日起施行。《上市公司股权激励管理办法》根据本决定作相应的修改，重新公布。

参考文献

Aboody, D. and R. Kasznik. CEO Stock Option Awards and the Timing of Corporate Voluntary Disclosures [J]. Journal of Accounting and Economics, 2000, 29: 73-100.

Anne L. Beatty, Bin Ke and Kathy R. Petroni. Earnings Management to Avoid Earnings Declines across Publicly and Privately Held Banks[J]. The Accounting Review, 2002, 77(3): 547-570.

Banerjee, A.. A Simple Model of Herd Behavior [J]. Quarterly Journal of Economics, 1992,107 (3) : 797-817.

Bartov, E. , and P. Mohanram. Private Information, Earnings Manipulations, and Executive Stock Option Exercises [J]. The Accounting Review, 2004, 79:889-920.

Bebchuk, L. A. , J. M. Fried and D. I. Walker. Managerial Power and Rent Extraction in the Design of Executive Compensation [J]. University of Chicago Law Review, 2002, 69: 751-846.

Bergstressera, D. and T. Philippon. CEO Incentives and Earnings Management [J]. Journal of Financial Economics, 2006, 80: 511-529.

Bettis, C. , J. Bizjak, J. Coles, and S. Kalpathy. Stock and Option Grants with Performance-Based Vesting Provisions [J]. Review of Financial Studies, 2010, 23 (10): 3849-3888.

Bikhchandani, S. , D. Hirshleifer, and I. Welch. A Theory of Fads, Fashion, Custom, and Cultural Change as Informational Cascades [J]. Journal of Political Economy, 1992,100 (5): 992-1026.

Brisley, N.. Executive Stock Options: Early Exercise Provisions and Risk-Taking Incentives [J]. Journal of Finance, 2006, 61(5): 2487 - 2509.

Brockman, P. , X. Martin and A. Puckett. Voluntary Disclosures and the Exercise of CEO Stock Options [J]. Journal of Corporate Finance, 2010, 16: 120 - 136.

Brooks, R. , D. M. Chance and B. Cline. Private Information and the Exercise of Executive Stock Options [J]. Financial Management, 2012, 41:733 - 764.

Bryan, Stephen, LeeSeok Hwang, and Steven Lilien. CEO Stock-Based Compensation: An Empirical Analysis of Incentive-Intensity, Relative Mix, and Economic Determinants[J]. The Journal of Business, 73, no. 4 (2000): 661 - 93.

Burgstahler, D. , Dichev, I.. Earnings Management to Avoid Earnings Decreases and Losses[J]. Journal of Accounting and Economics, 1997, 24(1): 99 - 126.

Burns, N. and S. Kedia. The Impact of Performance-based Compensation on Misreporting [J]. Journal of Financial Economics, 2006, 79:35 - 67.

Cheng, Q. and T. D. Warfield. Equity Incentives and Earnings Management [J]. Accounting Review, 2005, 80: 441 - 476.

Cohen, Daniel A. and Zarowin, Paul. Accrual-based and Real Earnings Management Activities around Seasoned Equity Offerings[J]. Journal of Accounting and Economics, 2010, 50(1): 2 - 19.

Core, J. E. and D. F. Larcker. Performance Consequences of Mandatory Increases in Executive Stock Ownership? [J]. Journal of Financial Economics, 2002, 64:317 - 340.

Degeorge, F. , Patel, J. , Zeckhauser, R.. Earnings Management to Exceed Thresholds[J]. Journal of Business, 1999, 72(1): 1 - 33.

Efendi, J. , A. Srivastava and E. Swanson. Why Do Corporate Managers Misstate Financial Statements? The Role of Option Compensation and Other Factors [J]. Journal of Financial Economics, 2007, 85:667 - 708.

Erickson, M. , M. Hanlon and E. L. Maydew. Is There a Link Between Executive Equity Incentives and Accounting Fraud? [J]. Journal of Accounting Research, 2006, 44:113 - 143.

Feltham, G. A. , and Wu, M. G.. Incentive Efficiency of Stock versus Options [J]. Review of Accounting Studies, 6(1), 7 - 28.

Fenn, G. and N. Liang. Corporate Payout Policy and Managerial Stock Incentives [J]. Journal of Financial Economics, 2001,60: 45 - 72.

Gaver, J. J. , K. M. Gaver and J. R. Austin. Additional Evidence on Bonus

Plans and Income Management [J]. Journal of Accounting and Economics, 1995, 19: 3 - 28.

Gerakos, J., T. Goodman, C. Ittner, D. Larcker. The Adoption and Characteristics of Performance Stock Option Grants. The Wharton School, University of Pennsylvania, Working Paper. 2005.

Guidry, F., A. J. Leone and S. Rock. Earnings-based Bonus Plans and Earnings Management by Business-unit Managers [J]. Journal of Accounting and Economics, 1999, 26: 113 - 142.

Hall, B. J. and T. A. Knox. Underwater Options and the Dynamics of Executive Pay-to-Performance Sensitivities [J]. Journal of Accounting Research, 2004, 42: 365 - 412.

Haugen. R. A, L. W Senbet. Resolving the Agency Problems of External Capital through Options [J]. The Journal of Finance, 1981, 36:629 - 647.

Healy, P M.. The Effect of Bonus Schemes on Accounting Decisions [J]. Journal of Accounting and Economics, 1985, 7: 85 - 107.

Hideaki Kiyoshi Kato, Michael Lemmon, Mi Luo and James Schallheim. An Empirical Examination of the Costs and Benefits of Executive Stock Options: Evidence from Japan[J]. Journal of Financial Economics, 78, (2), 435 - 461.

Holmström, B.. Moral Hazard in Teams [J]. The Bell Journal of Economics, 1982, 13(2): 324 - 340.

Jayaraman, Sudarshan and Milbourn, Todd T. CEO Equity Incentives and Financial Misreporting: The Role of Auditor Expertise[J]. The Accounting Review, 2014, 1:321 - 350.

Jensen, M. C.. Agency Costs of Free Cash Flow, Corporate Finance, and Takeovers [J]. The American Economic Review, 1986, 76:323 - 329.

Johnson, S., H. Ryan and Y. Tian. Executive Compensation and Corporate Fraud, Georgia State University Working Paper, 2003.

Johnson, S. A. and Y. S. Tian. Indexed Executive Stock Option Plans [J]. Journal of Financial Economics, 2000b, 57(1): 35 - 64.

Johnson, S. A. and Y. S. Tian. The Value and Incentive Effects of Nontraditional Executive Stock Option Plans [J]. Journal of Financial Economics, 2000a, 57(1): 3 - 34.

Johnson, Shane A., Harley E. Ryan, and Yisong S. Tian. Executive Compensation and Corporate Fraud [J]. Unpublished Paper (Lousiana State University, Baton Rouge, La), 2003.

Jolls, C.. Stock Repurchase and Incentive Compensation, National Bureau of

Economic Research. Inc. , NBER Working paper, No. 6467. 1998.

Jones J J. Earnings Management During Import Relief Investigations [J]. Journal of Accounting Research, 1991, 29(Autumn):193 - 228.

Kahle, K. M.. When a Buyback isn't a Buyback: Open Market Repurchases and Employee Options [J]. Journal of Financial Economics, 2002, 63: 235 - 261.

Kato, H. K. , M. Lemmon, M. Luo and J. Schallheim. An Empirical Examination of the Cost and Benefits of Executive Stock Option: Evidence from Japan [J]. Journal of Financial Economics, 2005, 78:435 - 461.

Kelsey Brasel, Marcus M. Doxey, Jonathan H. Grenier, and Andrew Reffett. Risk Disclosure Preceding Negative Outcomes: The Effects of Reporting Critical Audit Matters on Judgments of Auditor Liability [J]. The Accounting Review: September 2016, Vol. 91, No. 5, pp. 1345 - 1362.

Kim, Yongtae, Haidan Li, and Siqi Li. CEO Equity Incentives and Audit Fees [J]. Contemporary Accounting Research, 2015, 2:608 - 638.

Köhler, Annette, Nicole VS Ratzinger-Sakel, and Jochen Theis. The Effects of Key Audit Matters on the Auditor's Report's Communicative Value: Experimental Evidence from Investment Professionals and Non-Professional Investors [EB/OL]. 2016, SSRN. https://ssrn.com/abstract=2838162. [14 Sep 2016].

Kuang, YF.. Performance-vested Stock Options and Earnings Management [J]. Journal of Business Finance & Accounting, 2008, 35:1049 - 1078.

Lambert, R. A. , W. N. Lanen and D. F. Larcker. Executive Stock Option Plans and Corporate Dividend Policy [J]. Journal of Financial and Quantitative Analysis, 1989, 24: 409 - 425.

Lambert, Richard and Larcker, David F.. Stock Options, Restricted Stock, and Incentives[EB/OL]. 2004, SSRN. https://ssrn.com/abstract=527822. [3 May 2004].

Lennox, Clive S. , Jaime J. Schmidt, and Anne Thompson. Is the Expanded Model of Audit Reporting Informative to Investors? Evidence from the U. K. [EB/OL]. 2018, SSRN. https://ssrn.com/abstract=2619785. [19 Jun 2015].

Leonea, A J. and S. Rock. Empirical Tests of Budget Ratcheting and Its Effect on Managers' Discretionary Accrual Choices [J]. Journal of Accounting and Economics, 2002, 33: 43 - 67.

Liljeblom, E. and D. Pasternack. Share Repurchases, Dividends, and Executive Options: Empirical Evidence from Finland. Available at SSRN 302084, 2002.

Loughran, Tim, and Bill McDonald. When Is a Liability Not a Liability? Textual Analysis, Dictionaries, and 10 - Ks[J]. The Journal of Finance 66, no. 1

(2011): 35 - 65.

Low, Angie. Managerial Risk-taking Behavior and Equity-based Compensation [J]. Journal of Financial Economics, 92, no. 3 (2009): 470 - 490.

McVay, Sarah Elizabeth. Earnings Management Using Classification Shifting: An Examination of Core Earnings and Special Items[J]. The Accounting Review 81, no. 3 (2006): 501 - 531.

Morgan, A. G. and A. B. Poulsen. Linking Pay to Performance-compensation Proposals in the S&P 500 [J]. Journal of Financial Economics, 2001,62: 489 - 523.

Murphy, K. J.. Executive Compensation. In O. Ashenfelter and D. Card (eds.). Handbook of Labor Economics, Vol. 3. Amsterdam: North-Holland[C]. 1999: 2485 - 2563.

Oyer, Paul and Schaefer, Scott. A Comparison of Options, Restricted Stock, and Cash for Employee Compensation[EB/OL]. 2003, SSRN. https://ssrn.com/abstract=441860. [29 Sep 2003].

Paul M. Healy. The Effect of Bonus Schemes on Accounting Decisions[J]. Journal of Accounting and Economics, vol. 7, issue 1 - 3, 85 - 107.

Rappaport, A.. New Thinking on How to Link Executive Pay with Performance [J]. Harvard Business Review, 1999, 77(2): 91 - 101.

Richardson, V.. Information Asymmetry and Earnings Management: Some Evidence [J]. Review of Quantitative Finance and Accounting, 2000, 15: 325 - 347.

Roychowdhury, Sugata. Earnings Management through Real Activities Manipulation[J]. Journal of Accounting and Economics, 2006, 42(3): 335 - 370.

Schipper K. Commentary on Earnings management[J]. Accounting Horizons, 1989, 3(4):91 - 102.

Weisbenner, S.. Corporate Share Repurchases in the Mid-1990s: What Role do Stock Options Play? Working paper. University of Illinois at Urbana-Champaign. 2000.

White, L.. Executive Compensation and Dividend Policy [J]. Journal of Corporate Finance, 1996,2: 335 - 358.

Yu, F.. Analyst Coverage and Earnings Management [J]. Journal of Financial Economics, 2008,88: 245 - 271.

Zhang, D.. Managerial Dividend-Paying Incentives. Working Paper, 2012.

蔡春,杨麟,陈晓媛,陈钰泓. 上市公司审计意见类型影响因素的实证分析——基于沪深股市 2003 年 A 股年报资料的研究[J]. 财经科学,2005(01):95 - 102.

蔡宁,魏明海. “大小非”减持中的盈余管理[J]. 审计研究,2009(2):40 - 49.

曹晓雪,杨阳. 上市公司股权激励方案现状、问题及对策研究[J]. 财会通讯,

2012,(05):36－38.

陈婵.我国上市公司股权激励问题研究[清华大学博士学位论文].2010.

陈剑.上交所“刨根问底”式监管的台前幕后[EB/OL].2018,新华网.http://www.xinhuanet.com/fortune/2018—01/26/c_129799952.htm.[2018—01—26]

陈维政,蒋云波,杨万福.股权激励中关键设计要素整合性实证分析[J].重庆理工大学学报(社会科学),2014,28(01):49－60.

陈文强,贾生华.股权激励,代理成本与企业绩效——基于双重委托代理问题的分析框架[J].当代经济科学,2015,37(2):106－113.

陈小悦,肖星,过晓艳.配股权与上市公司利润操纵[J].经济研究,2000(1):30－36.

陈效东,周嘉南,黄登仕.高管人员股权激励与公司非效率投资:抑制或者加剧?[J].会计研究,2016(07):42－49.

陈效东.管理层股权激励与审计监督:利益权衡还是信号传递?[J].审计与经济研究,2017,(04):39－50.

陈艳艳.管理层对股权激励行权条件的操纵行为及经济后果[J].现代财经(天津财经大学学报),2012,32(09):95－105.

陈艳艳.我国股权激励市场反应的实证检验——降低代理成本抑或管理层寻租[J].投资研究,2013(7):108－125.

党秀慧,杨文辉.中国上市公司股权激励业绩考核指标分析[J].中国管理信息化,2010,13(06):54－56.

葛悦.关键审计事项无保留审计意见信息含量研究[D].浙江财经大学,2018.

耿照源,邬咪娜,高晓丽.我国上市公司股权激励与盈余管理的实证研究[J].统计与决策,2009(10):141－143.

宫玉松.上市公司股权激励问题探析[J].经济理论与经济管理,2012,(11):78－83.

顾振伟.我国上市公司盈余管理动机与方式的实证研究[D].上海交通大学,2008.

国家税务总局.关于股权激励有关个人所得税问题的通知.2009.

国资委,财政部.关于规范国有控股上市公司实施股权激励制度有关问题的通知.2008.

国资委,财政部.国有控股上市公司(境内)实施股权激励试行办法.2006.

国资委,财政部.国有控股上市公司(境外)实施股权激励试行办法.2006.

何凡.股权激励制度与盈余管理程度——基于中国上市公司的经验证据[J].中南财经政法大学学报,2010(2):135－140.

何欣桐.关键审计事项披露的经济后果研究[D].北京交通大学,2018.

河北证监局.关于上市公司股权激励备案工作有关问题的通知.2008.

侯晓红，姜蕴芝.不同公司治理强度下的股权激励与真实盈余管理——兼论市场化进程的保护作用[J].经济与管理，2015，29(01)：66－73.

胡国强，彭家生.股权激励与财务重述——基于中国A股市场上市公司的经验证据[J].财经科学，2009(11)：39－46.

雷灵玉.上市公司股权激励行权条件指标与公司战略拟合度研究[J].中国证券期货，2013，(09)：7－8.

李博.2016年深市公司股权激励与员工持股计划情况分析[J].证券市场导报，2017(12)：45－50＋56.

李东平，黄德华，王振林."不清洁"审计意见、盈余管理与会计师事务所变更[J].会计研究，2001(06)：51－57.

李凤云.机构投资者与股权激励：中国证券市场的实证研究[J].证券市场导报，2008(9)：38－42.

李莉.公司高管股权激励与盈余管理关系的实证[J].统计与决策，2016，(02)：159－162.

李强，冯波.高管激励与环境信息披露质量关系研究——基于政府和市场调节作用的视角[J].山西财经大学学报，2015，(2)：93－104.

李曜.股票期权与限制性股票股权激励方式的比较研究[J].经济管理，2008(Z3)：11－18.

李月梅，刘涛.股权激励影响因素研究[J].陕西科技大学学报，2010(1)：153－158.

李增泉.实证分析：审计意见的信息含量[J].会计研究，1999(08)：16－22.

梁上坤.股权激励强度是否会影响公司费用黏性[J].世界经济，2016(06)：168－192.

林大庞，苏冬蔚.CEO与CFO股权激励的治理效应之比较：基于盈余管理的实证研究[J].南方经济，2012，(06)：15－31.

林大庞，苏冬蔚.股权激励与公司业绩——基于盈余管理视角的新研究[J].金融研究，2011(9)：162－177.

林乐，谢德仁.分析师荐股更新利用管理层语调吗？——基于业绩说明会的文本分析[J].管理世界，2017(11)：125－145＋188.

刘宝华，罗宏，周微.股权激励行权限制与盈余管理优序选择[J].管理世界，2016(11)：141－155.

刘斌，叶建中，廖莹毅.我国上市公司审计收费影响因素的实证研究——深沪市2001年报的经验证据[J].审计研究，2003(01)：44－47.

刘凤委，孙铮，李增泉.政府干预、行业竞争与薪酬契约——来自国有上市公司的经验证据[J].管理世界，2007(9)：68－75.

刘井建，纪丹宁，王健.高管股权激励计划、合约特征与公司现金持有[J].南开管理评论,2017(01):43-56.

刘银国,孙慧倩,王烨.股票期权激励、行权业绩条件与真实盈余管理[J].管理工程学报,2018,32(02):128-136.

卢雄鹰.中国上市公司股权激励问题研究[D].华东师范大学,2013.

路军,张金丹.审计报告中关键审计事项披露的初步研究——来自A+H股上市公司的证据[J].会计研究,2018(02):83-89.

路军伟,韩菲,石昕.高管薪酬激励、管理层持股与盈余管理偏好——基于对盈余管理方式的全景式考察[J].山西财经大学学报,2015,37(11):89-103.

吕长江,严明珠,郑慧莲,许静静.为什么上市公司选择股权激励计划?[J].会计研究.2011(1):68-75.

吕长江,张海平.上市公司股权激励计划对股利分配政策的影响[J].管理世界,2012(11):133-143.

吕长江,赵宇恒.国有企业管理者激励效应研究:基于管理者权力的解释[J].管理世界.2008(11):99-109.

吕长江,郑慧莲,严明珠,许静静.上市公司股权激励制度设计:是激励还是福利?[J].管理世界,2009(09):133-147+188.

倪小雅,戴德明,张东旭.股权激励与审计收费——来自中国的经验证据[J].审计研究,2017(01):69-77.

蒲涛,庆伟,朱淑君.股票期权激励问题研究[J].金融经济,2009(10):57-58.

上海证券交易所.上海证券交易所上市公司现金分红指引.2013.

申嫦娥.我国股票期权激励制度的模式选择[J].当代经济科学,2003(03):89-92+97.

深交所.创业板信息披露业务备忘录第8号:股权激励(股票期权)实施、授予、行权与调整.2011.

深交所.信息披露业务备忘录第9号——股权激励期权行权确认.2008.

沈小燕.上市公司股权激励契约类型的选择[J].南通大学学报(社会科学版),2013,29(02):126-134.

宋文阁,荣华旭.股权激励、制度环境与盈余管理——基于上市公司数据的实证分析[J].经济经纬,2012,(03):90-94.

苏冬蔚,林大庞.股权激励、盈余管理与公司治理[J].经济研究,2010,45(11):88-100.

唐建华.国际审计与鉴证准则理事会审计报告改革评析[J].审计研究,2015(01):60-66.

王锦芳,陈丹.公司特征、股票期权和业绩的实证研究[J].财会通讯,2011(3):87-90.

王克敏,廉鹏.首发上市盈利预测制度变迁与公司盈余管理研究[J].会计研究,

2012 (3):72 - 77.

王丽，田野，范明华.《中国注册会计师审计准则 1504 号——在审计报告中沟通关键审计事项》执行情况研究——基于 2016 年度 A+H 股上市公司审计报告的统计分析[J]. 中国注册会计师，2018(08):68 - 73.

王丽娟，朱霞. 股权激励对应计与真实盈余管理的影响检验——基于企业生命周期视角[J]. 财会月刊，2016,(05):20 - 24.

魏明海，陈胜蓝，李文靖. 投资者保护研究综述：财务会计信息的作用[J]. 中国会计评论，2007(3):132 - 150.

温慧慧. "在审计报告中沟通关键审计事项"与审计质量——AH 股新准则后第一次公告的市场反应[J]. 中国集体经济，2018(23):81 - 82.

吴秋生，独正元. A+H 股公司关键审计事项准则执行效果分析[J]. 会计之友，2018(12):86 - 90.

吴育辉，吴世农. 企业高管自利行为及其影响因素研究——基于我国上市公司股权激励草案的证据[J]. 管理世界，2010(05):141 - 149.

夏芸，唐清泉. 我国高科技企业的股权激励与研发支出分析[J]. 证券市场导报，2008(10):29 - 34.

肖成民，吕长江. 市场监管、盈余分布变化与盈余管理——退市监管与再融资监管的比较分析[J]. 南开管理评论，2011(1):138 - 147.

肖淑芳，刘颖，刘洋. 股票期权实施中经理人盈余管理行为研究——行权业绩考核指标设置角度[J]. 会计研究，2013(12):40 - 46+96.

肖淑芳，石琦，王婷，易肃. 上市公司股权激励方式选择偏好——基于激励对象视角的研究[J]. 会计研究，2016(06):55 - 62+95.

肖淑芳，喻梦颖. 上市公司股权激励与股利分配——来自中国上市公司的经验证据[J]. 会计研究，2012(8):49 - 57.

肖淑芳，张超. 上市公司股权激励、行权价操纵与送转股[J]. 管理科学，2009(12):84 - 94.

肖淑芳，张晨宇，张超，轩然. 股权激励计划公告前的盈余管理——来自中国上市公司的经验证据[J]. 南开管理评论，2009(4):113 - 119.

肖星，陈婵. 激励水平，约束机制与上市公司股权激励计划[J]. 南开管理评论，2013(1):24 - 32.

谢德仁，陈运森. 业绩型股权激励、行权业绩条件与股东财富增长[J]. 金融研究，2010(12):99 - 114.

谢德仁，崔宸瑜，汤晓燕. 业绩型股权激励下的业绩达标动机和真实盈余管理[J]. 南开管理评论，2018,21(01):159 - 171.

谢德仁，汤晓燕. 上市公司股权激励计划中的"10%/20%"现象探究[J]. 证券市场导报，2014(05):26 - 33.

谢德仁.企业分红能力之理论研究[J].会计研究,2013(2):22-32.

徐宁.上市公司股权激励模式的选择偏好及动态演化——来自中国上市公司的经验证据[J].南京审计学院学报,2012,9(06):41-49.

徐玉霞,王冲.风险导向审计、内部控制与审计师行为——基于我国上市公司的实证检验[J].经济评论,2012(05):123-133.

许娟娟,陈艳,陈志阳.股权激励、盈余管理与公司绩效[J].山西财经大学学报,2016,38(03):100-112.

杨春丽,赵莹.股票期权激励要素对经营绩效的影响研究[J].财经问题研究,2016,(04):70-75.

杨慧辉,赵媛,潘飞.股权分置改革后上市公司股权激励的有效性——基于盈余管理的视角[J].经济管理,2012,34(08):65-75.

杨慧辉、潘飞、赵媛.后股权分置改革时代股权激励契约下的盈余管理研究[J].中国会计评论,2012(4):411-430.

杨慧辉.两大股权激励方式激励作用的比较研究——基于厌恶经理人的委托代理模型分析[J].经济经纬,2008(02):109-113.

杨力,朱砚秋.股权激励模式对股权激励效果的影响——基于A股市场的经验证据[J].山东社会科学,2017(03):102-108.

杨玉娥.股权激励对真实盈余管理影响的实证研究——以我国沪深上市公司为例[J].财会月刊,2016,(21):27-32.

余海宗,吴艳玲.合约期内股权激励与内部控制有效性——基于股票期权和限制性股票的视角[J].审计研究,2015,(05):57-67.

余慧,熊婷.股权激励对公司盈余管理影响实证研究[J].财会通讯,2015,(03):56-59.

原红旗.中国上市公司股利政策分析[J].财经研究,2001(3):33-41.

张海平,吕长江.上市公司股权激励与会计政策选择:基于资产减值会计的分析[J].财经研究,2011(7):60-70.

张海平.上市公司股权激励效应研究[复旦大学博士学位论文].2011.

赵玉洁."与虎谋皮"抑或"珠联璧合"——股权激励计划影响高管离职吗?[J].证券市场导报,2016(08):22-32.

中国证监会、国资委、财政部、人民银行、商务部.关于上市公司股权分置改革的指导意见.2005.

中国证监会.股权激励有关事项备忘录1号.2008.

中国证监会.股权激励有关事项备忘录2号.2008.

中国证监会.股权激励有关事项备忘录3号.2008.

中国证监会.关于修改上市公司现金分红若干规定的决定.2008.

中国证监会.上市公司股权激励管理办法(试行).2005.

中国证监会.上市公司证券发行管理办法.2006.

周建波,孙菊生.管理者股权激励的治理效应研究[J].经济研究,2003(5):74-82.

周小川.金融政策对金融危机的响应——宏观审慎政策框架的形成背景、内在逻辑和主要内容[J].金融研究,2011(1):1-14.

朱朝晖,许文瀚.上市公司年报语调操纵、非效率投资与盈余管理[J].审计与经济研究,2018,33(03):63-72.

朱小平,余谦.上市公司的财务指标与审计意见类型相关性的实证分析[J].中国会计评论,2003(00):29-48.

祝建军.我国上市公司股票期权行权条件规范化研究[J].财会月刊,2011,(29):19-20.

致　谢

衷心感谢导师谢德仁教授对我的精心指导。得以拜入谢老师门下是我读博期间最幸运的事情，我对此满怀感恩。他对每一个学生的严格要求和循循善诱让我感动；他对教育事业的热爱和对真理的追求让我敬仰。谢老师的言传身教将使我终生受益。

还要借此机会感谢在我直博时接收我的陈小悦教授，感谢他给了我这么一个宝贵的机会，并且在我博士学习的初期给予我学习和生活上的指导，我永远尊敬和怀念他。

感谢上海外国语大学国际金融贸易学院领导的关心和帮助，让我得以尽快地融入了金贸学院的教学和科研生活；也要感谢上海外国语大学对于年轻教师的科研支持，本书获中央高校基本科研业务费资助(2015114055，上海外国语大学)。

另外，也要感谢我的家人和众多好友的帮助关心和照顾，使得我在养育孩子的疲惫之余和众多繁杂的琐事之中可以抽身出来，得以有一段安静的时光来整理自己在这方面的一点研究成果和心得。

本书主要的研究方法和数据收集都源自笔者在攻读博士学位期间所打下的基本功，因此需特别感谢清华大学经管学院会计系的各位老师，以及博士课程期间的各位老师。感谢论文各个阶段帮助我改进和完善的各位老师。感谢同师门的兄弟姐妹们，感谢会计系的各位师兄师姐师弟师妹们，感谢 2009 级博士班的各位同窗们，感谢大家给予的各种鼓励、帮助和支持，因为大家，才有了一段如此美好而幸福的岁月。

本书的部分研究也得到了我的硕士研究生王哲的支持，对于其对学术研究的认真态度在此也表示感谢。

由于作者才疏学浅，难免有不当之处，诚盼读者批评指正（邮件：tangxiaoyan@shisu. edu. cn；地址：上海市虹口区大连西路 550 号上海外国语大学 1 号 310，邮编：200083）。